잘 먹고 잘 사는 사주학

잘 먹고 잘 사는 사주학

지은이 일월정사 靈山 스님
공 저 천 황 사 甲力 박현
공 저 화원역학연구원 선우인

대양미디어

머 리 말

누가 옳고 누가 그른가?

누가 꿈속의 일인 것을

저 강 건너가면 누가 나이고 누가 너인가? 이 한편의 선시 속에 우리의 모든 것이 담겨져 있는데 대다수의 사람들은 그것을 보지 못하고 자신의 생각대로만 생각하고 이분법적인 생각과 자기 자신의 틀에 박혀서 살고 미래에 대한 불안과 과거에 대한 아쉬움으로 살고 있는가 봅니다. 이 글을 쓰고 있는 본인도 그런 틀에 박혀서 살아왔고 앞으로도 그렇게 살아갈 것임은 자명한 일이지만 중용의 도리가 세상사는 지혜이듯 사주 명리학 또한 지나침도 모자람도 아닌 균형을 맞추는 학문이고 보면 이 속에 부처의 뜻과 대자연의 의지가 숨어 있다고 생각하니 철없이 사주 네 기둥을 보고 생각 없이 상담했던 지난 시간에 부끄러움을 금할 길 없어 이 자리를 빌어 나의 잘못을 참회하는 삼배를 올리면서 지난 이십여 년을 상담하면서 배운 사주 명리학이란 학문과 지금부터 공부를 하려는 후학을 위해서 상담시 조금이나마 실수를 줄여보려는 뜻과 제 자신 또한 초발심의 마음으로 한 번 더 공부를 한다는 뜻에서 이 글을 쓰게 되었습니다.

무극에서 태극, 태극에서 사상, 그리고 팔괘 그 속에 있는 음양오행에서 세상이 돌아가듯… 모든 것이 인연이란 법에서 꾸며지고 그 또한 그 사물이 지어놓은 결과라고 생각한다면 명리학이야말로 인과의 진리를 알게 해준 학문이며 모든 종교에서 가르치는 뿌린 대로 거둔다는 법이 집약된 것이라고 보면 지금의 하나하나의 행동에 보이지 않는 무서운 인과가 숨 쉬고 있다고 보니 단순히 길흉화복을 나타내는 것이 아니라 어떻게 살아야 되고 어떻게 문제를 풀어가야 되나 하는 길을 제시한다고 보아야 하리라! 저 또한 삶의 고비에서 갈 길을 잃어버리고 어떻게 해야 어려움을 벗어날까 하는 마음으로 이 학문을 접했고 그 과정에서 수많은 선배로부터 가르침과 그대들의 걸어온 길을 보며 목구멍이 포도청이란 마음과 수행한다는 두 마음 속에 살아왔음을 변명할 이유가 없으나 전생의 선연이 있어서인지 선우인, 박현이란 두 형을 만났고 형들의 가르침 속에 머리로 생각하던 것을 가슴으로 말하는 법을 알았으며 행복과 불행을 떠나서 모든 것을 긍정적으로 수용함이 진리라는 것을 일깨웠으며 저의 모자라는 부분을 수정 보완하여 이 시대의 화두인 『잘 먹고 잘 사는 사주학』이란 이름으로 출판하게 되었습니다.

끝까지 지도를 아끼지 않으신 선우인 형님과 박현 형님, 마지막까지 교정을 보아준 지단 보살님께 감사의 합장을 올리면서 초가집 일월정사에서 영산학인이 두 손 모읍니다.

癸巳年 靑鼠月

차 례

명리학(命理學)

❶ 역(易)의 원리

역에 태극이 있으니 이것이 양의(음양)를 낳고 양의가 사상을 낳고 사상이 팔괘를 낳는다. 팔괘가 서로 거듭해서 64괘를 이루니 이것이 바로 주역 64괘이다. 이러한 원리에 입각해서 태극, 양의(음양), 사상, 팔괘(대성괘)의 기본 원리와 그 개념을 살펴보기로 한다.

1. 태극(太極)

1) 태극의 뜻

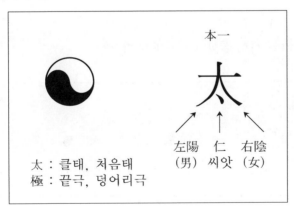

태는 하나(一)에 둘(人)이 생기고 그 둘이 서로 사귀는 가운데 또 하나(丶)를 낳는다는 뜻이니 태극으로 말미암아 天과 地가 나뉘고

그 가운데 人(만물)이 생겨 나옴을 뜻한다.

　이는 곧 남녀가 사귀어 자식을 낳는 이치로서 그 형상이 마치 콩의 양쪽 떡잎 가운데 중심핵이 들어있는 것 같으므로 '콩태'라 하기도 한다.

　극(亟 : 빠를 극)은 초목(木)의 자람에 있어 뿌리로부터 줄기를 거쳐 가지로 뻗어 빠르게 분열 생장함을 이른다.

　따라서 태극의 분화를 체로 한 역이 「一元的 二元論」일뿐 아니라 「一元的 三元論」임을 알 수 있다. 만물은 태극의 씨앗(仁)을 받아 생명활동이 있게 되고 소멸되어서는 본래의 태극으로 돌아가므로 태극은 만물의 부모이며 만물은 태극의 자식으로서 하나인 것이다. 계사전에 "역에 태극이 있으니 이것이 양의를 낳고 양의가 사상을 낳고 사상이 팔괘를 낳는다"고 하였고 "낳고 낳음을 역이라 이른다(生生之謂論)"고 하였으니 태극이 역이며 역이 곧 태극인 것이다.

이를 상과 순서로 살피면 다음과 같다.

　◉ 무극과 태극

　　天始 ○ 天終 ⇒ 有始 ☯ 有終 ⇒ 成始 ☯ 成終

　　　(无極)　　　　　(太極)　　　　有極(皇極)

　무극은 뜻 그대로 중심이 없어 두미(頭尾)를 잡을 수 없고 한 획의 둥근 상으로 공허하여 시종(始終)이 없는 태극의 모체이다. 태극은 상하의 극점을 중심으로 하여 한 획을 이루니(∞) 시종이

분명하고 하나로 말미암아 두 밭(陰陽)이 좌우로 형성되어 "一生二"의 이치가 나타난다.

즉 무극은 시작도 없고 끝도 없는 공허한 상이나 그 획이 하나이니 "무극이 태극"의 이치이며 태극이 그 획이 비록 하나이나 양극점을 바탕으로 유시유종(有始有終)하여 좌우의 두 밭을 분획하니 "태극 생 양의"의 이치인 것이다. 나아가 음양이 사귀어 그 가운데 하나의 씨눈(丶)을 낳음으로써 구체적 실체를 이루니 이는 유극으로써 태극의 도를 이룬 것이다. 따라서 무에서 유로의 조화가 태극에 바탕 하여 삼극인 무극, 태극, 유극(有極)이 본래 하나인 것을 알 수 있다.

❷ 兩儀(陰陽)

1. 양의(음양)의 뜻

양의는 두 가지 양태(거동이나 모습)를 뜻하는 것이니 태극(道)이 한번은 양이 되고(變) 한번은 음이 되는(化) 시간성과 태극이 음양으로 나뉘었다는 동시적인 공간성을 포함하는 말이다. 즉 양의는 태극의 양과 음의 두 가지 양태로써 실제적인 운동을 하니 양의 경청(輕淸 : 가볍고 맑음)한 기운이 위로 올라 하늘의 체를 이루고 음의 중탁(重濁 : 무겁고 탁함)한 기운이 안으로 엉겨 땅의 형을 갖추어 천지가 창조되며 음이 변해 양이 되고 양이 화해 음이 되는 순환 과정으로 낮과 밤 나아가서 사시(四時)가 이루어진다. 음은 언덕(阝 : 언덕 부. 阜와 같은 부수)이 그늘짐을 뜻하고 양은 언덕에 햇빛(昜)이 비쳐 볕듦을 말하니 한 쪽에 볕이 들면 반대편은 그늘지게 마련인 것처럼 서로 뗄 수 없는 양면인 것이다. 이 음양을 기우(奇偶)(홀과 짝)의 획으로써 살피면 양이 먼저 동하고 이를 따라 음이 정하니 한 획으로써(첫 번째라는 뜻) 양(-)을 표현하고 두 획으로써(두 번째라는 뜻) 음(--)을 상징한다. 그 획이 양은 이어졌으므로 불변하는 태양의 상을 음은 끊어졌으므로 차고 기우는 달의 상을 나타내니 곧 양은 밝은 낮의 도요 음은 어두운 밤의 도이다.

2. 음양의 상과 성질

주역에서 음과 양의 작용은 상으로 표시되는데 하늘은 양을 대표하고 땅은 음을 대표하는데 하늘이 먼저 열리고 다음에 땅이 열리므로 양은 -(1획)으로 표시하고 음은 --(2획)으로 표시한다.

◉ 兩儀

양과 음이 생성하고 난 현상적인 면에서는 삼천양지(參天兩地)의 이치로 설명이 된다. 즉 생수(1, 2, 3, 4, 5)에서 양수는 1, 3, 5의 셋이므로 삼천(3)이라 하고 음수는 2, 4의 둘이므로 양지(2)라 표현하는 것이다. 이것은 태극의 상을 표현하는 수가 1이고 태극에서 분화된 음과 양의 처음 수가 2와 3이라는 뜻으로도 볼

수 있다. 또 양효(陽爻)와 음효(陰爻)의 길이의 비율 역시 3:2니 세 점은 원으로 상징되는 하늘을 나타내고 두 점은 평면으로 상징 되는 땅을 뜻하기도 한다.

일설에 의하면 양의(－)는 이어졌으니 남자의 성기를 표상한 것 이고 음의(陰儀)(－－)는 끊어졌으므로 여자의 성기라고도 한다. 모 든 현상과 만물에는 반드시 음의 속성을 지닌 것과 양의 속성을 지닌 것으로 구분이 되는데 이를 간단히 열거해 보면 다음과 같다.

❸ 四象

1. 사상의 뜻

음양이 태극으로부터 분화한 후(一變) 다시 재변(再變)하여 나 온 것이 사상이다. 즉 양의(－)를 본체로 하여 분화된 것이 노양 (⚌)이고 음으로 분화된 것이 소음(⚎)이며 음의(－－)를 본체로 하 여 양으로 분화된 것이 소양(⚍)이고 음으로 분화 된 것이 노음 (⚏)이다. 사상은 네 가지 모양이 나타남을 뜻하니 두 가지 양태인 양의(兩儀)보다 한 단계 나아가 구체적인 상(象)을 이룬 것이다. 그리고 각각의 성질에 따라 붙여진 이름이 태양, 소음, 소양, 태음 이다.(태양과 태음은 각각 노양과 노음으로 불리기도 한다.)

하늘의 일월성신 땅의 산천초목 때의 춘하추동 사람의 이목구비 등이 이 사상(四象)의 이치에 부합된다.

❹ 팔괘(八卦)(소성괘)

64괘의 기본이 되는 팔괘는 사상이 다시 음양작용으로 분화되어 성립하게 된다. 이것을 그림으로 표시하면 다음과 같다.

坤(8)	艮(7)	坎(6)	巽(5)	震(4)	離(3)	兌(2)	乾(1)	괘명 및 차례
☷	☶	☵	☴	☳	☲	☱	☰	팔괘(三變)
⚏		⚎		⚍		⚌		사상(二變)
		⚋				—		양의(一變)
☯								태극

1. 팔괘의 명칭과 속성

1) 팔괘의 명칭

1~8까지는 괘의 생성순서를 의미하는 것이고 건(乾) 태(兌)… 곤(坤)은 괘명을 표시한 것이며 천택(天澤)… 지(地)는 그 괘의 가장 대표적인 물상을 표현한 것이다. 그리고 건삼련(乾三連) 태상절(兌上絶)… 곤삼절(坤三絶) 등은 각 괘의 상을 보고 표현한 것인데 乾☰卦와 坤☷卦를 제외한 나머지 괘는 각 괘의 주효(괘의 성질을 결정하는 효)를 중심으로 해서 설명한 것이다.

예를 들어 兌(☱)卦는 주효가 위(上)에 있는 음효(음=절)이므로 兌上絶이라 표현하였고 坎(☵)卦는 주효가 가운데에 있는 陽爻

(陽=連)이므로 坎中連이라 표시한 것이다. 나머지 괘도 마찬가지이다.

명 칭	괘 상	팔괘의 絶·連
一乾天	☰	乾三連(乾은 세효가 모두 이어져 있음)
二兌澤	☱	兌上絶(兌는 상효만 끊어져 있음)
三離火	☲	離虛中(離는 중효만 비어 있음)
四震雷	☳	震下連(震은 하효만 이어져 있음)
五巽風	☴	巽下絶(巽은 하효만 끊어져 있음)
六坎水	☵	坎中連(坎은 중효만 이어져 있음)
七艮山	☶	艮上連(艮은 상효만 이어져 있음)
八坤地	☷	坤三絶(坤은 세효 모두 끊어져 있음)

❺ 하도(河圖)와 낙서(洛書)

1. 하도(河圖)

1) 하도의 유래

하도는 하수에서 나온 그림으로 역의 기원이 된다. 복희씨가 천하를 다스릴 때에 머리는 용이고 몸은 말의 형상을 한 신비로운 짐승이 하수에 출현하였다고 하며 그 등에 있는 55개의 점(머리의 가마같이 터럭이 휘돌아 치는 무늬)에서 천지창조와 만물생성의 이치를 깨달아 팔괘를 그렸다고 전해진다. 용마가 하도를 짊어지고 나왔음은 어떠한 기운에 흐름이 하도라는 무늬를 상징적으로 형상하였다는 것 외에도 상징적 동물인 용으로써 형이상학적인 하늘을

상징하고 실제 하는 말로써 형이하학적인 땅을 표현하여 천지의
이치가 하도에 있음을 강조한 것이라 보여진다.

2) 하도의 수리
⑴ 선천수 55와 수의 득합

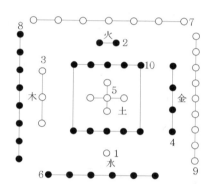

하도를 살피면 1(하), 2(상), 3(좌), 4(우), 5(중)의 수가 안에
있고 그 밖에 6(하), 7(상), 8(좌), 9(우), 10(중)의 수가 둘러싸
고 있는 모습으로 모두 55점으로 구성되어 있다. (하얀 점은 홀수
검은 점은 짝수)

1, 2, 3, 4, 5는 안에 있어 근본이 되니 만물의 생명을 낳는 생
수라 하고, 6, 7, 8, 9, 10은 밖에 처하여 형상을 갖추니 만물의
형체를 이루는 성수라고 이른다.

6, 7, 8, 9, 10의 성수는 1, 2, 3, 4, 5의 생수에 각기 5(중궁
의 생수)를 얻어 이루어진 것으로 1은 5를 얻어 6이 되고 2는 7,
3은 8, 4는 9, 5는 10이 된다. 따라서 생수 1, 2, 3, 4, 5는 성수

6, 7, 8, 9, 10을 낳는 체가 되고, 성수 6, 7, 8, 9, 10은 생수 1, 2, 3, 4, 5를 이루는 용이 되니 생수를 기본수(선천수) 성수를 작용수(후천수)라고도 한다. 또 하도와 낙서를 비교할 때는 하도의 전수인 55가 선천수(先天數)가 되고 낙서의 전수인 45가 후천수(後天數)가 된다.

한편 奇와 偶(홀수와 짝수)의 관계로 볼 때 홀수(1, 3, 5, 7, 9)는 불안정하여 움직이므로 양수(陽數) 또는 천수(天數)에 해당하며 짝수(2, 4, 6, 8, 10)는 짝으로 어울려 안정된 상태로 그쳐 있으므로 음수(陰數) 또는 지수(地數)에 속한다. 천수가 다섯 가지이며 지수가 또한 다섯 가지이니 천수의 합은 25(1+3+5+7+9)이며 지수의 합은 30(2+4+6+8+10)이므로 천지(天地)의 총수는 55이다.

❻ 오행 상생의 원리

1. 오행의 배열

오행으로써 하도를 살피면 水로부터 만물이 비롯되며 물이 아래로 흐르는 이치에 따라 아래의 어두운 북방에 1, 6水가 오고 火에서 만물이 성장하여 불이 위로 타오르는 이치에 따라 위의 밝은 남방에 2, 7火가 온다(하도의 상하는 오행의 氣로써 대비됨). 또한 木의 기운으로 만물이 부드러운 싹을 내밀므로 일출 하는 동방에 3, 8木이 자리하고 金의 기운으로 만물이 단단한 열매를 맺음으로 해가 지는 서방에 4, 9金이 처한다(하도의 좌우는 오행의 質로써 대비됨).

상하좌우의 水, 火, 木, 金은 모두 土를 바탕으로 하여 생성유행하므로 중궁 5, 10土의 중재, 조절로써 오행의 조화가 있게 되는 것이다(土는 五行의 氣와 質을 같이 구비함).

2. 五行의 성격

하도의 수(下), 화(上)는 음양의 기(氣)로써 나눈 것이요, 목(左), 금(右)은 강유(剛柔)의 질(質)로써 나눈 것이라 할 수 있다. 1, 6水는 내양외음의 상으로 속이 實(陽)하여 맑은 성정이 있으나 밖으로는 어둡고 음험하며, 2, 7화는 내음외양의 상으로 속이 虛(陰)하여 탁한 성정이 있으나 밖으로는 밝게 된다. 그리고 3, 8목은 외유내강한 상으로 겉으로는 굽혀지나 안으로는 곧게 뻗는 강건한 성정이 있으며 4, 9금은 외강내유한 상으로 표면은 비록 단단하나 안으로는 삭아 부스러지는 유약한 성정이 있다. 5, 10토는 내양외음의 상으로 두터운 흙으로 이루어져 내실화되고 밖으로는 고요히 그쳐(靜止) 안정하고 있는 상이다. 그러나 지구가 굳건하게 자전하듯 실제는 강건하게 운행하는 이치가 있다.

3. 오행의 상생

공간적인 측면으로 오행을 보면 위와 같이 水火의 氣와 木金의 質 그리고 土의 기질(氣質)로 나뉘나 시간적 측면으로 보면 오행간에 서로를 낳고 낳아 무궁히 순환하

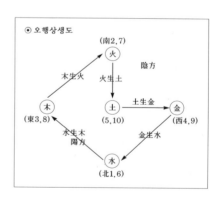

는 오행상생의 이치가 나타난다. 아래의 1, 6水가 좌선(左旋)하여 3, 8木을 낳고(水生木) 3, 8木은 2, 7火를(木生火) 2, 7火는 5, 10土를(火生土) 5, 10土는 4, 9金을(土生金) 4, 9金은 1, 6水를 낳아(金生水) 하나의 주기 과정을 이루니 물로 인해 초목이 자라며 나무가 마찰되어 불이 일어나고 소진된 재가 쌓여 흙을 이루며 땅속에 물질들이 융합 응고되어 금속이 되며 열매가 맺히면 물이 생기고 응고된 것이 풀리면 수액이 흐르는 이치이다.

오행중 水는 한냉(寒冷)하여 갈무리된 상(冬)이요, 火는 발열팽창(夏) 木은 분열생육(春) 金은 수렴결실 하는 상(秋)이니 겨울이 지나 봄이 옴은 水生木의 이치요 봄이 가고 여름이 옴은 木生火 여름이 지나 가을이 이르면 火生土와 土生金(금과 화는 특히 토의 직접적인 중재로써 조화 순행됨) 가을이 가고 겨울이 옴은 金生水의 이치인 것이다.

오행의 근본인 水를 기본으로 하여 살피면 물이 솟아 흘러 내려감은 水生木 물이 모여 증발함은 木生火 수증기가 합치되는 과정은 火生土 서로 엉키어 두터운 구름을 이룸은 土生金 구름이 비로 화하여 내림은 金生水 이치이다.

천도(天道)는 원형이정(元亨利貞) 지도(地道)는 생장수장(生長收藏) 인도(人道)는 인예의지(仁禮義智)로써 그 덕을 삼음은 중궁의 5, 10土(天, 地, 人의 體)를 중심으로 나머지 오행(水, 火, 木, 金)이 운행하는 원리에 바탕한 것이다.

❼ 洛書

1. 낙서의 유래

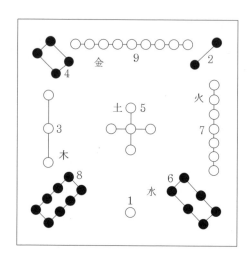

낙서는 낙수(황하의 지류)에 나타난 신구(神龜)에서 유래한다.

하우씨가 순(舜)의 명을 받아 9년 동안 치수(治水)할 당시에 신령스런 거북이가 낙수에서 출현하였으며 그 등에 나타난 45개점의 무늬에서 신묘한 이치를 깨달아 치수사업에 성공하였다고 전한다. 서(書)라고 표현한 것은 문자가 없었던 복희씨 때의 그림으로써 표현한 하도와는 달리 하우씨(夏禹氏) 당시는 문자를 사용하던 시대였기 때문에 낙서(洛書)라고 이름한 것이다.

역의 근본 바탕을 이루는 圖와 書가 모두 河數 洛數 등 물에서 출현한 것은 수가 만물 생성의 시원(始原)이 되는 이치와 상통한다.

또한 하도를 용마가 짊어지고 나옴은(龍馬負圖) 실재하지 않는 용마로써 선천(先天)의 형이상학적인 도를 나타낸 것이고 낙서가 신구의 등에 나타남은(神龜背文) 실존하는 거북이로써 후천(後天)의 형이하학적인 법을 보인 것이라고 할 수 있다.

❽ 오행 상극의 원리

1. 오행의 상극

오행이 상생(相生)하는 가운데 만물이 생겨나고 상극(相克)하는 가운데 만물이 그 도를 이루니 음양의 성질이 반대이나 상호 보완함과 같이 오행의 생극도 서로 반대되는 작용을 하나 체용으로 합일하는 관계이다.

오행으로 볼 때 낙서는 좌선(순행)하여 상생하는 하도와 정반대로 우선(역행)하여 상극하는 이치가 나타난다.

◉ 오행의 상극(相克)

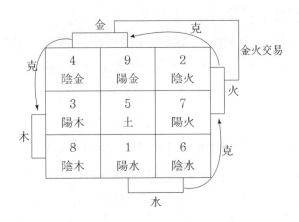

이러한 이치는 하도의 4, 9金과 2, 7火가 서로 자리를 바꿈으로써 생기니 金火交易이라 이른다.(곧 선후천의 변화는 금화의 교역으로 이루어진다.)

오행상극의 이치를 살펴보면 물은 불을 끄고 불은 쇠를 녹이며 쇠는 나무를 끊고 나무는 흙을 파고들며 흙은 물을 가두어 서로를 견제하고 조절한다. 그러나 극한다는 것은 그 묘용을 다하게 한다는 뜻도 되니 나무가 다 자라면 쇠나 톱으로 끊어 재목을 만들며(金克木) 초목이 흙에 뿌리내려 생장함으로써 땅의 황폐함을 막아 흙이 만물을 생육케 하며(木克土) 흙으로 제방을 쌓아 홍수나 가뭄을 대비하며(土克水) 뜨거운 열기에 의해 타는 것을 물로써 적셔 끄며(水克火) 캐낸 금속을 화기의 고열로 녹여 주조 제작하니(火克金) 만물이 그 묘용을 다하고 도를 이룸은 모두 상극의 이치에 바탕한 것이다. 즉 선천의 生成함은 오행상생의 원리요 후천의 克化됨은 오행상극의 작용이니 사람 또한 生剋의 원리와 작용 속에 살고 있다.

2. 상생과 상극

相生에는 상극(相克)이 내재하니 선천에는 만물이 생장하는 가운데 오히려 생존경쟁과 약육강식이 있게 되는 것이고 상극의 원리에도 그 이면에 상생의 이치가 있으니 만물이 성숙 결실하는 데에는 비록 깎여 떨어지는 아픔이 있으나 이로 말미암아 종자를 거두고 결실의 기쁨을 함께 누리게 되는 것이다. 水가 火를 克하지만 水가 生하는 木은 다시 火를 生한다. 그러므로 상극 속에 다시 상생이 되는 것이다.

五行 : 木 火 土 金 水

木은 나무를 의미하며,　火는 불을 상징하며

土는 흙을 상징하고,　　金은 쇠붙이를 상징하며

水는 물을 상징한다.

❾ 天干과 地支

天干은 十干

甲, 乙, 丙, 丁, 戊, 己, 庚, 辛, 壬, 癸

地支는 十二支

子, 丑, 寅, 卯, 辰, 巳, 午, 未, 申, 酉, 戌, 亥

해설

天干은 계절의 순환법칙을 따라 木火土金水의 順으로 甲에서 시작하여 癸까지 十으로서 주기적인 순환을 하고 있으면서도 양(陽 : 甲) 다음에는 음(陰 : 乙)·음 다음에는 양(陽 : 丙) 양 다음에는 음(陰 : 丁) 또 음 다음에는 양(陽 : 戊) 식으로 양과 음이 아무런 저항 없이 교차하고 있으면서도 十干 중에 양이 다섯 음이 다섯으로서 음과 양이 완전하게 균형을 이루었고 또 癸가 끝인가 하면 다시 甲木으로 이어지니 이는 바로 겨울에서 봄, 밤에서 새벽으로 항시 순환하고 있는 것과 같다 하겠다. 따라서 天干의 순환은 양변음(陽變陰) 음변양(陰變陽)의 법칙을 그대로 적용하고 있으니 가령 양은 높고 음은 낮으며 양은 크고 성공이요 음은 작고 실패로 볼 때 음양(陰陽)의 파장이 일정한 사이를 두고 지속적으로 발생하면서 진행하고 교차하고 있음이 곧 세상의 변화를 대변하여 주고 있음은 물론 자연의 이치라 하겠다. 천간(天干)의 순환법칙이 이렇다 할 진데 어찌 양(陽-성공, 吉)만을 기대할 수 있으며 또 그렇다하여 음(陰-실패, 凶)만을 피할 수 있겠는가. 즉 다시 말하여 甲陽 다음에는 필연적으로 乙陰이 오게 되어 있고 또 乙陰 다음에는 丙陽이 오게 되어 있으니 이는 나 혼자 겪는 것만이 아니므로 좀 더 마음의 여유를 가지고 폭넓게 대처하여 나가지 않으면 안 될 것이다.

지지(地支)는 子로서 시작하여 亥로 끝이 나고 또 다시 子로 이어지고 있음은 지지 역시 계절의 자연 순환법칙에 따라 구성되어 있고 또 하루로서는 하루의 시작과 끝으로서 나열되어 있음과 동시 음양(陰陽)의 법칙에도 한 치의 어긋남이 없다 하겠다.

子時는 하루의 시작이며 亥時는 하루의 끝이 되면서 다시 子時로 이어져 순환하고 寅卯辰은 1月 2月 3月로 봄이요

巳午未는 4月 5月 6月로 여름이요

申酉戌은 7月 8月 9月로 가을이요

亥子丑은 10月 11月 12月로 겨울이면서 1년의 끝임과 동시에 다시 寅卯辰 봄으로 이어지니 이 또한 계절의 자연 순환이다.

寅은 陽木·卯는 陰木·辰은 陽土이면서 봄에 소속되고,

巳는 陽火 午는 陰火 未는 陰土이면서 여름에 소속되고,

申은 陽金 酉는 陰金 戌은 陽土이면서 가을로 소속되며

亥는 陽水 子는 陰水 丑은 陰土이면서 겨울로 소속되고 있으니 木火金水는 木火金水대로 음양의 교차가 질서 정연하게 이루어지

고 있으며 土는 土대로 음양의 교차가(辰-陽봄, 未-陰여름, 戌陽-가을, 丑陰-겨울) 질서 있게 순환하고 있음을 알았으리라고 본다.

天干은 양이 다섯 음이 다섯으로 중화를 이루고 지지 또한 양이 여섯 음이 여섯으로 멋지게 균형을 이루고 있음과 동시에 천간지지(天干地支) 모두가 자연의 이치에 부합되면서 한 치의 오차도 없이 천간(天干)은 천간대로 지지는 지지 대로 각기 순환하고 天干과 地支가 서로 이합집산 하면서 하나의 개체가 형성되는 것이다. 다시 말하여 음과 양의 조화로서 생성하고 소멸하듯 天干과 地支도 天干(陽)만으로는 생존(生存)할 수 없으며 地支(陰)만으로도 조화를 이룰 수 없음이라.

고로 天干은 地支에 의하여 생사(生死)가 좌우(左右)되고 地支는 시기(時期)와 환경에 의하여 뿌리하고 있으며, 地支 여자는 天干 남자에 의지하면서 공생하고 있는 것과 같이 天干과 地支도 서로가 합하여 좋든 싫든 간에 하나의 기둥을 형성하고 있는 것이다.

여기에서도 하나의 법칙이 있으니 양간(陽干)에는 양지(陽支)를 음간(陰干)에는 음지(陰支)를 배합하여 서로가 짝이 되게 하고 있는데 이는 나무를 접목할 때 반드시 같은 과일일 경우에만 가능한 것과 같은 이치로 天干의 시작 甲(陽)과 地支의 시작 子(陽)가 처음으로 짝을 하니 甲子가 되고 乙(陰)과 丑(陰)을 짝을 하니 乙丑이 되며 다음 丙(陽)과 寅(陽)을 짝을 하니 丙寅이 되듯이 干支의 순서대로 각기 짝을 하여 마지막 天干의 글자 癸水와 地支의 끝字 亥水가 만나면서 60번이 되므로 일명(一名) 60甲子라 칭하고 있다.

따라서 六十甲子는 양과 음의(天干과 地支) 배합이라 부부(夫婦)의 관계이든 남녀(男女) 명암 등 어떠한 것으로든 견주어 관찰하여 볼만하다.

　다음은 간지(干支)에서 나타난 여러 가지 형상을 기록하니 많은
활용이 있기 바란다.

天干은 陽 : 남자·동(動)·시작·동양·십진법·날줄·외적·
　　　　　　정신·명(明)·종(從)·성장·상반기·오전이요.
地支는 陰 : 여자·정(靜)·종말·서양·십이진법·씨줄·내적·
　　　　　　물질·암(暗)·횡(橫)·수장·하반기·오후 등.

　서로 상대가 되어 응용하고 있어 동양은 십진법의 생활권에 정
신문명이요 자연의 순응인데 반하여 서양은 十二진법에 물질문명
의 발달과 자연의 정복에 중점을 두고 있으며 또 동양은 겉치레를
하나 서양은 내실을 기하고 동양의 도는 종도(從道)에 서양(西洋)
은 횡도(橫道)이며 天干 남자 十이 출생될 때 地支 女子는 十二가
출생 되게끔 되어 있는 것이 자연의 섭리이다.

　지지는 음으로 여자요 꽃이 되어 움직이지 않고 있어 天干은 지
지에 따라 움직이므로(男子가 女子를 따라 다니고 벌과 나비가 꽃
을 찾아오듯) 六十甲子가 구성되는데까지 갑이 여섯 번 움직이고
있어 六甲이라고 한다.

　六十甲子를 육승(六升)하면 360이 되는데 이는 연중의 태양력
일수가 되고 360에 360을 승하면 129,600년으로 최대의 변화인
一元으로서 천지개벽수가 된다.

❿ 역법(曆法)

우리가 흔히 말하는 책력이나 달력은 우리가 사는 지구와 관계가 있어서 서로 멀고 가깝고 마주보고 등지고 끌고 당기는 현상에 의해 지구에서 일어나는 상태와 관찰되는 양상을 수리적으로 계산해 적어놓은 것으로서 그 기준이 되는 공식법칙을 역법이라 한다.

역법(曆法)에 의해 만들어진 것으로 우리가 사용하는 역(曆)은 세 가지가 있는데 다음과 같다.

1. 태양력(太陽曆)

지구가 태양을 한 바퀴 도는 기간을 1년으로 하는 역법으로서 우리가 양력(陽曆)이라 말한다. 지금으로부터 약 4000年 전에 이집트에서 처음 쓰였는데 1년을 365일로 했었으나 뒤에 지구가 태양을 일주하는 데는 정확히 365.242195일이라는 것을 알고 4年마다 1일식의 윤일(閏日)을 두게 되어 4年마다 1年은 366일이 된다.

2. 태음력(太陰曆)

지구(地球)를 중심으로 돌고 있는 달이 만월(滿月)에서 이지러졌다가 다시 만월(滿月)이 될 때까지의 29.53059일을 기초로 1년을 12달로 하되 29일의 작은 달과 30일의 큰 달로 구성한 역법(曆法)이다. 역술이나 어촌에서 많이 쓰며 일 년에 11일 반이나 차이가 난다.

3. 태음태양력(太陰太陽歷)

태양력(太陽歷)의 1년은 365일인데 태음력(太陰歷)의 12달 1년은 354일밖에 안되므로 1년에 11일의 격차가 생겨 일치하지를 않는다. 달의 주기인 태음력과 태양 중심의 태양력을 일치시키는 방법으로 태음력(太陰歷)은 19년에 7번의 윤월(閏月)을 두어 절충한 것이 태음태양력이다. 현재 우리가 말하는 陰歷이란 태양태음력(太陽太陰歷)을 말한다.

* 음력(陰歷)과 계절(季節)의 문제점

우리나라에서는 1895년까지 음력을 주로 사용하다가 갑오경장(甲午更張)에 의한 칙령에 의해 1896년 1월 1일부터 陽歷을 사용하게 되었다.

춘하추동(春夏秋冬)의 계절과 밤낮의 길이 및 시간 등은 태양(太陽)과 지구와의 관계이지 달과 지구와의 관계는 아니다. 달과 지구와의 관계를 우리에게 보여주는 현상은 달의 모양과 조수(潮水)의 간만(干滿)이므로 해양수산업에서는 밀접한 관계가 있지만 춥고 덥고 따뜻하고 서늘한 한서온량(寒暑溫凉)의 기온이 좌우하는 농사에는 음력같이 불편하고 무익한 역법(歷法)이 없다. 陰歷은 바다와 달빛에만 유익할 뿐 농사와 계절에는 아무런 쓸모가 없는 것이다. 계절에 맞추어 농사를 지어야 하는 농경을 주업으로 하는 문화권에서는 계절을 맞출 수 있는 또 하나의 다른 방법 즉 계절력(季節歷)의 필요성이 절실할 수밖에 없다. 1년에 11일씩이나 틀리는 음력의 원리를 가지고서는 어느 날이 어떤 계절이라고 고정할 수 없고 또 그런 불편을 극복하기 위해 계절중심의 24절후를 만들어 사용할 수밖에 없었다. 음력과는 하등의 관계가 없는 24절후가 바로 계절력(季節曆)으로 농사력인 것이다.

⑪ 24절기(節氣)의 법칙

우리가 사는 지구에 춘하추동(春夏秋冬)이 있는 까닭은 두 가지가 있다. 첫째는 지구가 太陽을 중심으로 도는 것이다. 그러나 太陽과 지구중심과의 거리가 멀고 가까워지는 변화가 있는 것이 아니기 때문에 지구가 太陽을 돈다는 사실만으로는 춘하추동이 생길 수는 없다. 太陽에 가까워지면 덥고 멀어지면 추운 것인데 일정한 거리라면 왜 추운 겨울과 여름이 있을까? 그래서 두 번째 이유가 중요하다.

둘째는 지구가 수직으로 서서 태양주위를 돌지 않고 지구의 남북극을 잇는 중심축이 23도 27분쯤 기울어서 돌기 때문에 太陽과 가장 가까운 지구표면은 적도가 아니라 적도를 중심으로 남위23도 5분에서부터 북위23도 5분까지의 사이에서 지구의 위치에 따라 달라진다.

太陽과 가장 가까운 지구표면의 남쪽한계선인 남위23도5분을 남회귀선(南回歸線)이라 하고 북쪽한계선인 북위23도5분을 북회귀선(北回歸線)이라 한다. 우리나라는 적도의 북쪽인 북위38도에 걸쳐 있기 때문에 태양과 가장 가까운 지구표면이 북회귀선(北回歸線)일 때는 가장 더우며 낮이 가장 긴 하지(夏至)가 되고 반대로 남회귀선(南回歸線)일 때는 가장 추우며 낮이 가장 짧은 동지가 된다. 또 태양과 가장 가까운 지구표면이 적도일 때는 낮과 밤의 길이가 같은 춘분과 추분이 된다. 즉 태양과의 근접점이 북쪽으로 옮겨지면서 적도에 이를 때를 추분(秋分)이라 한다.

춘분(春分)에서 춘분(春分)까지가 1년 365일이고 그것은 지구가 태양을 한 바퀴 도는 기간이다. 지구가 태양을 한 바퀴 돈다는 것은 지구가 태양주위 360도를 돈다는 말이다.

춘분(春分)을 기점으로 해서 태양이 북회귀선(北回歸線)에 이르는 하지(夏至)까지가 90도가 되고 다시 남쪽으로 내려가 적도에 이르는 추분(秋分)까지가 90도이다. 즉 남회귀선(南回歸線)에 이르는 동지(冬至)까지가 90도가 되고 다시 북상해서 적도에 이르는 춘분(春分)까지가 90도이다. 각각 90도식으로 된 춘하추동(春夏秋冬)을 다시 15도씩 6개로 나누어 이것을 절기라 한다.

춘하추동 4계절을 6절기씩으로 나누니까 1년은 24절기가 된다. 즉 춘분(春分)에서 한 바퀴 돌아 춘분(春分)까지 360도를 15도씩 24등분해서 24절기로 나눈 것이다.

그러니까 1년에 11일씩이나 틀리는 음력(陰曆)으로는 절기(節氣)가 일정한 날이 될 수 없지만 양력(陽曆)으로는 거의 일정한 날에 절기(節氣)가 닿게 된다.

따라서 태양력을 주로 쓰는 경우에는 24절기가 필요 없고 태음력을 쓰는 경우에는 24절기가 태양력의 역할을 한다.

1. 72절후(節侯)의 법칙

1年 365日을 24등분해서 그 하나씩을 한 절기(節氣)로 하니까 한 절기의 사이가 15일간이나 되어 너무 길고 따라서 기후(氣候)의 차이가 현저하게 된다. 그래서 한 절기 15일간을 다시 셋으로

나누어 5일간을 한 후(候)로 1년을 72후로 나누었다.

그러므로 陰曆을 주로 쓸 때의 1년을 달로 계산하면 12달인 해와 13달인 달인 해가 있어 일정하지 않지만 24절기 72절후로 따지면 5일은 1후이고 3후는 15일이 1절기이며 6절기 18후가 1계절이고 4계절 24절기 72후가 1년으로 일정하다. 72후의 근거(根據)는 동양(東洋)의 고전(古典)인 예기(禮記)라는 책에서 각 달의 일을 적은 월령(月令)편(偏)에 의거한다.

2. 六十甲子

이 六十甲子는 甲에서 癸까지 一旬(일순 : 10)을 주기로 하여 60으로 통일되며 甲子에서 癸亥로 끝이 되고 다시 癸亥에서 甲子로 순환하고 있음으로 알고 보면 시(始)도 종(終)도 없으며 또 六十甲子가 구성되는 동안 天干이 여섯 번 움직이고 있어 六甲 六乙 六丙 六丁… 六壬 등으로 호칭될 때도 있고 地支는 다섯 번 움직이고 있어 五子元(甲子 丙子 戊子 庚子 壬子)이라고도 한다. 그리고 이 六十甲子는 년도는 년도대로 月을 月대로 日은 日대로 時는 時대로 각기 순환하고 있으며 그 순환하면서 지배하고 있는 六十甲子의 순서를 출생된 生年 生月 生日 生時에 해당된 것을 찾아 기록한 것이 바로 사주(四柱)가 성립되는 것이다.

가령 단기 4316年은 서기로는 1983년이요 干支로는 癸亥요 2월 17일 戌時의 일진은 戊午가 時柱는 壬戌이 지배하고 있음을 알게 된다. 오차가 없는 것이어야 하겠다.

甲子	甲戌	甲申	甲午	甲辰	甲寅
乙丑	乙亥	乙酉	乙未	乙巳	乙卯
丙寅	丙子	丙戌	丙申	丙午	丙辰
丁卯	丁丑	丁亥	丁酉	丁未	丁巳
戊辰	戊寅	戊子	戊戌	戊申	戊午
己巳	己卯	己丑	己亥	己酉	己未
庚午	庚辰	庚寅	庚子	庚戌	庚申
辛未	辛巳	辛卯	辛丑	辛亥	辛酉
壬申	壬午	壬辰	壬寅	壬子	壬戌
癸酉	癸未	癸巳	癸卯	癸丑	癸亥

※ 참고 : 이 육십갑자표를 꼭 암기하시길 바랍니다. 하루에 한 번
씩이나 두 번씩 외워두시면 스스로 암기됩니다.

⑫ 만세력 보는 법

만세력을 중심으로 예를 든다면 음둔상원(陰遁上元)이라 함은 六
十甲子의 순환을 陰과 陽으로 구분하여 陰에서도 上元 中元 下元
(天人地)으로 또 陽에서도 上元 中元 下元으로 구분하여 六十甲子
즉 六十年을 1주기(週期)로 순환하고 있는데 음둔 상원갑자라 하면
해당 년도가 바로 음중에서 上元 甲子로 시작되는 해라는 것을 표
시한 것으로 1864년은 상원갑자, 1924년은 중원 갑자, 1984년은
하원(下元) 甲子가 된다.

서기 1864년은 육십갑자로는 甲子가 지배하고 단기(檀紀)로는

4197년이 되며 개국(朝鮮王朝)으로는 473년이 되는 해임을 밝혀두고 있는데 우리의 유구한 역사와 주체정신을 찾으려면 하루빨리 단기가 주가 되고 서기를 종으로 사용하는 시대가 와야 한다고 본다.

⑬ 四柱(사주) 구성법

1. 年柱 세우는 법

년주(年柱)를 세우는 법을 간단하게 요약한다. 년주(年柱)는 그 출생한 년도 즉 태세(太歲)를 그대로 기록하면 되는 것이다. 다시 말하면 丁丑년에 출생하였다면 年柱(태세)는 丁丑을 기록하면 되는 것이다. 그러나 원칙 외에 특별 예가 있으니 그것은 입춘절을 기준으로 하여 정하는 것이므로 아무리 12월생이라 하여도 입춘절 입절 후에 출생자는 신년도 태세로 年柱를 정하는 것이다. 丁丑年을 예로 들면 丁丑年 입춘은 丙子년 음력 12월 27일 寅時初(초)에 들어오고 있기 때문에 실제 상으로 寅時初 이후부터는 丁丑年 1월이 되는 것이다. 이것을 요약하면 입춘을 기준하여 年柱 태세를 정하고 입춘 이전은 전년도생(前年度生)으로 정하는 것이다. 그러므로 잘 명심하여 착각이 없도록 하여야 할 것이다.

2. 月柱 세우는 法

월별	1	2	3	4	5	6	7	8	9	10	11	12
월건	寅	卯	辰	巳	午	未	申	酉	戌	亥	子	丑

(1) 둔월법(遁月法)

(2) 해설

甲子之年 丙寅頭라 함은 甲年이나 己年(예-甲子年이나 己卯年)에 출생한 사람은 1월을 丙寅월로 시작하여 2월을 丁卯月 3월을 戊辰월 식으로 이하 순행하면 되고 乙庚之年 戊寅頭라 함은 乙年生이나 庚年生이 되면 1월이 戊寅월로 시작하여 2월 己卯, 庚辰, 辛巳月 순으로 하고 丙辛之年 庚寅頭라 함은 丙年生이나 辛年生이면 1월은 庚寅부터 시작하여 辛卯, 壬辰, 癸巳 순으로 하고 丁壬之年 壬寅頭라 함은 丁年이나 壬年生이면 1월은 壬寅부터 시작하여 2월 癸卯, 3월 甲辰 순으로 하면 되며 이에 대한 속견표를 작성하면 다음과 같다.

甲己之年丙寅頭	甲己年	丙寅	丁卯	戊辰	己巳	庚午	辛未	壬申	癸酉	甲戌	乙亥	丙子	丁丑
乙庚之年戊寅頭	乙庚年	戊寅	己卯	庚辰	辛巳	壬午	癸未	甲申	乙酉	丙戌	丁亥	戊子	己丑
丙辛之年庚寅頭	丙辛年	庚寅	辛卯	壬辰	癸巳	甲午	乙未	丙申	丁酉	戊戌	己亥	庚子	辛丑
丁壬之年壬寅頭	丁壬年	壬寅	癸卯	甲辰	乙巳	丙午	丁未	戊申	己酉	庚戌	辛亥	壬子	癸丑
戊癸之年甲寅頭	戊癸年	甲寅	乙卯	丙辰	丁巳	戊午	己未	庚申	辛酉	壬戌	癸亥	甲子	乙丑

12節	立春	驚蟄	清明	立夏	芒種	小暑	立秋	白露	寒露	立冬	大雪	小寒
12支	寅月	卯月	辰月	巳月	午月	未月	申月	酉月	戌月	亥月	子月	丑月

이 월건을 정하는데 있어서는 十二支 배열표에 의하여 원칙 외에 특별 예가 있으니 그것은 12절을 기준하여 월건을 정하는 것이나

십이지 배열표에 의하여 1월은 寅月이 원칙이나 십이절을 기준으로 한다면 正月生이라 하더라도 아직 입춘절이 입절전이면 전년도 丑月로 정하는 것이고 또 1월생이 분명하더라도 경칩(驚蟄)이 입절(入節)한 후에 출생하였다면 그것은 寅월로 하지 않고 卯월생으로 하는 것이다. 그러나 예를 들어보면 戊戌年 5월 22일 子時正에 후자가 입절하고 있어 12支(지) 배열표에 의하면 5월은 午月로 되어 있지만 12절을 기준하여 보면 소서(小暑)절은 6월로 되어 있기 때문에 5월 22일 子時부터는 6월절 子時로 결정되는 것이다. 다시 말하면 월건을 정함에 있어서 절기에 따라 1월이라 하더라도 입춘(立春)절이 들기 전까지는 전년도 소한(小寒)절(12월)이 되는 것과 같이 입절 전후에 관계를 명심하여 월건을 정하여야 할 것이다.

3. 日柱 세우는 법

이 법은 간단하다. 만세력을 펴보면 그 출생한 생년 생월을 찾아서 출생한 날의 日辰을 그대로 기록하면 되는 것이다.

4. 時柱 세우는 법

○ 甲己 夜半生 甲子

○ 乙庚 夜半生 丙子

○ 丙辛 夜半生 戊子

○ 丁壬 夜半生 庚子

○ 戊癸 夜半生 壬子

해설

甲己 야반생(夜半生) 甲子라 함은 甲日이나 己日에 출생한 사람은 子時를 甲子時로 시작하여 丑時를 乙丑時, 寅時를 丙寅時 식으로 순행하면 되고 乙庚 야반생(夜半生) 丙子라 하면 乙日이나 庚日에 출생한 사람은 子時를 丙子時부터 시작하여 丑時를 丁丑時·寅時를 戊寅時로 순행하고, 丙辛 夜半生 戊子라 함은 丙日이나 辛日에 출생한 사람은 子時를 戊子時부터 시작하여 丑時는 己丑時·寅時를 庚寅, 卯時를 辛卯時 등으로 순행하고, 丁壬 야반생(夜半生) 庚子라 하면 丁日이나 壬日에 출생한 사람은 子時를 庚子時로부터 시작하여 丑時는 辛丑時·寅時는 壬寅時로 순행한다. 이와 같은 속견표는 다음과 같다.

甲己日	甲子	乙丑	丙寅	丁卯	戊辰	己巳	庚午	辛未	壬申	癸酉	甲戌	乙亥
乙庚日	丙子	丁丑	戊寅	己卯	庚辰	辛巳	壬午	癸未	甲申	乙酉	丙戌	丁亥
丙辛日	戊子	己丑	庚寅	辛卯	壬辰	癸巳	甲午	乙未	丙申	丁酉	戊戌	己亥
丁壬日	庚子	辛丑	壬寅	癸卯	甲辰	乙巳	丙午	丁未	戊申	己酉	庚戌	辛亥
戊癸日	壬子	癸丑	甲寅	乙卯	丙辰	丁巳	戊午	己未	庚申	辛酉	壬戌	癸亥

時	子時	丑時	寅時	卯時	辰時	巳時	午時	未時	申時	酉時	戌時	亥時
間	11-1	1-3	3-5	5-7	7-9	9-11	11-1	1-3	3-5	5-7	7-9	9-11

이 표를 보는 법은 간단하다. 가령 오후 5시 30분 출생자라면 2시간을 기준하여 보기 때문에 23:00~01:00까지가 子時 01:00~

03:00까지가 丑時 등 오후 5시부터 7시까지는 酉時가 되며 그 生日이 丁卯日이라면 丁壬日과 대조하여 보면 己酉라는 것을 알 수 있다. 즉 丁丑日生의 酉時는 己酉時로 결정된다. 그 외 다른 일진도 이와 같이 時를 정한다.

5. 야자시법(夜子時法)

야자시(夜子時)는 밤 11시에서부터 12시 사이의 시간을 말하는 것인데 正子時와 구별하는 것이다. 그러면 이 夜子時와 正子時는 어떻게 구별하는 것인가 알아보기로 하자.

단편적으로 子時하면 그날 밤 11시(23:00에서) 이튿날 01시까지 사이를 말하는 것인데 야자시(夜子時)는 밤 11시에서 그날 밤 12시(24:00) 子正까지를 말하는 것이요 正子時 밤 12시(24:00)에서 새벽 1시까지를 말한다. 이것을 도표로 보면 다음과 같다.

밤11시　　(야자시)　　12시(영시)　　(정자시)　　새벽1시

↑＿＿＿＿＿＿＿＿＿＿ 子時 ＿＿＿＿＿＿＿＿＿＿↑

6. 四柱구성의 실례

이상에서 설명한 生年, 月, 日, 時를 가지고 四柱 구성법에 의하여 다시 종합 구성하는 예를 들어본다.

1) 年 月 日 時가 정상적인 예
서기 1981년 음력 4월 25일 오후 6시생

時	日	月	年
丁 酉	丙 午	癸 巳	辛 酉

만세력을 보면 서기 1981년(단기 4314년)은 60甲子로는 辛酉가 지배하고 있으므로 年柱는 辛酉가 되고 4月절은 立夏(입하)가 4月 初二日 夜子時에 입절하였으므로 4月生이 분명하여 月柱는 癸巳가 되며 출생일은 25일이니 25일은 丙午라 그대로 적으면 되고 時柱는 오후 6시는 酉時요 丙日에 酉時는 丁酉時가 되기 때문에 辛酉年 癸巳月 丙午日 丁酉時로서 완전한 사주가 성립된다.

2) 전년도에 출생하고도 입춘(立春)이 입절(入節)되어
   신년도 生이 되는 예

서기 1990년 음력 12월 25일 낮 12시

時	日	月	年
壬 午	庚 戌	庚 寅	辛 未

辛未年 만세력을 보면 庚午年 12월 25일 午時는 입춘이 지나 기록되어 있어 立春이 입절한 다음에 출생한 것이 분명하기 때문에 전년도(1990)에 출생하고도 입춘이 지나서 辛未(1991)년 庚寅月 庚戌日 壬午時에 해당되어 완전한 四柱가 구성된다.

3) 신년도에 출생하고도 입춘(立春)이 입절(入節)하지
　　않아 전년도 生이 되는 예
서기 1990년 음력 1월 8일 未時生

時	日	月	年
辛 未	己 亥	丁 丑	己 巳

　출생 당년 만세력을 보면 1990년 1월 8일은 立春이 아직 들어
오지 않았으므로(立春入節 하루 전) 태어나기는 庚午年에 태어났
어도 전년도인 1989년 己巳年 12월에 해당되므로 기록을 할 때
년주는 己巳年으로 하고 月柱는 12월 丁丑月로 기록하며 日柱는
만세력에 기록된 그대로 적어보면 己亥日이 되고 時柱는 도표를
보고 그대로 적어보면 辛未時가 되므로 年 月 日 時의 四柱를 기
록하면 완성된다.

4) 그 달에 태어나고도 새달이 되는 예
서기 1969년 음력 1월 19일 午時生

時	日	月	年
甲 午	辛 巳	丁 卯	己 酉

만세력을 펴보면 1월 18일 丑時에 경칩(驚蟄)이 입절하고 있다.

경칩(驚蟄)은 2월절이기 때문에 1월 19일에 출생하였어도 2월생이 되는 것이다. 따라서 己酉年 丁卯月이 되는 것이고 日辰은 19日은 辛巳로 만세력에 기록되어 있는 그대로 결정되고 時는 午時이므로 辛日의 午時는 甲午時가 되니 己酉年 1월 19일 午時生은 己酉年 丁卯月 辛巳日 甲午時로 완전한 四柱가 구성된다.

5) 그 달에 태어나고 전월(前月)生이 되는 예
1981년 음력 5월 5일 0시 3분 생

時	日	月	年
丙	乙	癸	辛
子	卯	巳	酉

5월生이므로 立春과 관계가 없으므로 年柱는 辛酉가 되며 5월초 5일은 寅時부터(3시~5시까지) 5月節인 芒種(망종)이 입절하고 있어 망종 입절전은 4월로 보기 때문에 月柱는 癸巳가 되고 초5일은 입절당일(入節當日)로 日辰이 乙卯로 기록 되어 있기 때문에 日柱는 乙卯가 되며 0시 30분은 正子時가 되어 乙日에 子時는 丙子가 되기 때문에 丙子로서 時柱가 구성되어 이것을 모듬하면 辛酉年 癸巳月 乙卯日 丙子時로서 완전한 四柱가 구성되는 것이다.

다음 쌍생아(雙生兒) 중 男女가 다를 때는 시간이 같아도 구애받지 않고 그대로 추명하나 일난성(日卵姓) 雙生兒가 시간까지 같을 때에는 선동이를 기준으로 하여 후동이는 大運을 반대로 적용시키고 있으나 본래 사람은 한사람만 출생함이 원칙이기에 후동이는 잘 맞지 않은 경우가 많다 하겠다.

⑭ 干支의 음양과 응용

1. 五行

1) 五行名 : 木星 火星 土星 金星 水星

① 天干 : 甲 乙 丙 丁 戊 己 庚 辛 壬 癸

        陽 : 甲, 丙, 戊, 庚, 壬.

        陰 : 乙, 丁, 己, 辛, 癸.

② 地支 : 子 丑 寅 卯 辰 巳 午 未 申 酉 戌 亥

        陽 : 子, 寅, 辰, 午, 申, 戌.

        陰 : 丑, 亥, 酉, 未, 巳, 卯.

여기에서 地支陰이 丑亥酉未巳卯로 역행(逆行)하고 있는 것은 陰은 달이요 달은 서쪽에서 떠서 동쪽으로 지나면서 만월(滿月)이 되기 때문에 역(逆)을 기준으로 생각하면 되고 陽은 본래가 해와 같으므로 東쪽에서 떠서 西쪽으로 지고 있기 때문에 이것은 바로 남자를 상징하고 시계방향이요 또는 좌선(左旋)이라고도 한다.

2. 간지체성론(干支體性論)

天干과 地支에 대한 각자의 성질을 어느 정도는 알고 있어야 앞으로 응용하는데 많은 참고가 되겠기에 대략 줄거리만 설명하고 자세한 것은 후에 공부하기로 한다.

1) 天干

甲 : 십간지수(十干之首) 양목(陽木) 사목(死木) 갑(匣) 동량지목(棟樑之木) 무근지목(無根之木) 강목(剛木) 뢰(雷) 대림목(大林木) 생육(生育) 만물을 주재 온순 과묵 정신(精神) 대장(大將) 청룡(靑龍) 가장(家長) 발명 첫 번째 天干甲 짐승으로는 여우.

乙 : 음목(陰木) 생목(生木) 알(軋) 지엽목(枝葉木) 활목(活木) 습목(濕木) 유목(柔木) 양류목(楊柳木) 초목(草木) 초(草) 풍(風) 넝쿨나무 달 뚫고 나가기를 좋아한다. 청룡(靑龍) 짐승으로는 수달피.

丙 : 양화(陽火) 사화(死火) 병(炳) 태양지화(太陽之火) 군왕지화(君王之火) 로야지화(爐冶之火) 자외선(紫外線) 전기(電氣) 광선(光線) 전자(電子) 초음파(超音波) 적외선(赤外線) 방사선(放射線) 초능력(超能力) 투시력(透視力) 화려한 것 밝은 것 펼쳐만 놓는다. 사슴.

丁 : 음화(陰火) 생화(生火) 등(燈) 장정(壯丁) 촉화(燭火) 유화(柔火) 월(月) 성(星) 주작(朱雀) 빛 노루.

戊 : 양토(陽土) 사토(死土) 무(茂) 산(山) 언덕 제방(堤防) 강토(剛土) 고원(高原) 황야(荒野) 무(霧) 구(久) 건체(蹇滯) 무성(茂盛) 구진(句陳) 안개 이슬비 풍족을 바라는 것 짐승으로는 황구(黃狗).

己 : 음토(陰土) 생토(生土) 기(起) 전(田) 답(畓) 진토(眞土) 유토(柔土) 기(氣) 신용 등사(螣蛇).

庚 : 양금(陽金) 사금(死金) 경(更) 완금장철(頑金丈鐵) 무쇠 강금(剛金) 숙살지기(肅殺之氣) 병초(兵草) 우박(雨雹) 개혁성(改革

性) 상(霜) 갱신(更新) 변혁성(變革性) 의리(義理) 백호(白虎)
　　짐승으로는 까마귀.

辛 : 음금(陰金) 생금(生金) 신(新) 금은주옥(金銀珠玉) 보석(寶石)
　　연금(軟金) 유금(柔金) 비철금속(非鐵金屬) 미인(美人) 제련
　　된 금(金) 종(鍾) 금불상(金佛象) 술잔 짐승으로는 꿩.

壬 : 양수(陽水) 사수(死水) 임(妊) 해수(海水) 포수(浦水) 호수(湖
　　水) 류수(流水) 정지수(停止水) 횡류(橫流) 담수(潭水) 현무
　　(玄武) 짐승으로는 연자(燕子＝제비)

癸 : 음수(陰水) 생수(生水) 규(揆) 우로수(雨露水) 유수(柔水) 류수
　　(流水) 천수(泉水) 천(川) 강(江) 활수(活水) 종류(從流) 현무
　　(玄武) 짐승으로는 박쥐.

　2) 지지론(地支論)

子 : 외양내음(外陽內陰) 음수(陰水) 시(始) 서(鼠) 일양시생(一陽
　　始生) 냉한지수(冷寒之水) 천수(泉水) 천수(川水) 종류(從流)
　　풍류(風流) 첫 번째 地支 하루의 시작 인색(吝嗇) 정북(正北)
　　천귀성(天貴星) 子는 쥐로 앞발톱이 다섯 개이므로 陽이 되고
　　뒷발톱이 네 개이므로 陰도 되니 역가(歷家)에서 밤 子時를 오
　　늘에 소속시키고 낮 子時를 내일에 소속시킨다.

丑 : 음토(陰土) 뉴(紐) 우(牛) 동토(冬土) 습토(濕土) 이양지기(二
　　陽之氣) 근면(勤勉)하고 우직하다 천액성(天厄星) 소는 발굽
　　이 갈라져 있다.

寅 : 양목(陽木) 연(演) 호(虎) 삼양지기(三陽之氣) 조목(燥木) 눈
　　목(嫩木) 동량지목(棟樑之木) 인화물질(引火物質) 인정(仁情)

천권성(天權星) 발톱이 다섯 개이다.

卯 : 음목(陰木) 승(昇) 토(兎) 사양지기(四陽之氣) 습목(濕木) 활목(活木) 생목(生木) 초근(草根) 양류목(楊柳木) 낭순이 하나 바람신 이상적이고 까다롭다 천파성(天破星) 토끼로 입술이 터져 있다.

辰 : 양토(陽土) 진(震) 용(龍) 오양지기(五陽之氣) 습토(濕土) 진토(眞土) 니토(泥土) 가색지토(稼穡之土) 이무기 조화가 비상하다 상상의 동물 습진(濕疹) 당뇨(糖尿) 천간성(天奸星) 용으로 비늘이 81개이다.

巳 : 양화(陽火) 외음내양(外陰內陽) 기(起) 사(蛇) 로야지화(爐冶之火) 강렬지화(剛烈之火) 사화(死火) 육양지기(六陽之氣) 외골성질 혀가 둘로 갈라져 둘러대기를 잘한다. 천문성(天文星)

午 : 외양내음(外陽內陰) 음화(陰火) 풍(豊) 마(馬) 일음시생(一陰始生) 등(燈) 촉(燭) 생화(生火) 약화(弱火) 유화(柔火) 멋쟁이 천복성(天福星) 의심이 많은 것 스케일이 크고 정열적이다. 말로 발굽이 둥글다.

未 : 음토(陰土) 미(味) 양(羊) 이음지기(二陰之氣) 조토(燥土) 왕토(旺土) 샘이 많다. 정복력이 대단히 강하다. 심술이 있다. 천역성(天驛星), 양으로 발굽이 갈라졌다.

申 : 양금(陽金) 신(神) 후(猴) 삼음지기(三陰之氣) 완금(頑金) 사금(死金) 결실(結實) 천고성(天孤星) 모방을 잘한다. 재주가 많은 것·원숭이로 발굽이 다섯 개다.

酉 : 음금(陰金) 수(收) 계(鷄) 사음지기(四陰之氣) 금은주옥(金銀珠玉) 청백(淸白) 비철금속(非鐵金屬) 봉황(鳳凰) 새로운 것.

희생정신이 좋다. 천인성(天刃星) 닭으로 발꿈치가 없고 발굽이 4개인데 오골계는 5개다.

戌 : 양토(陽土) 멸(滅) 구(狗) 오음지기(五陰之氣) 조토(燥土) 왕토(旺土) 제방(堤防) 활인성(活人星) 신들의 집합체 천문성(天門星) 천예성(天藝星) 개로 발가락이 다섯 개다.

亥 : 양수(陽水) 핵(核) 저(猪) 육음지기(六陰之氣) 해수(海水) 호수(湖水) 온난지수(溫暖之水) 횡류(橫流) 법(法) 질서를 잘 지킨다. 외음내양(外陰內陽) 천수성(天壽星) 돼지로 발이 갈라졌다.

⓱ 각 오행(五行)의 성격(性格)

1. 木

어질고 온순하며 따뜻한 마음씨에 남과 다투기를 싫어하며 질서를 잘 지키고 앞장서기를 좋아하며 어디를 가나 선봉장이요 정직하면서도 인정이 많아 또한 달변가이기도 하다. 착실한 반면에 어리석어 가끔 흔들림이 나타나며 총명한 두뇌에 손재주는 남달리 뛰어 났으며 예체능계에서 많이 보며 문장력이 발달하여 인품이 흐트러짐이 없고 양심가이기도 하다. 木은 담(膽)이라 배짱 하나는 두둑하다 하겠으며 또 木은 봄의 계절이라 일 년으로는 시작이요 그래서 어떠한 일을 할 때에는 시작은 잘하는데 명수요 甲木이나 寅木이 있을 때는 양적인 면이 발달하여 같은 木이라 할지라도 남달리 스케일이 크고 작은 것에는 양이 차지 않으며 아첨하기를 싫어하나 乙 卯木은 작은 나무요 넝쿨에 속하므로 의지력이 많으며 작은 것에도 오해의 소지가 남아있는 등 같은 木이라 할지라도 약간의 차이가 있다 하겠다. 인정 많고 강직하고 기쁨을 나타내고 밝은 생활을 하고자 하며 남에게 좋은 일을 베풀려 하며 정직하고 선량한 마음씨에 덕을 쌓기를 좋아하며 어느 한 면으로는 신경이 예민하기도 하다.

2. 火

예의가 바르며 달변가요 몸가짐이 예쁘게 가꾸는 미(美)를 창조하는 선량한 마음씨가 더욱 아름다우며 처음은 급하나 후는 그렇지 않고 자기의 잘잘못을 가릴 줄 알며 상대방이 엉큼하게 하는 짓을 제일 싫어하고 명랑하며 현실에 즐기는 현대인이라 할 수 있고 본인이 마음에 들면 자기의 속마음을 다 털어 내보이며 또한 사리 분별에 밝기도 하다. 그러나 인정이 많으면서도 어떤 일에 부딪치면 조급하고 생각할 여유를 갖지 않고 급한 성격에 간혹 지나치다는 말을 들으며 재물에 관하여서는 금이 되어 단단하므로 재물관리는 남달리 잘하며 명랑한 성격이면서도 보는 눈이 달라 보는 시각이 발달하여 한번 보면 판단력이 발달되어 있으므로 남보다 더 빨리 알아보며 신용이 좋고 의리가 있으며 항상 낙천적인 성격을 소유하고 있다.

3. 土

신용이 첫째요 성실하며 책임감이 강하고 믿음직스러우며 의리가 있고 둥글둥글하며 인자하고 자비로운 도량으로 상대방을 사로잡는 성격에 후중하고 인덕이 있다. 반면에 고집은 황소고집이요 한번 틀어지면 다시 볼 수 없을 것처럼 얘기하나 실제의 마음은 그렇지 못하며 항상 여린 마음에 동정심이 가득하고 욱하는 성격도 잠시일 뿐 남에게 피해는 조금도 주지 않으려고 마음속으로 노력한다. 어떠한 일이 있어도 남의 비밀을 간직하는데 발설을 잘 하지 않으며 土란 자체가 묵은 것이 되고 늙었기 때문에 얼른 보면 느리게 보이나 행동 자체는 순발력이 있고 예체능에는 잘만 갖춰진 사주(四柱)라면 천하에 제일가는 예술가요 골동품 수집 등 옛 것을 창조하는 미(美)가 풍긴다. 반면에 후회하는 일을 하지 않으려고 마음속으로 무척이나 노력하는 팔자요 인정에 말려 거절을 못하는 것이 흠이라면 흠이라 하겠다.

4. 金

성격은 냉정한 것 같으면서도 온순 담백하고 용감하면서도 남을 존중하는가 하면 때로는 자상하기도 하고 온화하면서도혁명가의 기질로 태어나 의리 때문에 강한 자에 강하고 약한 자에게는 정에 못 이겨 약해지는가 하면 어느 일이든 끝맺음을 우선으로 삶하며 명예와 체통과 명분이 없는 일에는 가담하지 않으며 결단력이 강하고 매사에 계획이 있어 신용을 앞세워 매진하는데 온갖 지혜를 총동원 한다. 그러나 金이 강하면 살기(殺氣)가 돌고 가을 초(草)에 서리가 내리면 하루아침에 그 풀이 다 죽듯이 어느 일이든 한 번 계획을 세우면 좀처럼 물러서지 않으며 본인이 보기 싫으면 절대로 남에게 보이지 않는 곳에서 있기를 바란다.

5. 水

지혜가 총명하고 깊은 학문을 가지고 있으며 의리를 무기로 삼아 인정을 앞세워 내실을 기하는 반면 어디를 가나 박사에 연구가 발명가 소리를 들으며 행동반경이 넓고 항상 본인 생각에는 몸과 마음이 깨끗하다고 생각하나 실제와는 다르며 행동이 느리다. 직장은 평생 가져야만 되며 水 자체가 시작과 끝이라 또한 물은 흐르다가 부딪치면 쉬어가고 막으면 돌아가고 하여 자연의 섭리에 따라 잘 순응한다고 하겠으나 물이 깊으면 그 깊이를 몰라 그 속마음을 알 길이 없어 일명 크레믈린이란 별명까지 붙게 된다. 재주를 앞세워 하는 일에 있어서 계획보다는 맞부딪쳐서 해결해 보려고 하고 좀처럼 화를 내지 않으며 활동력과 조직력을 동원하여 원대한 꿈을 현실로 나타나게 한다. 얼굴형은 전형적인 동양인인 타원형에 가깝다 하겠고 어디를 가나 환경에 적응을 잘한다 하겠다.

	木	火	土	金	水
계절	춘(春)	하(夏)	장하(長夏)	추(秋)	동(冬)
천간	甲·乙	丙·丁	戊·己	庚·辛	壬·癸
지지	寅·卯	巳·午	辰戌丑未	申·酉	亥·子
방위	동(東)	남(南)	중앙(中央)	서(西)	북(北)
수리	3·8	2·7	5·10	4·9	1·6
미(味)	산(酸)	고(苦)	감(甘)	신(辛)	함(鹹)
색(色)	청(靑)	적(赤)	황(黃)	백(白)	흑(黑)
오각	촉(觸)	시(視)	미(味)	취(臭)	청(聽)
오성	인정	예의	신용	의리	지혜
	강직	조급	후중	냉정	원만
	희(喜)	락(樂)	사(思)	노(怒)	애(哀)
	경사	명랑	건체(蹇滯)	급속(急速)	포용(包容)
	정직	달변	허구(虛久)	숙살	비밀
	유덕	솔직	구사(久事)	변혁	인내
	경화(硬化)	분산	집결	견실	응결
	곡직(曲直)	염상(炎上)	가색(稼穡)	종혁(從革)	윤하(潤下)
장(臟)	간	심장심포	비	폐	신장
부(腑)	담	소장삼초	위장	대장	방광
	신경	정신	기육	골격	신기
	수족	시력	배	피부	비뇨기
	인후	눈	허리	치아	수분
	모발	체온	갈비	기관지	타액
	풍(風)	열(熱)	습(濕)	조(燥)	한(寒)
	두	혈압	밥통	조혈	고환
오관(五官)	목(目)	설(舌)	구(口)	비(鼻)	이(耳)
오정(五情)	혼(魂)	신(神)	의(意)	백(魄)	정(精)
오역(五役)	색(色)	취(臭)	미(味)	성(聲)	액(液)
오성(五聲)	호(呼)	언(言)	가(歌)	곡(哭)	신음
오음(五音)	각(角)	징(徵)	궁(宮)	상(商)	우(羽)
오향(五香)	조(臊)	초(焦)	향(香)	성(醒)	(부)腐
오물(五物)	초과(草果)	우족(羽族)	족복(足腹)	곤충(昆蟲)	어족(魚族)
오과(五果)	이(李)	행(杏)	조(棗)	도(桃)	율(栗)
	생(生)	장(長)	화(化)	수(收)	장(藏)
오곡(五穀)	맥(麥)	서(黍)	속(粟)	도(稻)	두(豆)

	木	火	土	金	水
오귀(五鬼)	목귀(木鬼)	화귀(火鬼)	토귀(土鬼)	금귀(金鬼)	수귀(水鬼)
오승(五勝)	동(動)	수(睡)	유(濡)	건(乾)	부(浮)
오축(五畜)	양(羊)	마(馬)	우(牛)	계(鷄)	돈(豚)
오우(五雨)	뢰우(雷雨)	폭우(暴雨)	몽우(濛雨)	우박(雨雹)	림우(林雨)
오운(五雲)	청운(靑雲)	적운(赤雲)	황운(黃雲)	백운(白雲)	흑운(黑雲)
오상(五象)	부(浮)	현(炫)	제(際)	횡(橫)	의(疑)
	청기	적기	황기	백기	현기
	뢰(雷)	전(電)	무(霧)	상(霜)	운(雲)
	풍(風)	성(星)	기(氣)	정(精)	로(露)
	신(晨)	주(晝)	장주(長晝)	석양(夕陽)	야(夜)
	온(溫)	서(暑)	복중(伏中)	량(凉)	한(寒)
	목기	화기	토기	금기	수기
오상(五像)	동량지목	로야지화	안(岸)산(山)	금(金)철(鐵)	해(海)포浦
	지엽	등,촉	전,답	금,은	천(泉)천(川)
	목(木)	화(花)	과도기	실과	수장
	근(根)	전기	제방	동선	호수
	초(草)	광선	사(砂)	부근(斧斤)	설(雪)
	림(林)	전파	암석	비금속	빙(氷)
	장(長)	역상	원	각	미
	ǀ	▽	○	□	O
	左	上	中央	右	下
직종	교육	문공	농수산	국방	법무
	통신	동자	건설	교통	외무
	보사	과기	내무	운수	식품
	목재	상공	통일	차량	주류
	직물	항공	토건	기계	수산물
	섬유	유류	부동산	제철	양식
	가구	전기	토산품	광산	수도
	예능	화학	곡물	공구	빙과류
	농장	화약	골동품	양품	조선
	육림 · 목각	문화	종교	금 · 세공	무역
	악기	온방	중개인	정비	여관
	화원 · 분식	소방	중개	철물	목욕탕
	죽세공	전자	중매	고물	냉동업

⑯ 오행상생법(五行相生法)과 상극법(相克法)

지금까지 공부한 오행을 다시 타 오행과 대비하여 생(生)과 극(克)을 공부하게 되는데 生을 상생(相生) 극(克)을 상극(相克)이라고 한다.

다음 상생(相生)은 계절의 순환작용임과 동시 부모(父母)와 자손(子孫)의 관계가 되며 따라서 천륜(天倫)이라 할 수 있고 상생(相生) 중에서도 유정지생(有情之生 : 吉—도움을 받는 것)과 무정지생(無情之生 : 凶—도움을 받고도 나빠지는 것)이 있으며 유정지생(有情之生)은 필요한 生이요 무정지생(無情之生)은 필요하지 않은 生이 됨으로 生이라고 하여 무조건 좋다고 만은 할 수 없다.

다음 상극(相克)은 계절(季節)의 상대가 되며 부부(夫婦)의 관계로 인륜이라고도 할 수 있고 또 상극(相克)에서도 유정지극(有情之克—좋은 일에 간섭을 받는 것)과 무정지극(無情之克—나쁜 일에 간섭을 받는 것)이 있는데 유정지극은 필요한 극(克)이요 무정지극(無情之克)은 필요치 않은 극(克)이 되고 있음으로 알고 보면 상생(相生)중에서도 吉과 凶이 있으며 상극(相克)중에서도 吉·凶이 있으니 이점에 유의하여 절대로 일방적인 논법은 피하기 바라며 또 보편적으로는 상생(相生)은 吉이 되고 상극(相克)은 凶이라고 하나 길(吉) 중에도 凶은 있고 흉(凶) 중에도 吉이 있음이 자연의 이치일진대 본 상생(相生)·상극(相克)도 그러한 측면에서 이해한다면 빠르리라고 본다.

모든 만물의 생성(生成)하는 원리가 처음에는 生하고 다음에는 克을 만남으로서 하나의 완생(完生)이 되는 것과 같이 인간도 역시

이 세상에 태어난(生) 다음에 혼인(婚姻→극:克)을 함으로서 하나의 완전한 인간이 되는 것과 같다 하겠으며 또 이러한 가운데 유정(有情)과 무정(無情)이 엇갈리기 마련이니 가령 잘 태어난 중 배우자도 잘 만나는가 하면 잘 태어났어도 배우자를 잘못 만나는 경우와 또 잘못 태어났어도 배우자는 잘 만나는가 하면 잘못 태어나서 배우자까지 잘못 만나는 것이 인간사 중의 하나일 것이다.

이와 같이 상생(相生)·상극(相克)은 명리학은 물론 모든 이치를 터득하는데 가장 중요한 위치를 차지하고 있으니 공부하는데 게을리 하여서는 안 되며 또 앞으로 공부하는 모든 문제가 이 상생(相生)·상극(相克)작용에 기본을 두고 있음은 물론 만반물이 五行의 생극(生克)작용에 의하여 움직이고 생성(生成)하고 소멸(消滅)하고 있음을 다시 한 번 절실(切實)하게 느끼게 될 것이니 역학연구의 성패는 바로 여기에서 결정된다 하여도 과언은 아닐 것이다.

相生 : 木生火　火生土　土生金　金生水　水生木　木生火
相克 : 木克土　土克水　水克火　火克金　金克木　木克土

1. 상생(相生) 상극도(相克圖)

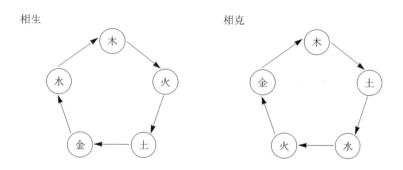

1) 相生

相生은 서로가 生한다·돕는다 하는 뜻도 되지만 낳다·주다·나간다·희생하다·발생하다·도와주다·봉사하다·받아먹다·의지하다 하는 뜻으로도 통하고 있으니 꼭 생자(生字)에만 집착하여 고집한다면 앞으로 공부하는데 지장이 많을 것이니 주의하기 바라며

木生火는 봄 木은 여름火를 生하고

火生土는 여름 火는 土 長夏를 生하며

土生金은 장하(長夏)土는 가을 金을 生하고

金生水는 金 가을은 겨울 水를 生하며

水生木은 水겨울이 木봄을 生하고 있음을 말함이니

이것이 바로 계절의 순환작용임과 동시 시작도 끝도 없이 서로가 相生하고 있는 것을 대변하여 주고 있는 것이다.

또 하루로는 새벽 木으로 시작하여 木生火 낮이 오고 낮 火 다음에는 火生未土를 거쳐 土生金 석양(夕陽)이 오며 석양(夕陽) 金은 金生水 밤을 오게 하고 밤水는 水生木으로 다시 새벽에 이르는 것과 같이 이 相生은 꼭 계절에만 국한되어 있는 것이 아니라 만물 모두에 응용되고 또 적용한다는 것에 유념하여야 될 것이다.

또 木봄이 火여름을 生하듯 부모(父母)는 자손(子孫)을 낳고 그자손(子孫)은 손자(孫子)를 낳음이 相生과 같기에 相生은 부모(父母)와 자손(子孫)의 관계(關系)라 하였던 것이다.

또 하나의 相生에 의의는

木은 火를 生하나 火는 木을 보호하고

火는 土를 生하나 土는 火를 보호하며

土는 金을 生하나 金은 土를 보호하고

金은 水를 生하나 水는 金을 보호하며

水는 木을 生하나 木은 水를 보호하고 있음을 相生이라고 하는데 비유하건대 부모(父母)는 자손(子孫)을 낳고 양육을 시켜주나 자손이 성장하고 부모(父母)가 노쇠하여지면 그 자손(子孫)은 부모(父母)를 봉양하여야 되는 것과 같으며 상극(相克) 면으로는 木生火를 하게 되면 火가 화극금(火克金)을 하여 금극목(金克木)을 받지 않음이 바로 木生火를 하면 火가 木을 보호하는 결과며 또 火 여름에는 나무가 성장하고 土 땅속에서는 지열(地熱)을 얻음과 동시 土는 火生土를 받아 火의 기(氣)를 흩어지지 않게 오래도록 보존하며(온돌방) 水는 金의 강도를 조절하여 金의 수명(壽命)을 연장하고 金은 땅을 부식시켜 농사를 짓게 하며 木은 水를 흡수하였다가 서서히 방출하므로 서 水의 범람을 막아주는 역할을 하고 있음이 相生이라 하겠다. 고로 우리가 여기에서 얻은 것은 陽적인 면으로는 木生火가 틀림없으나 陰적인 면으로는 火生木으로 되돌아오니 이는 곧 본인이 희생함은 바로 자기를 위하는 길이 된다는 것을 본 학문을 통하여 깨달았으리라고 본다.

다음 木은 火를 生하고 없어지며 火는 土를, 土는 金을, 金은 水를, 水는 木을 生하고 없어지는데 이는 木 봄은 火 여름을 生하고 물러나며 또 여름에는 봄이 존재(存在)할 수 없는 것과 같고 여름 火는 장하 土를 장하 土는 가을金을 생하고 물러서며 가을 金은 겨울水를 生하고 없어지며 겨울水는 木봄을 生하고 없어지듯이 존재할 수 없음은 바로 母 세포는 子 세포를 발생하면서 산화하여가는 세포의 분열과 계절의 순환법칙 즉 五行의 상생법칙(相生法則)이 다른 것이 하나도 없으며 또 이러한 법칙에서 살신성인이라는 근본이 우리 인간에게는 잠재하고 있는 것이다.

다음 木 나무는 火 불을 만나면 타 없어지고

　　　火 방사선은 土 흙을 통하지 못하며

　　　土 흙은 金 철분이 많으면 변색이 되고

　　　金은 水 냉각에 의하여 강도를 마음대로 조절할 수 있고

　　　水는 木 나무에 흡수되고

　　　水로서 칠흑같이 어두운 밤이라 하여도

　　　木 새벽이 되면 물러서야 하듯 모두가 산화하고 있으며

　　　木生火 火生土 함은 내리 사랑이요

또 아무리 강한 부모라 할지라도 자손한테는 꼼짝 못함이 여기에서 증명되고 있는데 한편으로는 木 자신은 비록 火 자손(子孫) 불에 의하여 산화된다 하여도 오직 火 자손이 잘되기를 바라는 것은 바로 부모님이 자손에 대한 애틋한 마음인 것이다.

우리는 이러한 부모님의 마음을 아는 것이 자손의 도리이며 본분이라 하겠는데 가장 쉬울 것 같으면서도 또한 가장 어려움이 이 속에 있다 하겠고 그래서 옛부터 제일 어려운 것이 부모 노릇하기와 자손 노릇하기라고 하였는지도 모른다.

　　　색(色)으로는 청색(靑色)木은 적색(赤色)火를 生하고

　　　　　　적색(赤色)火는 황색(黃色)土를 生하며

　　　　　　황색(黃色)土는 백색(白色)金을 生하고

　　　　　　백색(白色)金은 흑색(黑色)水를 生하며

　　　　　　흑색(黑色)水는 다시 청색(靑色)木을 生하기

때문에 깊은 물은 시퍼레지고 또 水에서 클로렐라를 얻을 수 있으며 물이 지나가는 곳에는 이끼가 끼는 이치가 모두 여기에 있고

맛으로는 신맛木은 쓴맛 火를 生하며

쓴맛火는 단맛 土를 生하고

단것土는 매운맛 金을 生하며

매운맛 金은 짠맛 水를

짠맛水는 다시 신맛 木을 生하면서 순환하고 있으며 우리 일상생활에 어느 하나 오행과 연결되지 않은 것이 없음으로 우리들의 생활자체가 곧 음과 양이고 오행이라 할 수 있다. 木은 항시 火에 희생하고 음덕을 쌓으며 도와주고 火는 土에 희생하고 도와주며 土는 金에 金은 水에 水는 木에 희생하고 도와주며 음덕을 쌓고 있으니 이는 약자가 강자에 의지하고 강자는 약자를 도와주면서 공생하고 있는 것 또한 상생이라 하겠다.

⑰ 상극(相克)

상극(相克)은 서로가 극(克)한다 하는 뜻도 되지만 극(克)은 이기다·치다·다스리다·때리다·관리하다·소유하다·타개하다·정복하다·개척하다·대가성을 요구하다·구속받고 있다 등으로도 응용되고 있다.

목극토(木克土)는 木이 土를 이긴다는 것이며 또 土는 水를, 水는 火를, 火는 金을, 金은 木을 각기 이긴다는 것이므로 토극수(土克水)·수극화(水克火)·화극금(火克金)·금극목(金克木)·목극토(木克土)가 되며 따라서 승자도 패자도 없고 또 나무는 흙을 뚫고 들어가니 목극토(木克土)요,

흙이 물을 막을 수 있으니 토극수(土克水)가 되며

물은 불을 끌 수가 있어 수극화(水克火)요

불이 쇠를 녹이니 화극금(火克金)이며

쇠가 나무를 꺾으므로 금극목(金克木)인데 때로는 극(克)이라
하여 무조건 불리하고 凶된 것만은 아니다.

木은 土를 극(克)하여 土의 균열을 예방하고 또 땅의 세포를 트
게 하여 숨을 쉬게 하며 땅도 살고 나무도 살게 되며

土는 水를 막아 다목적으로 이용케 하고

수극화(水克火)는 강렬한 화기(火氣)를 강압하여 만물을 윤택케
하며

화극금(火克金)은 金을 제련하여 좋은 그릇이 되게 하고

금극목(金克木)은 나무를 깎아 좋은 제목이 되게 함과 동시에
전지를 잘하여 나무를 예쁘게 하고 또 견고하게 하므로 이것이 바
로 生을 받고 난 연후에는 반듯이 극(克)을 받아야 하나의 기명
(器皿)이 된다는 것은 모두 이러한 이치(理致)에서이다.

木은 土를 만나야 근을 하며 또 土는 水를 만나야 분산되지 않
고 뭉쳐지며 水와 火는 겉으로는 극(克)이 되나 속으로는 전기와
물이라 그렇게 잘 통할 수가 없고 화극금(火克金)은 전기와 동선
의 관계로 잘 통하며 금극목(金克木)은 나무의 가지치기를 해줘야
제대로 잘 자랄 수 있듯이 외적으로 극하나 내적으로는 서로가 없
어서는 안 됨이 남녀의 관계와 같기에 상극(相克)은 부부(夫婦)라
하였고 나아가서는 남자는 여자를 다스리고 여자는 남자에게 관제
를 받음으로써 더욱 행복하여 지는 것과 같은 것이다.

상극(相克) 즉 서로가 극(克)한다는 것은 木이 土를 극(克)함이

원칙이나 반대로 土가 木을 이길 수도 있으며 水가 土를, 金이 火를, 木이 金을 이길 수도 있는데

例를 든다면

단단한 땅에는 나무가 살 수 없으며 (토다목절:土多木折)

큰물은 적은 흙으로 막을 수 없고 (수다토류:水多土流)

적은 물로 큰불을 소화시킬 수 없으며(화다수증:火多水蒸)

적은 불로는 큰 쇠를 녹일 수 없고 (금다화식:金多火熄)

작은칼로 큰 나무는 벨 수 없는 것 (목다금결:木多金缺)과

같이 목극토(木克土)는 어디까지나 원칙이요 때로는 상황에 따라서는 정반대로 토극목(土克木)·화극수(火克水)·수극토(水克土)·목극금(木克金)·금극화(金克火)가 있을 수 있다는 것이다.

다음 인정 木은 신용土를 극(克)함으로 인정이 많은 자 신용이 있을 수 없고, 火 예의는 金 의리를 극(克)하므로 예의가 많은 자 의리가 모자라며, 신용 土는 지혜 水를 극(克)하므로 신용이 많은 자 재주 부릴 줄 모르고 또 밥을 많이 먹으면 土 위장이 늘어나 水 지혜를 극(克)하여 멍청할 수밖에 없으며, 金 의리는 木 인정을 극(克)하나 의리 있는 자는 木 인정이 모자라고, 水 지혜는 火 예의를 극(克)하니 지혜가 많은 자 예의를 지킬 수 없다.

간(肝)이 실(實)하면 위(胃)가 허하여지고(목극토 木克土)

위(胃)가 실(實)하면 신장(腎臟)이 허하며(토극수 土克水)

신장(腎臟)이 실(實)한 자 심장(心臟)이 허(虛)할 수밖에 없고 (수극화 水克火)

심장(心臟)이 실(實)하면 반대로 폐(肺)가 허(虛)하며(화극금 火克金)

폐(肺)金이 실(實)한 자 木 간(肝)이 허(虛)할 수밖에 없다.

청색(靑色)은 황색(黃色)을 배제하며 황색(黃色)은 흑색(黑色)을, 흑색(黑色)은 적색(赤色)을, 적색(赤色)은 백색(白色)을, 백색(白色)은 청색(靑色)을 각각 배제하고 있으며 또 신맛은 단맛을 제거하기 때문에 단맛이 지나칠 때 식초(食醋)를 가하면 단맛이 중화되고 단맛은 짠맛을 제거하기에 짤 때는 설탕을 넣어 중화시키며 짠맛은 쓴맛을, 쓴맛은 매운맛을, 매운맛은 신맛을 중화시키고 있다는 것을 극(克)을 통하여 다시 한 번 확인하였으리라고 본다.

또 火로서 많이 웃으면 폐(肺)가 나빠지고(화극금(火克金))

水로서 많이 울면 火 눈이 상(傷)하여(수극화(水克火))

金으로 노궁을 띄면 극(克)木하기에 얼굴색이 파래지고

인정이 많은 자 위(胃)가 약하여지며

의리가 있는 자 간(肝)이 허약(虛弱)하여지고

재주가 너무나 많은 자 심장병 환자가 될까 두렵다.

이 외에도 무수하게 응용할 수 있으나 이 정도면 알았으리라고 믿으며 다음은 생극(生克)의 복합작용에 대하여 연구하여 보기로 하자.

⑱ 생극(生克)의 복합작용

상생(相生) 상극(相克)은 언제든지 生 다음에는 克이 오고 극(克) 다음에는 또 다시 生이 오고 있음으로 生은 克을 낳고 克은 生을 낳고 있는데 이는 吉 다음에는 凶이 오고 凶 다음에는 吉이 오는 이치와 같으며 또 生과 克은 가깝고도 멀고 때에 따라서는 공존하고 있으며 항시 균형을 유지하고 있는 것이 상생상극의 복합작용에서 근원되고 있는 것이다.

　살펴보건대 木火土金水가 五行의 순서인데 木은 火를 生하나 土를 克하고 金으로부터는 克을 받으며 水에는 生을 받고 火는 土를 生하나 金을 克하고 水로부터는 克을 받으며 木에는 生을 받고(以下同) 있으니 生 다음에는 克, 克 다음에는 生이 온다는 것을 알아 生이라고 하여 너무나 좋아할 것 없고 또 克이라 하여 실망할 것도 없으며 또 오늘의 生은 내일이면 克이요 어제의 克은 오늘의 生을 오게 하고 있다는 것을 알아 생활에 대처하여 주기를 바란다.

　木은 火를 生하므로서 火가 克 金하여 金克木 하여 오는 것을 피하게 되고

　火는 土를 生하여 土克水로 水克火를 막을 수 있으며

　金은 水를 生하여 水克火로 하여금 火克金을 면하고

　水는 木을 生하므로 木克土로 하여 土克水를 예방할 수 있는 것과 같이 우리의 실생활에서도 예외일 수는 없겠다.

　예를 든다면 누구를 막론하고 본인의 임무를 다하고 착한 일을 많이 할 때(木生火 火生土 등) 비로소 필연코 복이 오고 좋은 일이 많으며 재앙이 물러간다는 것은 모두가 너무나도 귀가 따갑도록 들어왔으나 어떠한 학문과 모든 공식으로는 성립되는 것을 증명하지 못하였을 것이다.

　그러나 본 학문은 이러한 것을 증명하고 있으니 이것이 바로 전에 말한 木生火 즉 木이 火를 生함은 木으로서 임무를 다함과 동시 木은 火에 좋은 일을 하였고 또 음덕과 희생이라 따라서 은인은 木이요 木 은인이 金克木을 당할 때 火는 火克金하여 金克木을 못하게 함으로써 木을 구출하게 함은 물론 火는 木에 대한 음덕의

보상을 다소나마 하게 되어 있으니 木은 木대로 火는 火대로 각기 더 한층 빛이 나고 있으므로 이것이 곧 희생이 갱생이요 복이 되며 좋은 일이 生하고 있으며 또 천리요 자연의 섭리가 아니고 무엇이겠는가 말이다. 따라서 각자가 본분을 다할 때 비로소 복을 받을 수 있고 한 걸음 더 나아가 개인의 행복은 바로 국익에 직결된다는 것을 격별이 유념하여 누구든 간에 相生할 수 있는 기본적인 자세를 갖추어야 하겠다.

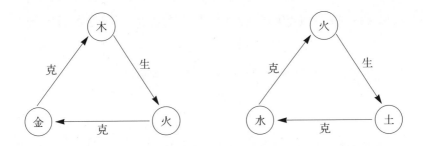

木火가 공존하면 木은 金을 火는 水를 두려워하지 않는데 이유는 火克金을 함으로 金克木을 못하고 水克火 이전에 水生木으로서 이자(二者)가 1자(者)를 방지하기 때문이며

火土 공존은 土克水함으로 水克火를 못하고 木克土 이전에 木生火 火生土로 통관(通關- 貪生亡克)이 되고

土金이 공존하게 되면 金克木 때문에 木克土를 못하여 火克金이 아니라 火生土 土生金으로 통관(通關)이 되며

金水가 공존하면 水克火 때문에 火克金을 못하고 土克水 하자니 土生金 金生水로 통관이 되고

水木이 공존하면 木克土가 무서워 土克水를 못하며 金克木을 하

자니 金生水 水生木으로 통관이 되니 이것이야말로 뭉치면 (共存) 살고 흩어지면 죽는다는 교훈이 이 속담에 있다.

또 木과 火는 木生火로서 부모와 자손이 되는데 土는 火生土로 자손의 자손이니 木과 土 사이에 火가 없으면 木土로서 상쟁(相爭)이나 火가 있으면 손자가 됨으로 상쟁(相爭)이 일어날 수 없으며 또 木이 火를 동반하고 있으면 자손과 함께 함이라 金克木으로 부모가 피상됨을 눈으로 보고서도 방관만 할 자손이 어디 있겠으며 水가 火를 克하고자 하나 水의 자손은 木이요 木의 자손은 火이니 어찌 손자를 극상(克傷)할 수 있겠는가 말이다. 이치라고 하는 것은 이와 같이 멀리 있는 것이 아니고 항시 우리들의 실생활 자체가 이치임을 깨달아 공부에 도움이 있기를 바란다.

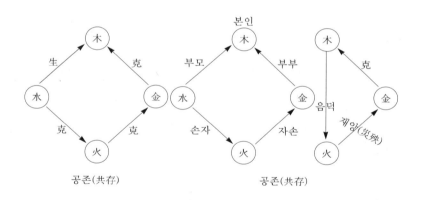

다음 또 다른 측면으로 살펴본다면 木이라는 여자가 金 쇠사슬에(감옥) 얽매어 꼼짝 못하고 있다가도 木生火로서 자손을 낳으면 火克金으로 金克木에서 풀려나니 특별휴가에 고기국과 쌀밥이 나오며 木이 火 자손을 낳으면 火克金하기에 金 부군이 金克木으로

木처(妻)를 쫓아낼 수 없고, 火 자손이 水로부터 水克火로 쫓기고 있을 때 火는 木부모(고향) 곁으로만 간다면 水生木 木生火가 되어 水克火를 면하기에 범법자의 심리는 고향과 부모를 찾아가게 된 이유가 여기에 있고(부모와 자손은 공존하기에 生死를 같이 하며 따라서 서로가 숨겨주었다 하여도 이는 범인 은닉죄(隱匿罪)에 해당되지 않음은 모두가 이러한 원리이니 법 자체도 철학의 범주를 벗어나지 못한다.)

또 木生火는 木 자기를 분소시켜 火를 도와 세상을 밝게 하여 주니 火로 보아서는 木이 은인이 되고 좋은 일을 많이 하면(相生) 훈장을 받게 되어 있으며 그 훈장은 때로는 본인의 생명과도 바꿀 수 있기 때문이다. 또 水는 木을 生하면서 나무가 어릴 때는 항시 金生水 水生木으로 金克木을 예방하여 나무를 성장시키나 그 나무가 여름을 지나 다 자라면 金가을을 만나게 되어 부부로 짝을 지어 독립시켜주면 그 金 남편은 다시 克木 처로 火를 발생케 하니 이것이 곧 자손이다. 이와 같이 五行의 生克원리가 우리의 생활이요 또 근간이 되고 있으니 여기에서 한 가지 오차만 생겨도 그 영향으로 인한 연쇄반응은 상상하기도 어려운 무서운 결과를 초래하게 됨을 유념하여 각자가 노력하여야 되겠으며 또 모든 것의 시작은 바로 자기라는 것도 잊어서는 안 된다.

⑲ 상생 상극의 변화

相生에는 日柱(日干)를 기준하여 나를 生하여 주는 것과 반대로 日柱(日干)가 生하여 주는 것이 있으며 상대가 나를 克하여 오는 것과 또 내가 克하는 것이 있어서 相生 相克이라 하였다. 또 나를 生하여 오는 것을 생아자(生我者)라 하고 인수(印綬)라는 용어로 바꾸어 응용하고 있으며 相克에서도 나를 克하여 오는 자를 극아자(克我者)라 하여 관살(官殺) 또는 관귀(官鬼)라는 용어로 바꾸어 응용하고 있는데 여기에서 克도 生도 아닌 나와 같은 자는 비아자(比我者)라 하여 견겁(肩劫)(比肩, 比劫)으로 바꾸어 응용하고 있다.

이 相生 相克의 변화를 알아보면

(木)相生…생아자(生我者 : 水) — 인수(印綬 — 도장, 문서)

아생자(我生者 : 火) — 식상(食傷→식신 : 食神,

상관 : 傷官 — 자식)

(木)相克…아극자(我克者 : 土) — 재성(財星 — 돈, 처 : 妻)

극아자(克我者 : 金) — 관살(官殺 — 귀:鬼, 남편,

자식)

비아자(比我者) — 견겁(肩劫→비견 : 比肩, 비겁

: 比劫)

앞에서 보는 바와 같이 相生에서도 陰, 陽 즉 상대의 법칙에 의하여 생아자(生我者)가 있으면 아생자(我生者)가 있어야 하고 상대에서도 아극(我克)이 있으면 극아(克我)도 있어야 하므로 相生 相克이라 하였으며 또 분열의 법칙에 의하여 상생 상극 둘이 넷으

로 파생하였으며 이 가운데 克도 生도 아닌 비아자(比我者)는 중 성자와 같은 것으로 오행과 동일함을 발견하였으리라 본다.

다음 생아자(生我者)를 인수(印綬)라 하는 것은 나를 生하였으 니 나의 시작이요 또 모든 것의 시작은 즉 효력의 발생은 도장(印) 에 있으므로 그 형태가 같기에 인수(印綬)라 하였고

아생자(我生者)를 식상(食傷)이라 하는 것은 나를 克하여 오는 官을 克하여 상(傷)하게 하므로 상관(傷官)이라 하였으며 때로는 아극자(我克者) 재성(財星)을 生하여 옷과 밥을 있게 하므로 식신 (食神)이라 하였고(木을 기준하여 木의 식상(食傷)은 火요 또 火 는 火生土하니 그 土는 木의 財가 됨)

아극자(我克者)를 재성(財星)이라고 하는 것은 재물(財物)은 내 가 다스리고 관리하기 때문이며

극아자(克我者)가 관살(官殺)이 되는 것은 官은 관청으로서 官 에서 제정된 모든 법과 규율은 나를 관리하고 다스림으로서 관살 (官殺)이라 하였고 법을 지키자는 官이요 어기려 하는 자는 살(殺) 또는 귀(鬼)가 됨이다.

비아자(比我者)를 비견(比肩), 비겁(比劫)이라고 하는 것은 나 와 같이 견주는 자이니 나와 같다는 것이며 나와 같은 자 어깨(肩) 를 나란히 할 수 있고 또 나와 같은 자 내 것을 빼앗아(比劫) 가 니 비견(比肩), 비겁(比劫)이라고 하였고 이것을 줄인 말이 견겁 (肩劫)이 되는 것이다. 또 이 모든 것을 합하여 호칭할 때는 육친 (六親)이라고 하는데 이유는 부모(印綬), 형제(兄弟ー비견겁 : 比 肩劫), 처(妻ー재성 : 財星), 자손(식상 : 食傷), 부(夫ー남편·관 살 : 官殺) 等 合이 다섯 가지로 구성되어 있기 때문에 육친은 다시

말하여 인수(印綬)·견겁(肩劫)·식상(食傷)·재(財)·관살(官殺)
이라는 것도 잊어서는 안 될 것이다.

　　육친(六親)과 五行을 다시 대비하여 보면

　　木의 印綬는 水요(水生木) 食傷은 火가 되며(木生火)

　　　　財星은 土요(木克土) 官殺은 金이며(金克木)

　　　　肩劫은 木이 되고(木對木)

　　火의 印綬는 木이요(木生火) 食傷은 土가 되며(火生土)

　　　　財星은 金이요(火克金) 官殺은 水가 되며(水克火)

　　　　肩劫은 火가 되고(火對火)

　　土의 印綬는 火요(火生土) 食傷은 金이 되며(土生金)

　　　　財星은 水가 되고(土克水) 官殺은 木이요(木克土)

　　　　肩劫은 土가 되며(土對土)

　　金의 印綬는 土요(土生金) 食傷은 水가 되며(金生水)

　　　　財星은 木이요(金克木) 官殺은 火가 되며(火克金)

　　　　肩劫은 金이요(金對金)

　　水의 印綬는 金이요(金生水) 食傷은 木이 되며(水生木)

　　　　財星은 火가 되고(水克火) 官殺은 土가 되고(土克水)

　　　　肩劫은 水가 되는데

다시 도표로 알아보면 다음과 같다.

五行＼六親	木	火	土	金	水
印綬	水	木	火	土	金
食傷	火	土	金	水	木
財星	土	金	水	木	火
官殺	金	水	木	火	土
肩劫	木	火	土	金	水

오행의 순서가 木火土金水로 순환하고 있기 때문에

인수 다음에는 견겁이 오고, 견겁 다음에는 식상

식상 다음에는 재성,   재성 다음에는 관살

관살 다음에는 다시 인수로 이어져 순환하고 있는데 오행의 시작은 水이나 육친의 시작은 인수가 되며 오행의 결실은 金인데 (終)반하여 육친의 결실은 官이라는 것도 기억하여 주기 바란다.

인수로 시작하여 견겁으로 분산되고 식상으로 노력하여 재성으로 취합하여 官殺로 결실하게 됨이다.

다음 인수는 견겁을 生하고, 견겁은 식상을 生하며

식상은 재성을 生하고, 재는 관살을 生하면서 순환하고 있는데 다시 정리해 보자면

印生我(＝肩劫), 肩劫生食傷, 食傷生財, 財生官, 官生印이라고 칭하며 또 인수는 식상을 克하고 식상은 관살을 克하며 관살은 日主 견겁을 克하고, 견겁 일주는 재성을 克하며 재성은 인수를 克하고 있으니 生인가 하면 克이요 또 克인가 하면 生이 오며 또 生을 하고 克을 받고 克을 받은 연후에는 반드시 生이 오며 또 生을 받으면 生을 하고 克을 받으면 克을 하게 되어 있으니(水生木, 木生火,

木克土, 土克水) 이 또한 크면 큰 대로 적으면 적은 대로 모두가 균형을 이루고 있으며 상대적이라는 것을 알았으리라고 본다.

다음 木이 土를 克한다 하여 木의 승리로 보기 쉬우나 土 다음에는 土生金으로 金이 오게 되어 있고 木克土로 土를 때렸으면 木도 金克木으로 얻어맞아야 하니 이 세상에 공짜가 어디에 있고 승자가 어디에 있단 말인가. 다만 현실의 승자는 한순간일 뿐 영원할 수는 없는 것이니 알고 보면 승자도 패자도 없는 것이며 또 우리 인간들은 항상 세상사에 속기 마련인 것이다.

본 학문은 중화를 근간으로 이루어지고 있기 때문에 중화를 실도 하면 반드시 거기에 대한 대가를 치러야 하며 아울러 상대성으로 견주어 보는 습관을 가지고 연구 노력한다면 좋은 결실이 있으리라 본다.

어떠한 학문이든지 수흑색(水黑色)인 밤 子時에서 시작하여 조금 배우고 나면 寅時 새벽으로 먼동이 터오니 잘 아는 것 같지만 다시 卯로써 어두워짐으로 그동안 배우고 익혔던 것도 잃어버리고 무엇을 배웠는지 몰라 회의를 느끼면서 방황하게 되나 辰時를 거쳐 巳午火 밝은 낮 여름을 만나면 모르는 것이 없이 다 알고 재미있는데 주의할 것은 안다는 것은 모르는 것이며 또 火로서 경하여지고 가벼워지며 말(火는 舌)이 먼저 앞서며 천하를 얻은 것으로 착각하기 쉬우나 未라는 삼복더위에 정장을 하고 흩어짐이 없이 줄곧 인내하여 위기를 극복하고 申酉 金가을을 만나야 비로소 성숙하여지고 또 학문의 진수를 깨닫게 되니 자연 고개를 숙일 수밖에 없고 또 고개를 숙인 자 金백색(白色)으로 나는 모른다고 고개를 흔들지는 몰라도 이는 안다는 것이 되므로 한 인간으로서 결실을 한 것이 틀림없을 것이다.

⑳ 육친(六親)(남자)

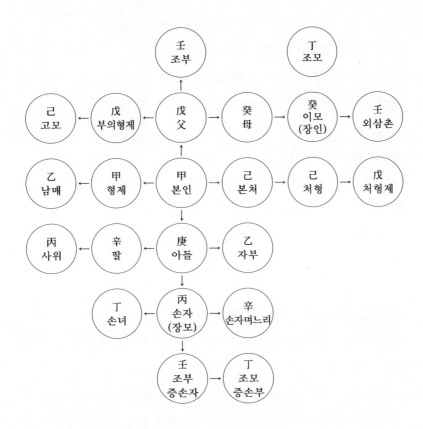

※ 남자기준

정인 : 생모·이모·숙모·백모·외손녀·장인

편인 : 조부·편모·외숙

비견 : 형제·처남의 아들·여형제의 시부(媤父)

비겁 : 여형제·자부·처남의 딸·딸의 시모·고조모

식신 : 장모 · 사위 · 타의자손 · 증조부 · 손자 · 생질녀

상관 : 조모 · 손녀 · 생질 · 타의 자손

정재 : 처 · 고모 · 제수 · 여형제의 시모(媤母) · 고손녀

편재 : 부친 · 백부 · 숙부 · 처남 · 애인

정관 : 딸 · 여조카 · 증조모(曾祖母) · 손부

편관 : 아들 · 남조카 · 외조모 · 매부 · 고조부(高祖父)

※ 父母의 분류(三父八母)

생부(生父) : 내 몸을 낳아주신 아버지

양부(養父) : 양아들로 들어가 섬기는 아버지

계부(繼父) : 의붓아버지 어머니의 훗 남편

생모(生母) : 내 몸을 낳아주신 어머니

양모(養母) : 양딸로 들어가 섬기는 어머니

계모(繼母) : 아버지의 후처 새어머니

적모(嫡母) : 서자가 아버지의 정실을 일컫는 말. 큰어머니

서모(庶母) : 아버지의 첩. 작은어머니(여러서)

유모(乳母) : 남의 아이에게 그 어머니 대신 젖을 먹여주는 여자

가모(嫁母) : 자기를 낳아놓고 다른 데로 시집가 버린 어머니

출모(黜母) : 아버지에게 쫓겨나간 어머니(물리칠 출)

고조부(高祖父) 남매를(六寸) 高大姑母라 부른다. 四寸

증조부(曾祖父) 남매를(五寸) 王代姑母라 부른다. 三寸

조부(祖父)의 남매를(四寸) 大姑母라 부른다. 二寸

대고모(大姑母)의 자식을 內從叔이라 부른다. 五寸

내종숙(內從叔)의 자식을 內再從이라 부른다. 六寸

왕대고모(王代姑母)의 자식을 內再從祖라 부른다. 六寸

내재종조(內再從祖)의 자식을 內再從叔이라 부른다. 七寸

내재종숙(內再從叔)의 자식을 內三從이라 부른다. 八寸

八寸 이상의 어른을 부를 때는 大父 大母라 부른다.

家親 慈親 : 내가 남에게 내부모를 말할 때

椿府丈 慈堂님 : 내가 남의 父母를 말할 때

先考丈 大夫人 : 남에게 그 죽은 부모를 한문 식으로 말할 때

사랑(舍廊) : 시댁의 어른이나 동서에게 자기의 남편을 말할 때

제댁(悌宅) : 자기 집이나 윗대 어른에게 자기의 아내를 말할 때

소저(小姐) : 아가씨

적서(嫡庶) : 정실 자식과 첩의 자식간

本人부터 세어나가는 것은 世요.

本人을 빼고 세어나가는 것은 代라 한다.

丈人은 빙장

丈母는 빙모라 한다.

㉑ 육친(여자)

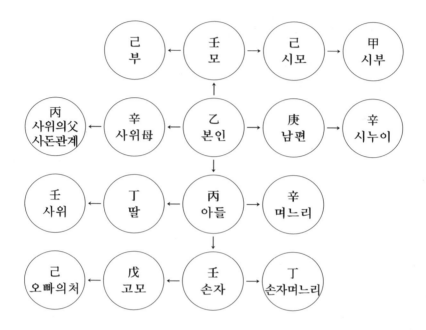

정인 : 생모 · 친가 · 외가 · 이모

편인 : 편모 · 조부 · 손녀 · 외숙 · 사위의 여동생

비견 : 여형제 · 동서 · 자매

비겁 : 남형제 · 시부(媤父) · 남편의 첩 · 백부

식신 : 딸 · 손부

상관 : 아들 · 조모 · 시누이의 남편 · 사위의 父

정재 : 편시모 · 고모 · 오빠의 첩

편재 : 부친 · 시모(媤母) · 시가(媤家) · 오빠의 처 · 시이모

정관 : 부군 · 시형제 · 아들의 첩

편관 : 시누이 · 며느리 · 정부(情夫) · 자부

㉒ 인수(印綬)

인수(印綬)는 다시 정인(正印)과 편인(偏印)으로 구분하는데 正은 문과요 편(偏)은 이과로 분류한다. 정인(正印)은 음양(陰陽)이 다른 경우이고 편인(偏印)은 음양(陰陽)이 같은 경우를 말하는 것이다.

음생양(陰生陽)은 정인(正印)이요 음생음(陰生陰)은 편인(偏印)이며, 양생음(陽生陰)은 정인(正印)이요 양생양(陽生陽)은 편인(偏印)으로 칭한다.

생아자(生我者) 인수(印綬)라 함은 나를 生하여 주는 것을 말하는데 나를 낳아주는 자 어머니가 되며 인수(印綬)라 칭하고 또 어머니가 자란 곳은 외가(外家)요 어머니의 친정이요 어머니와 같은 형제는 외숙(外叔)이고 이모(姨母)가 된다.

나를 도와주는 자 귀인이요 은인이며 부모는 나의 윗대가 되므로 사회로는 상사요 나를 가르쳐 주는 자 어머니요 선생님과 같으며 인수는 나를 도와주니 정신을 충만케 하여 매사에 자신을 갖게 하고 원류요 보급로로 통하며 때로는 인내력과 지구력 의지력에도 해당된다.

도움을 받으며 평안하여지므로 안일무사에 해당하고 순박하나 명예를 우선하며 수입으로 이어지며 선생과 교육으로 직결된다.

나를 生함은 나를 가르치는 것과 같아 교육 학문 공부에 해당하며 배우면 자연 수양되고 또 배운다는 것은 연구요 기획 창조력과 통하고 글과 문서는 같으니 서류·대서·증여·증서·보증·계약서 · 인장 · 책 · 연구 · 문인 · 예술 · 의사 · 공과기술에 해당된다.

어머니 계신 곳은 고향이요 고국이며 어머니는 나를 감싸주고 예뻐하니 화려하고 의류 · 주택 · 가구 · 보석과도 같으며 나에게 오는 것은 소식이요 새로운 것이 되어 깨끗하고 시작이며 따라서 새집 짓고 수리하며 설립 · 계획 등에 응용하고 있다.

인수에 대한 실제 사용하는 여러 용어로는 갖고 싶어 한다 · 받고 싶어 한다 · 포만 · 만족 · 상사 · 옷을 입는 것 · 의식주 · 걸치는 것 · 내심기대를 한다 · 찾아오는 것 · 위로 올라가는 것 · 사랑을 받고 싶어 한다 · 긴 것 · 배우는 것 · 뻣뻣하고 도도한 것 · 여행 · 팽만 · 잘난체하는 것 · 이론 · 실속이 있게 하는 것 · 인내성 · 남 주는 것을 싫어한다 · 인색하다 · 눈썰미가 있다 · 꾸미고 가꾸는 것 · 들어오는 것 · 안전을 바라는 것 · 기다리는 것 · 포장을 잘한다 · 줄을 잘 선다 · 아부를 잘한다 · 걸치기를 좋아한다 · 상층 · 행동이 바르다 · 상하구별을 두는 것 · 약속과 신용을 바란다 · 보수적이면서 깨끗한 척하는 것 · 계획을 잘 세운다. 법질서를 잘 지킨다.

㉓ 비견(比肩)·비겁(比劫)

비견(比肩)과 비겁(比劫)으로 구분하는데 양견양(陽見陽) 음견음(陰見陰)으로 음양(陰陽)이 같은 것을 비견(比肩)이라 칭하고 음견양(陰見陽) 양견음(陽見陰)으로 음양(陰陽)이 다른 것은 비겁(比劫)이라 칭한다.

고로 甲日干라면 甲은 陽이요 乙木과 卯木은 陰이니 비겁(比劫)이요 甲木日主에 甲木과 寅木은 같은 陽이니 비견(比肩)이 되는 것이다.

비견겁(比肩劫)은 나와 같은 자가 되어 형제·자매·친구·동업자·동창 때로는 경쟁자로 통하며 또 나와 같은 자 나를 믿게 되니 독주·만용·시기·질투·배신·모략·분실·결합·탈재·분실·의심 등에 응용된다. 비견겁(比肩劫)이 많으면 독립심과 자기주장이 많은 편이며 모방을 잘하고 고립적이며 의심이 많고 적을 만들기 쉽다. 신약은 의지하려고 하는데 신왕(身旺)은 의지하기를 싫어하며 남의 일에 대신하는 역할을 많이 하는 것을 볼 수 있다. 비견겁(比肩劫)이 많으면 의심 실물수·사기·탈부(奪夫)·상처(傷妻)·쟁투·손재수·모략·배신 등이 따르며 이복형제가 있고 의처증이 있다.

견겁에 대한 실제 사용하는 여러 용어로는 끼리끼리·동반자·섞이는 것·비빔밥·의리·흙탕물·무리·군중심리·무력증·건망증·지키지 못하는 것·비정상정인 생각·빌빌 꼬는 것·가로지르는 것·빗대는 소리 잘하는 것·경쟁·키재기·우후죽순·변화가 많은 것·빼앗기는 것·지는 것·도매금·으시대는 것·부탁하는 것·찾아가는 것·커닝·대리근무·후보·보결·동참·비밀이 많은 것·분실·바꾸는 것·옆눈질을 잘하는 것·나누워 먹는 것·내 것이라는 개념이 없다·공동분배·한량기질·백수들의 모임 비밀이 새는 것·스파이·도둑·형살(刑殺)은 싸움·충(沖)은 화를 잘 낸다·해살(害殺)은 싫어진다·원진살(元嗔殺)은 미워진다.

㉔ 식신(食神)·상관(傷官)

식신(食神)과 상관(傷官)으로 구별하는데 음견양(陰見陽) 양견음(陽見陰) 식으로 음양(陰陽)이 다르게 生하면 상관(傷官)이라 하고, 음견음(陰見陰) 양견양(陽見陽) 식으로 음양(陰陽)이 편중(偏重)되어 生하는 것을 식신(食神)이라 칭한다.

고로 甲木日干라면 甲은 陽이요 丁火와 午火는 陰이니 甲木이 生하는 丁火·午火는 상관(傷官)이 되는 것이다.

또 甲木日干에 甲은 陽이요 丙火·巳火는 陽이니 甲木이 生하는 丙火와 巳火는 식신(食神)이 되는 것이다.

또한 식신(食神) 상관(傷官)은 도기(盜氣)라고도 하는데 이유는 아생자(我生者-내가 생해주는 것)로서 나의 기(氣)가 도기(盜氣-도둑맞는 것처럼 빠져나감)되기 때문이다.

육친으로는 자손·조모·장모·손자·학생·부하·비서·노복·공원·하수인·종업원·타의 자손을 말한다.

직종으로는 문공·교육지도·기획·창안·발명·문예·사회·육영·기예·생산·식품 기계조립·학원·설계·설교·기생·식모·제조업·사업가·의사 약사·연구가·농민후계자 등이 있으며 산부인과에도 해당한다.

凶으로 작용할 때는 관재·시비구설·송사·초조 불안·공포·하극상·쟁투·이별·상부·배신·함정·시기·부군납치·수하납치·득병·부도발생 등이다.

성격은 남을 잘 도와주고 의리가 있으며 인정이 많고 발표력,

추리력, 응용력이 있으며 상상력, 예지력이 발달되어 있고 특히 통솔력이 있는데 심하면 하극상(下剋上)으로 석양에 무법자로 통하며 잘만 사용하면 웅변가요 사회사업가로서 개인적으로는 보이지 않는 봉사정신이 투철하다. 식신(食神)이 잘못 발달되어 있으면 부모덕이 없으며 걸인신세가 되고 강도·도벽·밀수 등을 일삼아 일정한 직업이 없으면서 동가식서가숙으로 세월을 보내며 그러면서도 깍듯이 예의를 잘 지킨다. 도화살(桃花殺)이 겸하고 있으면 연예계에 큰 두각을 나타내기도 하며 코미디라는 별명도 붙는다. 그러나 식신(食神)이 용신(用神)이 되는 자는 연구가·학자·교수다.

식상에 대한 실제 사용하는 여러 용어로는 돌아갈 줄 모른다·위반·눈을 훑어본다·주는 것·막무가내다·상대방을 상하게 한다. 상대방의 화를 돋군다·찾아가는 것·넉넉하지가 않다·고자세다·멍든 지 모르게 멍드는 것·실수를 잘하는 것·밀리는 것·지세가 기울어진다·본인의 배짱은 두둑하나 상대방은 불안하다·하층·도와주는 것처럼 보이나 돕지를 않는다·혀가 반쪽·무찌르는 것·속옷·짧은 것·횡재를 바라는 것·인내가 힘들다·허망하다·나가면 들어오기 힘들다·노복관계·새로운 환경에 적응을 잘한다·언어와 행동이 다르다·불규칙적이다·처음은 잘하나 나중은 온데간데없다·선심용이다·하체·내적으로 나타내는 증세 솔선수범 하는 행동.

㉕ 재성(財星)

재성(財星)을 다시 정재(正財)와 편재(偏財)로 구분하는데 음견양(陰見陽) 양견음(陽見陰) 식으로 음양(陰陽)이 상대되어 타를 극(克)하는 것을 정재(正財)라 하고 음견음(陰見陰) 양견양(陽見陽) 식으로 음양(陰陽)이 편중(偏重)되어 타(他)를 극(克)하는 것을 편재(偏財)라 칭한다.

고로 甲木 日干라면 甲은 陽이니 正은 陰이 되고 財는 土이므로 陰土인 己 丑未는 正財가 되며 또 陽木에 대한 편(偏)은 역시 陽이고 재(財)는 土이니 陽土인 戊辰戌은 甲木의 편재(偏財)가 된다.

그러므로 재성(財星)은 아극자(我克者)로서 내가 다스리고 이기는 자가 되며 가정으로는 부친이요, 백부·숙부·고모·처첩·애인·처남·형제수·시모·시가·형수 등을 육친이라 부른다.

사업으로는 무역·경제·경영·투자사업·작은 것보다는 큰 것을 노린다.

성격으로는 내가 관리하는 것은 다스림이요 통솔력·개척정신·추진력·정복력 등에 매우 의욕적이며 수리계산에 밝고 앞을 한 두수 더 빨리 내다본다. 財가 있으면 남자는 여자가 잘 따르고 여자는 財가 용신(用神)이 될 때는 내가 태어나면서부터 가산(家産)이 일어나고 시집가면 시댁이 부자가 되는데 財가 凶으로 작용할 때는 반대로 내가 태어나면서 집안이 기울고 시집가면 시댁도 망하는데 색기(色氣)하나만 발달되어 있다.

財가 병(病)이라 할지라도 운(運)에서 길운(吉運)이 오면 어느 날 갑자기 돈을 많이 버는데 다시 운(運)이 가버리면 한꺼번에 몰락하기 때문에 잘 벌릴 때 관리를 잘하고 절약하여 나쁜 운(運)이 오는 것에 대비하여야 하겠고 운이 나쁠 때는 확장되어 있는 사업은 반으로 줄이는 것도 관리의 방책이라 할 수 있다. 재(財)란 움직이는 재(財)도 있고 움직이지 않는 재(財)도 있으니 응용 편에서 설명하기로 한다.

재성에 대한 실제 사용하는 여러 용어로는 쉽게 생각한다 · 여성 상위시대 · 크다 · 많다 · 물품 · 계산을 잘한다 · 항상 이긴다는 것을 생각한다 · 먹는 것 · 욕심과다 포만 · 대가성 · 명령을 하는 것 · 만족도 · 음식물 · 돈 · 멋있는 여자를 사귀는 것을 바람 · 절약을 잘한다 · 내 마음대로 하고 싶어 하는 것 · 여자 · 비품 · 물물교환 · 느리다 · 관리를 잘한다 · 통제를 잘한다 · 욕심이 생긴다 · 안정을 느끼게 된다 · 뻔뻔해진다 · 본의 아니게 거짓말을 하게 된다 · 남의 여자가 내 여자로 둔갑해 보인다 · 여자의 마음을 읽어서 잘하게 된다 · 여자의 마음을 이해할 줄 안다 · 미식가 · 맛을 낼 줄 안다 · 위장이 크다 · 많이 먹는다.

㉖ 관성(官星)

관성(官星)은 다시 정관(正官)과 편관(偏官)으로 구별하는데 양견음(陽見陰) 음견양(陰見陽)으로 음양(陰陽)이 상대되어 극(克)해 오는 것을 정관(正官)이라 하고 음견음(陰見陰) 양견양(陽見陽)으로 음양(陰陽)이 편중(偏重)되어 극(克)해 오는 것을 편관(偏官)이라 칭한다.

고로 甲木日干라면 甲木은 陽이요 陽木의 正은 陰이 되고 관귀(官鬼)는 金星이니 즉 辛金과 酉는 정관(正官)이 되는 것이고 또 甲木의 편(偏)은 陽이니 庚金과 申金은 편관(偏官)이 되는 것이다.

편관(偏官)을 칠살(七殺)이라고도 하는데 그 이유는 편관(偏官)은 모두 자신으로부터 7위에 위치하여 극아(克我)하기 때문이다.

관살(官殺)이란 극아자(克我者)로 나를 다스리고 관리하고 통제하며 괴롭히고 밀어내고 이기고 그런가 하면 나에게는 벼슬이요 직장도 되고 여자로는 부군(夫君)이요 시댁(媤宅) 시형제(媤兄弟)가 되고 남자에게는 자손이 되며 때로는 자손한테 밀림을 받기도 한다.

성격은 정직하고 가정교육이 잘 되어 있으며 사회생활에 모범이요 준법정신이 좋고 화려하며 어떤 일을 맡겨도 책임감이 강하고 매사에 결과가 좋으며 명예를 우선하고 권력에 대한 욕심이 많으며 남에게 강압받기 보다는 내가 정복하기를 내심 바란다. 따라서 명분 있는 일과 체통 의리 상사에 대한 고마움의 표시를 가지고 있으며 은혜를 잊지 않으며 평생 일복은 타고났으니 오라는 곳은 없어도 갈 곳은 많아 분주하게 살아가는 편이다.

육친으로는 남편·자손·정부(情夫)·시집형제·애인 등으로 칭한다.

직업으로는 직장·행정직·무관·법관·별정직·임시직·대표자·직장상사·월급사장·정치·조사관·세무원·경찰·시체 등이다.

관성에 대한 실제 사용하는 여러 용어는 관리를 당하는 것·저자세·하행·황천 팔요살·사고·관재 스케일이 크다·내심 욕심이 생긴다·꿈이 크다·통제를 받고 있다·해볼만하다고 여긴다·명분·명예·명령을 받는 것·멋진 남자를 갖고 싶어 한다·큰 것을 노린다·바라는 것·당연하다고 여긴다·억제를 당하는 것·동네북·억울함·밀림을 당하는 것·기대가 크다·매 맞고 산다·매를 무서워한다·법질서를 잘 지킨다·돌아서면 잔소리를 잘한다·마음은 정직하다·두려워하는 것·병증·무서운 것·무거운 짐이다·나를 간섭하는 것처럼 여긴다·임시직·별정직·애인을 두고 싶어 하는 것·누명을 잘 쓴다·일복이 많은 것·감투를 좋아하는 것·외적으로 나타내는 증세·책임감이 막중하다·으스대는 경향이 있다· 감투를 좋아한다.

◎ 四柱의 응용도

時	日	月	年
실(實)	화(花)	묘(苗)	근(根)
자손	본인, 배우자	부모, 형제	선조
미래	현재, 중, 말년	중년	초년
右	右	左	左
2세	가정	사회	조국
정(貞)	이(利)	형(亨)	원(元)
부하	신(臣)	붕우	군(君)
앞	앞	뒤	뒤
부하	본인	과장	기관장

사주(四柱)에서 일주(日柱)하면 천간 지지를 합칭하는 것이나 일주(日主)하면 사주의 천간만을 지칭하기도 한다. 또 이 일주를 日干, 身主, 일원(一員)이라고도 하고 일주는 사주의 장본인으로 제일 중요한 위치가 되며 따라서 일주를 기준 주중을 대비하여 길흉을 론 하게 된다.

다음 사주에서 日干이 본인이 되는 이유는 년주(年柱)는 해, 월주(月柱)는 달, 일주(日柱)는 지구요, 시주(時柱)는 지구가 자전하면서 발생하는 시간인데 우리는 지구에서 살고 있기 때문이고 한편으로 年柱는 선조의 자리요 月柱는 부모님의 자리이니 자연 日主는 본인의 자리가 됨과 동시에 天干은 본인이요 지지는 배우자 자리가 되기 때문이다. 따라서 年干은 조부, 년지(年支)는 조모의 자리가 되고 때로는 선조의 자리도 해당되며 月干은 부친, 月支는 모친의 자리요 時干은 아들, 時支는 딸의 자리로 보며 사주를 기록할 때는 언제든지 右에서 左로 기록하여야 된다. 사주를 보는 방법은 제일 먼저 日干의 음양을 구분한 다음 五行과 月支를 비교하며 다음은 日支 (場所)배우자와의 관계를 대비하여 보고 時支는 子孫이나 말년을 보고 나머지는 주중을 日干과 대비하여 결론을 내리게 됨으로 사주 八字 중 어느 하나 중요하지 않은 것이 없으며 또 모두 빼어 놓을 수 없는 위치를 차지하고 있으니 참고하기 바란다.

㉗ 상생 상극과 육친 응용

지금까지 공부한 범위 내에서 사주와 대비하여 응용한다면

年柱 선조 자리에서 日主 나를 生하여 주면 정서 상 안정이 되고 先祖의 유덕에 노인이나 기관장의 귀여움을 독차지함은 물론 조부님은 건강하시고 똑똑하시었고 내리사랑이다.

月柱 부모 자리에서 生을 받으면 부모님의 덕이 있으며 또 외부로부터 환경적응에 도움을 받고 윗사람이나 상사로부터 사랑을 받고 형제 친구 또는 대인관계도 원만하며 기억력까지 좋아지며 질서도 잘 지킨다.

日支가 日干을 生하면 내조요 현처(賢妻)요 배우자의 사랑을 받고 인성교육이 되어 있으며 다방면에 도움을 받으며 선비집안의 여자다.

時柱로부터 生을 받으면 가정으로는 자손에 효도를 받으며 자녀가 일찍 철이 들고 어른스런 자녀가 되기에 걱정이 덜하고 사회로는 수하인의 도움을 받고 또 말년이 계획대로 행복하게 진행된다.

日干이 년주(年柱)를 生하면 본인이 선영이나 윗사람한테 대한 정성이 지극함은 물론 봉사정신이 있고 밖에서 천사 같은 마음으로 정을 나누어 주고 도와준다.

日干이 월주(月柱)를 生하면 부모님의 빈한에 내가 도와주고 사회활동에는 교육자나 서비스업무 또는 복지업무직이 알맞으며

日干이 日支를 生하면 배우자를 아껴 주고 제자가 아내 되고 가정
  과 사랑은 나로부터 시작이요 근원이 된다.

日干이 시주(時柱)를 生하여 주면 자손과 수하인을 사랑하나 내가
  항상 자손과 수하인을 돌보는 것이 있다.

年柱가 日干을 克하면 조부님이 엄하시고 벼슬은 하나 정신적인
  압박은 면할 길이 없다.

月柱가 日干을 克하면 부모님이 엄하시어 가정교육이 잘 되어 있
  는 것까지는 좋으나 때로는 환경에 너무나 제약을 받아 반항
  심이 있을까 염려되고 또 윗사람이 너무나 엄하여 행동이 자
  유롭지 못함이 흠이 되고

日支가 日干을 克하여 오면 배우자로부터 관리 또는 멸시 당하는
  것 내지는 상심이 많으며 심하면 배신당하고 가정은 아내가
  장악을 한다.

時柱에서 日干을 剋하면 子孫과 아랫사람으로부터 고심이 많으며
  아랫사람이 나의 상사가 되기도 한다.

日干이 년주(年柱)를 克하면 상사와 조상을 무시하고 대가성이 없
  이는 행동을 하지 않는다.

日干이 월주(月柱)를 克하면 통솔력은 좋으나 때로는 윗사람을 이
  기려고 하며 계산이 빨라 경영으로 발전함이 있다.

日干이 日支를 克하면 배우자를 꼼짝 못하게는 하나 내조자가 음
  식을 잘하고 가정교육이 되어 있다.

日干이 시주(時柱)를 克하면 자손과 아랫사람에게 엄하고 대가성
  으로 일처리를 하려고 한다.

인수(印綬) 어머니가 년주(年柱) 선조의 자리에 있으면 할머니 같

은 노부모에 마음이 깊으시고 걸늙었으며

月柱에 있으면 자기의 자리에 있으므로 똑똑한 어머니에 수명(壽命) 또한 장구(長久)하시거나 선비집안이고

日支에 있으면 처의 자리를 차지하고 있어 처의 임무를 대역함이라 매사가 어머니의 지나친 간섭으로 신경 쓰이고

時柱에 있으면 자손의 자리가 되어 항시 어린애 와 같아 철들기 어렵거나 늦게 철이 들거나 아니면 본인보다 나이가 적은 어머니나 어머니 형제가 있기 쉬우며

정재(正財) 처가 년주(年柱)에 있으면 처의 마음이 할머니와 같아 깊은 것은 사실이나 년상의 여인과 인연이 있고

월주(月柱)에 정재가 자리하고 있으면 어머니의 대역이라고는 하나 역시 년상의 여인과 인연이 있음은 면할 길이 없으며 남의 여자가 나의 본처로 둔갑해 보인다.

일지(日支)에 정재가 자리하고 있으면 제자리에 있으니 연애결혼에 서로가 의가 좋고 백년해로의 궁합이 되고

시주(時柱)에 정재가 자리하고 있으면 처와의 년령차이가 많으며 또 딸과 같은 여인과 연애하고 동거녀가 본처가 되기도 한다.

편재(偏財) 아버지가 년주(年柱)에 있으면 늙으신 부친이요 사업 경영 쪽으로 발달이 되어 있고

월주(月柱)에 편재가 자리하고 있으면 부친이 완고(頑固)하시고 사업위주로 경영을 하여 본다.

일지(日支)에 편재가 자리하고 있으면 본인의 나이와 같은 숙부가 있거나 배우자에게 대가성으로 말을 하게 되거나 배우자가 사업을 하게 된다.

시주(時柱)에 편재가 자리하고 있으면 父親의 마음이 항시 어리거나 나이 어린 숙부(叔父)가 계시거나 자녀가 사업을 하게 된다.

관성(官星) 부군이 년주(年柱) 조상의 자리에 있으면 첫 사랑임과 동시 노랑(老郎)이라 유부남(有婦男)이요 또는 오나가나 일 밖에 모르며

월주(月柱)에 관성이 자리하고 있으면 동년배(同年輩)나 생일만 늦은데 항시 이성에 대하여서는 주의하여야 되며 타인보다 직업이 일찍 잡힌다.

일지(日支)에 관성이 자리하고 있으면 배우자에게 꼼짝 못하고 직장에서 배우자를 만나게 된다.

시주(時柱)에 관성이 자리하고 있으면 혼인이 늦거나 연하의 남자와 혼인한다.

자손이 년주(년柱d)에 있으면 조부님을 닮았고 陽이면 첫아들 陰이면 첫딸이 됨과 동시 그 자손이 철이 빨리 들어 애 할아버지의 별칭이 있게 되며

월주(月柱)에 자손이 있으면 튼튼한 자손이요 사랑받는 자손이 된다.

일지(日支)에 자손이 있으면 자손 사랑 때문에 처에게는 소홀할 수밖에 없고

시주(時柱)에 자손이 있으면 제 자리에 있으니 자손이 제 구실을 다하게 되어 있으며

년주(年柱)에 견겁(肩劫) 형제가 있으면 부모 같은 형제 있고 나이 많은 친구가 있게 된다.

월주(月柱)에 견겁이 자리하고 있으면 형제 수가 많으며 장남이나

장녀인데 아니면 형님을 꺾고 부모님을 모셔야 하며 죽은 형
제 때문에 마음 고생하여 본다.

일지(日支)에 견겁이 자리하고 있으면 형제 때문에 걱정이 많고
배우자에게 언어가 부실하다.

시주(時柱)에 견겁이 자리하고 있으면 동생이나 자손 같은 형제 있
으며 건강이 약하거나 불구자가 아니면 죽은 자녀 있게 된다.

인수(印綬)가 월주(月柱)에 있으면 학자의 집안이나 부모가 공부
할 때 출생되었으니 자연 공부를 잘하게 된다.

재성이 월주(月柱)에 있으며 사업가나 재정계의 집안이고

관성이 월주(月柱)에 있으면 공직 생활할 때 태어났으며

견겁이 월주(月柱)에 있으면 부모 대에 재산(財産)이 감소요

상관이 월주(月柱)에 있으면 부모 대에 패업이나 식신(食神)은 옷
과 밥이 풍족하고 기예의 가문(家門)이거나 교육자가 되거나
한다.

일지(日支) 배우자의 자리에 印綬가 있으면 교육계에 인연이 있거
나 공부하면서 인연을 만나게 된다.

견겁(肩劫)이 배우자 자리에 있으면 친구 하다 사랑으로 변화하였
거나 친구에게 소개를 받는다.

식상(食傷)이 배우자 자리에 있으면 기술계와 인연이 있고

재성(財星)이 배우자 자리에 있으면 재정계나 사업가와 인연이라
고 본다.

관성(官星)이 배우자 자리에 있으면 직장인과 짝함과 동시 맞벌이
부부다.

시주(時柱) 자손의 자리에 인수(印綬)가 있으면 일반 기업체나 교

육계나 연구소에 입신(立身)하고 나이 먹어서 공부를 하게
된다.

식상(食傷)이 자손 자리에 있으면 기술계 또는 예체능 방면에서
두각을 나타내며 견겁(肩劫)이 있으면 문제아가 되기 쉽다.

이와 같이 추명하면 되나 여기에서 기록은 일부분에 지나지 않
으니 추명의 이치와 요령을 잘 터득하기 바라며 또 상대에 따라
다시 달라질 수도 있다는 것을 명심하고 후에 복합 추명을 공부한
다음 자신을 얻기 바란다.

㉘ 십이지지(十二地支) 암장법(暗藏法)

地藏干	子	丑	寅	卯	辰	巳	午	未	申	酉	戌	亥
	癸	己 辛 癸	甲 丙	乙	戊 乙 癸	丙 戊 庚	丁 己	己 丁 乙	庚 壬	辛	戊 丁 辛	壬 甲

　지지암장(地支暗藏)이란 天干은 명(明)으로 보이고 나타나 있는 반면 지지는 陰이요 암(暗)이 되어서 보이지 않고 또 보이지 않는 것은 무엇인가 감추어져 있는 것과 같아 지지 내에는 각기 성질에 따라 장축(藏蓄)하고 있는 天干이 있는데 이것을 말하여 암장 天干이라고 하며 앞으로 地支를 응용함에 있어 이 장간(藏干)을 가지고 논(論)하게 될 터이니 유념(留念)하기 바란다.

　따라서 子丑寅卯하는 외형적인 것을 체(體)라 하며 장간을 용(用)이라 하여 단독으로 작용함에 있어 陽인지 陰인지 또는 습(濕)한지 조(燥)한지 정확하게 구분하고 나아가서는 그 地支를 대표하는 것을 장간(藏干)이라고 하는 것이다.

　天干은 남자요 地支를 여자라고 칭할 때 남자는 잉태를 할 수 없듯이 장간법(藏干法)이 없으며 여자는 陰이면서도 아들 딸도 낳고 또 둘 셋까지 장축하고 있으며 때로는 그 장간(藏干)의 기(氣)에 의하여 전혀 다른 기(氣)로 변화할 수 있으며 그리고 장간(藏干)이란 용어자체가 말해주듯 모든 인간사(人間事)에 보이지 않는 내면적 비밀을 내사하는데 응용하고 있으므로 철저히 연구하여 익혀두기 바란다. 다시 말하여 사주(四柱)상에 나타난 육친도 육친이려니와 암장(暗藏)에 숨어 있는 육친도 육친(六親)으로서 소임을 다하고 있으니… 예를 들면 정재는 정처가 되나 암장간(暗藏干)의 정재는 애인(愛人) 또는 소실(小室)이 되며 또 나타난 정관(正官)을 정부(正夫)로 본다면 암장간(暗藏干)의 정관(正官)은 정부(情夫)로 간주되니 똑같은 육친(六親)이라 하여도 소속되어 있는 위치에 따라 호칭과 작용이 각각 다르다는 것이다.

그리고 子中癸水 丑中己土 寅中甲木 卯中乙木 辰中戊土
　　　巳中丙火 午中丁火 未中己土 申中庚金 酉中辛金
　　　戌中戊土 亥中壬水를

　각자의 본기(本氣)라 함과 동시에 앞으로 개별적으로 응용(應用)할 때는 子水는 子中癸水요 丑土는 丑中己土로 寅木은 寅木이 아니라 寅中甲木으로 호칭하여야 한다.
　다음 丑中에는 己土 본기(本氣) 말고도 辛金과 癸水가 있는데 이는 土속에 잠장(潛藏)되어 있으며
　寅中에는 甲木이 본기(本氣)이고 丙火는 寅속에 잠장(潛藏)되어 있으며 卯중에는 乙木이 있고
　　　辰중에는 乙木과 癸水가 土속에 있으며
　　　巳중에는 戊土와 庚金이 火속에 있고
　　　午중에는 己土가 火속에
　　　未중에는 乙木과 丁火가 土속에
　　　申중에는 壬水가 金속에, 酉중에는 辛金이 있으며

戌중에는 丁火와 辛金이 土속에

亥중에 甲木은 水속에 각각 잠장(潛藏)되어 있어 이를 암장(暗藏)이라 한다. 이 암장은 겉으로는 보이지 않으나 장간(藏干)도 일주(日主)에 미치는 영향이 지대(至大)함으로 공부에 명심하기 바란다.

가령 辛金 日主 여명에 寅木이 있다면 겉으로는 寅中甲木으로 정재(正財)가 되나 보이지 않는 丙火 정관(正官)까지 만나 보아야 함으로 돈으로 인하여 정부(情夫)가 생긴다는 것이다.

다음 丑土는 辛金과 癸水를 장축(藏蓄)하고 있어 때로는 金이나 水로서 변화할 수 있고, 寅中에는 丙火가 있어 木이면서도 火로 변할 수 있으며, 辰中에는 乙木과 癸水가 있어 때로는 木이나 水로 변화(變化)하며, 未中에는 乙木과 丁火가 있어 土이면서도 木과 火로 변화(變化)할 수 있다.

申中에는 壬水 때문에 金이면서도 水로 변화(變化)하며, 戌中에는 丁火 辛金 때문에 土이면서도 火나 金으로 변화(變化)되며 亥中에는 甲木 때문에 水이면서도 木으로 변화할 수 있다.

암장(暗藏)을 유형별(類型別)로 본다면 子午卯酉는 동서남북 정방(正方)의 위치에 해당하며 장간(藏干)이 일위(一位)밖에 없고 午中에는 己土가 있으나 화토공존(火土共存)으로서 일위(一位)로 간주한다.

寅申巳亥는 둘씩 있으며 巳中戊土는 화토공존(火土共存)으로 또한 같으며 辰戌丑未에는 각기 三位가 있는데 간방(間方)에 자리하고 있으며 辰戌만은 장간(藏干)의 오행이 陰과 陽으로 혼잡(混雜)되어 있다. (辰中戊乙癸 戌中戊丁辛을 잡기(雜氣)라 한다).

다음 寅中에 丙火가 있게 됨은 寅은 정월로서 보이지 않는 火氣가
　　　발생하고 또 寅時에는 새벽으로 낮의 시간이기 때문이며
巳中에는 庚金이 있게 됨은 가을 金의 시작은 이미 巳月에서부터
　　　이기 때문이고
申中에 壬水가 있게 됨은 申은 오후요 추절(秋節)이라 해가 서산에
　　　기울고 밤의 시작이며 석양(夕陽)에는 잎새에 이슬이 맺히고
　　　또 추절(秋節)은 겨울의 시작 水氣가 발생하기 때문이며
亥中에는 甲木이 있게 됨은 亥는 10월로 봄의 시작이요 또 가을
　　　金의 금극목(金克木) 수제(受制)를 벗어나 亥水 온난(溫暖)
　　　水의 氣에 의하여 水生木으로 木이 다시 소생(所生)할 수 있
　　　음으로 甲木이 자리하게 됨이다.

　이를 뒷받침 할 수 있는 것이 있는데 깨끗한 물을 침전시키면
클로렐라가 자연 발생하고 이것을 다시 고체화하여 약용으로 사용
하고 있다.

相生으로 본다면

寅中 甲木이 木生火하여 丙火가 있고
巳中丙火의 克이라야 庚金이 제련되며 좋은 그릇이 되겠기에 庚金
　　　이 있으며
申中 庚金이 金生水하여 壬水가 있고
亥中 壬水가 水生木하여 甲木이 각각 자리하고 있다.
다음 丑中 癸水는 丑土가 겨울 水에 소속되어 있으며 辛金은 가을
　　　金의 반대인 봄木을 앞두고 금기(金氣)를 거두어 땅속으로
　　　수장(收藏)하기 때문이다.
辰中 乙木을 辰土가 봄에 소속되고 癸水는 겨울水의 반대인 여름

火를 앞두고 수기(水氣)를 거두어 땅속에 수장(收藏)하기 때
문이고

未中 丁火는 未土가 여름에 소속되며 乙木은 봄의 반대인 金 가을
을 앞두고 木이 상할까봐 목기(木氣)를 거두어 땅속으로 수장
(收藏)하기 때문이다.

戌中 辛金은 戌土가 가을에 소속되며 丁火는 여름의 반대인 水 겨
울을 앞두고 水克火하여 火가 피상될까 염려되어 화기(火氣)
를 거두어 땅속으로 수장(收藏)하기 때문이며 辰戌丑未가 장
간(藏干)을 가장 많이 가지고 있으므로 地支 중 욕심이 제일
많다 하겠다.

그리고 암장(暗藏)과 비슷한 월률분야법(月律分野法)이 있는데
이는 월지(月支)에만 국한(局限)시켜 일간(日干)의 절기(節氣) 심
천(深淺)과 강약(强弱)을 구분하는 데만 응용하는 학자도 있고 암
장(暗藏)처럼 응용하는 학자도 있으니 어느 한군데 혼동하지 말며
본인의 연구 결과로는 암장(暗藏)까지는 효과가 별로 나타나지 않
았음이 증명(證明)되어 잘 쓰지 않고 있다.

㉙ 合沖法

1. 天干 合沖

天干合法 : 甲己合 · 乙庚合 · 丙辛合 · 丁壬合 · 戊癸合

天干沖法 : 甲庚相沖 · 乙辛相沖 · 丙壬相沖 · 丁癸相沖

甲	乙	丙	丁	戊	己	庚	辛	壬	癸
1	2	3	4	5	6	7	8	9	10

이 간합(干合)은 일명 육합(六合)이라고도 하는데 이는 甲에서 己까지만 여섯 번째요 乙에서 庚까지 또한 여섯 번째 만나는 곳에 合이 이루어진다고 하여 六合이라 하며 丙辛合 · 丁壬合 · 戊癸合도 또한 같다.

合이란 서로가 만나다 · 모이다 · 화합하다 · 의가 좋다 · 묶이다 · 끌려오다 · 합거(合去)하다 · 자의로 하다 · 인력 · 자력 등으로 응용하고 내가 하고 싶어서 하는 것 · 한눈에 마음에 드는 것 · 계획대로 움직이는 것 · 타협으로 하는 것 · 안정을 바라는 것 · 약속 · 이합집산 · 마음이 끌려서 하는 것 · 많다 · 크다 · 뭉치다 · 생산 · 변화 등으로 응용한다.

沖은 충돌(衝突) · 쟁투(爭鬪) · 이탈(離脫) · 불목(不睦) · 이산(離散) · 파괴(破壞) · 피상(被傷) · 추력(推力) · 가속(加速) · 갑자기 생긴 일 · 돌발사태 · 밀어내는 것 · 생각하지도 못한 일이 발생 · 관재구설 · 떠나다 · 미워하는 형상 · 하기 싫은 것을 억지로 하는 것 · 강제성 · 일이 되었다가도 잘못되는 것 등으로 응용하고 있다.

따라서

년주(年柱)와 일간(日干)이 合하면 선조의 유덕(有德)이 있고 조
부와 화목하며 조상이 나를 도와주고 나의 상사가 도움을 주
며 외부의 일의 진행이 쉽게 이루어진다.

월주(月柱)와 일간(日干)이 合하면 부모형제 윗사람의 덕은 물론
사회생활과 대인관계에 있어서 화합이 잘되고

시주(時柱)와 일간(日干)이 合하면 자손 그리고 아랫사람과 가정
에 이르기까지 화합하며 동정심까지 간다.

재성(財星)와 인수(印綬)가 합(合)하면 부모가 화합하고 돈과 서
류가 함께 이동한다.

재성(財星)과 일간(日干)이 합(合)하면 연애결혼 등이 따르고 아
버지와 친구처럼 가깝고 시어머니를 언니처럼 대하고 남자는
성적 기능이 살아난다.

인수(印綬)가 일간(日干)과 합(合)하면 공부 잘하고 질서와 순서
를 잘 지키고 계획에 의거하여 움직인다.

관성(官星)이 일간(日干)하고 합(合)하면 직장이 잘생기고 직장상사
와 가깝게 잘 지내며 여명(女命)은 연애 결혼하고 여자가 먼저
서두르거나 사랑을 느끼게 되며 남자 없이는 못살게 된다.

년주와 日干이 沖이 되면 선조와 불합하고 조상을 모시기는커녕
심하면 조상을 섬기는데 참가도 하지 않으며 윗사람과도 사이
가 좋지 못하고 직장상사와도 뜻이 맞지 않아 충돌이 심하다.

월주(月柱)와 일간(日干)이 충(沖)이 되면 부모형제 불합하며 다
혈질에 외부에서 충돌이 심하고 이웃과 두절됨과 동시에 윗사
람과도 불화가 잦으며 화목이 부족하다.

시주(時柱)와 일간(日干)이 충(沖)이 되면 자손과의 불화에 동거할 수 없으며 본인의 유산을 보존하지 못하고 종신(終身)도 어려우며 수하인(受荷人)과 쟁투가 많고 가족과도 화합이 부족하다.

일간(日干)과 인수(印綬)가 충(沖)을 하면 부모님과 인연이 희박하고 공부도 못하며 학교는 이공계요 기술계로 가야 하고 서류 분실에 계획에 없는 일을 잘 저지른다.

일간(日干)과 비견(比肩), 겁(劫)이 충(沖)을 하면 형제는 물론 친구와도 불화가 자주 생기고 독단적인 행동을 잘 하며 의심은 물론 본인 중심으로 섬겨야 좋아한다.

일간(日干)과 식상(食傷)이 충(沖)을 하면 자손과 불목(不睦)이요 아랫사람과도 좋지 않으며 새로운 환경에 적응을 못하고 마찰이 자주 생긴다. 여명(女命)은 자식 낳기를 싫어하며 자식을 낳고 기르다가도 자식에 대한 권태감이 빨리 오거나 자식을 잃거나 하는 등 자주 충돌이 생긴다.

일간(日干)과 재성(財星)이 충(沖)을 하면 재물이 분산됨과 동시에 본처와 해로(偕老)가 어렵고 남자는 조루증에 해당되거나 또는 여자 앞에서는 언어가 부실하다.

일간(日干)과 관성(官星)이 충(沖)을 하면 직장과 인연이 없고 하던 일이 자주 변화가 오며 여명(女命)은 한 남자와 해로(偕老)하기가 어렵다고 추명하면 된다.

합(合)의 구성원리(構成原理)는

자연의 이치가 그러하듯 음(陰)과 양(陽), 양과 음의 배합에서

(음-극과 양+극)성립되며 양과 양(양+극과 양+극)·음과 음(음-극과 음-극)은 절대로 합(合)이 될 수가 없다.

甲木은 양(陽) 己土는 음(陰)이기 때문에 甲己로 합이 되며

乙木은 음(陰) 庚金은 양(陽)이기에 乙庚으로 합하고

丙火는 양(陽) 辛金은 음(陰)이기에 丙辛으로 합이 되고

丁火는 음(陰) 壬水는 양(陽)이기에 丁壬으로 합이 되며

戊土는 양(陽) 癸水는 음(陰)이기에 戊癸로 합이 되고 있으나 주의할 것은 무조건하고 음양지기(陰陽之氣)가 다르다 하여 합이 되는 것이 아니고 인간사회와 같아 각기 인연을 따라 배합하고 있으니 다음 사항을 알아보기로 하자.

甲己合은 木克土이나 정재(正財) 정관(正官)으로 부부가 되어 합이 되고

乙庚合은 金克木으로 정재(正財) 정관(正官)으로 부부요

丙辛合은 火克金으로 정재(正財) 정관(正官)으로 부부요

丁壬合도 水克火이나 정재(正財) 정관(正官)으로 부부요

戊癸合은 土克水이나 정재(正財) 정관(正官)으로 부부가 되며 합이 되는데 또 克이면서 합이 될 수 있음은 남자와 여자는 정반대이면서도 부부로서 일심동체(一心同體)가 되는 것과 같다 하겠다.

고로 天干合은 일명 부부합이라고도 하며 또한 상합(相合)은 철저한 합으로 그 어느 합보다 우선하게 되어 있고 또 주의 할 것은 지금까지는 개체적(個體的)으로 공부하여 왔으나 이제부터는 이원론(二元論)으로 공부가 시작하고 있음을 알아주기 바란다.

합에 있어서도 음양지기(陰陽之氣)만 다르면 모두 정재(正財) 정관(正官)으로서 합(合)이 되는 것이 아니라 양일주(陽日主) 남자와

음일주(陰日主) 여자만이 해당하고 있는데 음일주(陰日主) 남자와 양일주(陽日主) 여자가 정관(正官) 정재(正財)라도 합이 될 수가 없는 것은 남자는 양(陽), 여자는 음(陰)으로서 기본을 두고 본 학문이 발전하였기 때문이다.

그리고 이와 같이 克이면서도 합이 되는 것을 유정지극(有情之克)이라 하여 吉로 하고 있으니 克이라 하여 모두가 凶이 될 수 없을뿐더러 음양지기(陰陽之氣)만 다르다면 없어서는 안 될 귀물(貴物)로서 군림(君臨)하게 된다는 것을 깨달아 혹 상극(相克)으로서 불합하다 하여도 서로가 조금씩 양보하여 통하는 합으로 변화시키고 또 적(敵)은 적이 아니라 나의 소용지물이 될 수 있게 힘을 기울여야 할 것이다.

수리학적으로 1과 6은 양수(陽數)와 음수(陰數)로서 짝이 될 수 있고 또 1에서 生하여 6에 이르면 성(成)이 되어 하나의 완전한 개체(個體)가 되는 것과 같으며 또 甲木이라는 남자와 戊己土라는 여자와 혼인을 함으로써 하나의 완전한 인간으로 형성되는 것과 같다.

甲己合은 중정지합(中正之合)이요
乙庚合은 인의지합(仁義之合)이요
丙辛合은 위제지합(威制之合)이며
丁壬合은 음란지합(淫亂之合)이요
戊癸合은 무정지합(無情之合)이라고 하는데 이유인즉
甲 무근지목(無根之木)이 전답(田畓) 土를 따라 있으니
土 中央에 左右되어 중정지합(中正之合)이 되고
乙木 인(仁)과 庚金 의(義)로 합하여 인의지합(仁義之合)이요

丙火 군주(君主)가 辛金 미인(美人)을 강제로 합하고

또 丙火 강열지화(强熱之火)에 연약한 辛金이 꼼짝 못함으로 위제지합(威制之合)이 되며,

丁火 장정(壯丁)과 같은 기(氣)가 강한 여자와 壬水 신기(身氣)가 왕한 남자와 합하니 음란(淫亂)할 수밖에 없고

戊土는 오수(五數)로 늙었고 癸水는 일수(一數)로서 어린 여자와 합했으므로 무정지합(無情之合)이라 한다.

甲己合이 있으면 중정(中正)으로 만나 부부가 되며 서로가 존경하면서 그 정(情)이 항구하고

乙庚合은 인정(仁情)과 의리(義理)로서 처음은 인정(仁情)으로 만나 종내는 의리로 변화하는 오도 가도 못하는 신세가 되며,

丙辛合은 위제지합(威制之合)으로 강제로서 만난 부부요,

丁壬合은 서로가 즐기는 것으로 만족하니 오래가지 못하고

戊土는 딸과 같은 여자와 여자는 아버지와 같은 남자와(一名 老浪) 인연이라 정(情)이 없다.

합에서도 유정지합(有情之合)과 무정지합(無情之合)으로 구분되는데 합이나 日干에 미치는 영향이 좋으면 유정지합(有情之合)이라 하고 나쁜 영향을 미치면 무정지합(無情之合)이라고 한다.

때로는 합도 과다(過多)하면 凶이 되는 것이니 이는 아무리 좋은 것이라 하여도 지나치면 병(病)이 되는 것이니 이를 두고 다정(多情)도 병(病)이라고 하는 것이다.

2. 상충(相沖)

서로가 상충(相沖) 한다는 뜻이다.

甲木은 庚金과 庚金은 甲木과 서로 상충(相沖)하고

乙木은 辛金과 辛金은 乙木과 상충(相沖)되는데 (以下同)

잘 생각하여 보면 상극(相克)이 상충(相沖)이 되고 또 상충(相沖)이 되면 庚金은 甲木을, 辛金은 乙木을, 壬水는 丙火를, 癸水는 丁火를 각기 克으로 충거(沖去) 시킨다 할 수 있으나 상황에 따라서는 甲木이 庚金을, 乙木이 辛金을, 丙火가 壬水를, 丁火가 癸水를 충거(沖去)할 수 있어 상충(相沖)이라 하였으니 극(克)이라는 일반적인 개념에만 집착하지 말 것이며 주의할 것은 戊己 土만이 중성자가 되어 충(沖)이 되지 않는다는 것이다.

3. 충(沖)의 구성원리(構成原理)는

양(陽)과 양(陽) 음(陰)과 음(陰) (＋와＋, －와－) 이 맞서기 때문이며 방위적으로는 남(南)과 북(北) 동과 서의 정반대(正反對) 방향이기도 하고 각도적으로는 180도요 육친으로는 편관(偏官)과 편재(偏財)의 사이가 되고 있으니 역시 편(偏)되게 만난 부부는 눈에 보이지 않는 벽이 있어 충(沖)이 되어 오래가지 못하고 초조와 불안 그리고 긴장의 연속에 불신을 내포하고 있으니 모든 일에 불씨의 요인이 되고 있음을 말해주고 있다 하겠다.

살펴보건 데 甲庚과 乙辛은 동과 서로 丙壬과 丁癸는 남과 북으로 맞서고 있는 중, 양(陽)과 양(陽), 음(陰)과 음(陰)으로 대립이 되고 있으며 甲木의 편관(偏官)은 庚金이요 庚金의 편재(偏財)는 甲木이 되며 乙木의 편관(偏官)은 辛金이요 辛金의 편재(偏財)는

乙木이 된다.(以下同)

甲에서 庚, 乙에서 辛, 丙에서 壬, 丁에서 癸까지가 일곱 번째가 되면서 충(沖)하기에 일명 칠충(七沖)이라고 하는데 주의할 것은 戊에서 甲, 己에서 乙, 壬에서 戊, 癸에서 己까지도 칠위(七位)가 된다 하여 충(沖)으로 고집하는 학자가 있으나 이는 戊己土의 성질을 파악하지 못한 요인이라 하겠다.

다음 충(沖)에서도 유정지충(有情之沖)과 무정지충(無情之沖)이 있는데 유정지충(有情之沖)은 좋은 충(沖)이요 무정지충(無情之沖)은 나쁜 충(沖)이 되므로 충(沖)에서도 吉과 凶이 있으니 비유한다면 극약(劇藥)은 인마(人馬)를 살상(殺傷)하는 것이 원칙이나 중증자(重症者)에게만은 극약만이 생명을 구제할 수 있듯이 충(沖)도 상황에 따라서는 필요할 경우가 있으며 또 이러한 이유는 모두가 상대적이기 때문이다.

충(沖)이 된다 함은 합할 수 있기에 충(沖)도 발생하니

가령 甲庚沖 하는 곳에는 그 다음 乙庚合이 있으며

丙壬沖 하는 곳에는 그 다음에는 丁壬合이 있으므로 충(沖)이 될 때는 서로가 일보 양보한다면 乙庚合, 丁壬合으로 변화되면서 오히려 화합의 기틀을 마련하게 될 터이니 쟁투가 발생될 때는 180도로 맞서지 말고 일도(一度)만이라도 비켜선다면 피할 수 있고 따라서 나를 시기(猜忌)하고 미워하면 그만큼 관심이 있다는 것이니 언젠가는 합이 될 수 있으므로 같이 맞서는 것은 어리석은 행동이라 하겠다.

옛말에 세 번 싸워야 진정한 친구가 된다고 하였던 것은 庚金이 甲木 三數와 세 번 싸워야 (沖) 乙庚合으로 항구할 수 있다는 데

서 원유가 된다고 보며 또 초목득이삼(草木得而參)이라는 말과 통하기도 한다.

언제든지 합속에는 충(沖)이 있고 충(沖)속에는 합이 있으니 합인가 하면 충(沖)이요 충(沖)인가 하면 합이 되며 충(沖)은 합을 발생하고 합은 충(沖)을 발생하게 되어 있으니 인간 또한 만나는가 하면 헤어져야 할 시기가 돌아오며 또 헤어지면 만나게 되어 있고 불화는 화합을 화합은 불화를 발생하고 있기에 때로는 화합을 하였다는 것은 벌써 불화가 싹트기 시작하고 있는 거와 같으니 조그마한 일에 집착하지 말고 좀 더 넓은 마음으로 세상을 보면서 이해를 한다면 이것이 바로 극락(劇藥)이요 천당(天堂)이라 하겠다.

또 다시 구분하여 본다면 甲木과 丙火는 양(陽)으로 선합(先合) 후충(後沖)인데 반하여 庚金과 壬水는 음(陰)으로 선충(先沖) 후합(後合)이라 이는 바로 양(陽)남자는 여자라 하면 무조건하고 합한 연후(然後)에는 충(沖)으로서 배신을 하며 음(陰)여자는 처음은 무섭고 두려워 싫으나 일단 합으로서 정(情)을 주고 사랑을 하게 되면 그 남자의 자손을 낳아 평생을 삶 할 수 있는 집념이 잠재할 수 있음이 남자와 다르다고 하겠고 또 乙木은 庚金과 乙庚으로 합한 다음 辛金과 乙辛으로 충(沖)하며 丁火는 壬水와 합한 다음 癸水와 충(沖)하고 辛金은 乙木과 乙辛으로 沖한 다음 丙火와 丙辛으로 합하여 癸水는 丁火와 丁癸로 沖한 다음 戊土와는 戊癸로 합하고 있는데 乙木과 丁火는 선합후충(先合後沖)이요, 辛金과 癸水는 선충후합(先沖後合)하고 있으니 음양이 또한 균형을 이루고 있음을 알 수 있다 하겠다.

다음 합은 본래가 吉이라 하나 합도 과다하면 정에 묶이어 진취성이 없으므로 오히려 凶이 되니 이러할 때는 충(沖)으로 묶이는 것을 해소시키고 또 충(沖)이 나쁘다고는 하나 합으로 해소시켜 유용하게 할 수 있는데 이를 요약한다면 합은 충(沖)으로 풀고 충(沖)은 합으로 해소시킨다는 것이다.

또 이러한 것을 탐합망충(貪合忘沖) 즉 합이 탐이 나서 충(沖)을 잃어버린다 하는데 이는 인간사에서도 나를 괴롭히는 자가 있을 때 그 사람과 가장 가까운 자를 통하여 협조(協助)를 구하는 것과 같으며 또 그 사람을 합을 시켜 놓으면 내가 살게 되는 이치와 같다. 또 하나의 방법은 양(陽)과 양(陽)이 충(沖)할 때는 음(陰)으로서 음(陰)과 음(陰)이 충(沖)할 때는 양(陽)으로서 해소할 수 있는데 이는 극(克)과 극(克)을 중화시키는데 상대성을 이용하는 이치와 같기 때문이며 또 남자끼리 싸울 때는 여자가 여자끼리 싸울 때는 남자가 개입함으로써 쉽게 해소되는 것과 같다 할 수 있으니 예를 든다면 甲庚이 충(沖)하는 곳에 己土가 개입(介入)하면 甲己 합(合) 때문에 甲庚 충(沖)이 해소되며, 丁癸가 충(沖)할 때 戊土가 개입하면 戊癸합 때문에 丁癸 충(沖)이 해소되고, 丙壬沖에 辛金이 개입하면 丙辛合 때문에 丙壬 충(沖)이 해소됨과 동시에 또 양(陽)끼리의 충(沖)은 음(甲庚 양에 乙己 음, 丙壬 양에 丁辛 음)이, 음끼리의 충(沖)은 양(乙辛음에 丙庚 양)이 각각 개입함으로써 충(沖)이 해소된다.

육친 면에서는 甲木과 庚金이 타인으로 충(沖)이 되고 있으나 己土가 개입하면 甲木은 부군이 되고 庚金은 자손이라 甲과 庚은 부자지간이 되므로 충(沖)할 수 없으며, 乙木이 개입하면 甲木의 매부(妹夫)가 庚金이 되기에 충(沖)은 성립될 수 없고

107

丁癸가 沖하는 곳에 戊土가 개입하면 丁火는 모친이요

癸水는 정처(正妻)로서 丁火와 癸水는 고부(姑婦)간이 되며

丙壬이 충(沖)하는 곳에 丁火가 개입하면 처남과 매부 사이가 되어 충(沖)이 성립되지 않는다. 따라서 위에서 공부한 바와 같이 戊己土는 충(沖)이 되지 않고 있다는 것을 좀 더 확실하게 알았으리라고 본다.

이와 같은 이치를 실생활에서 십분 활용한다면 많은 도움이 되리라 믿으며 다시 한 번 도표를 참고하기 바란다.

丙丁

甲乙   庚辛

壬癸

㉚ 지지(地支) 합충법(合沖法)

지지합법 : 子丑合 寅亥合 卯戌合 辰酉合 巳申合 午未合
지지상충 : 子午沖 丑未沖 寅申沖 卯酉沖 辰戌沖 巳亥沖

지지 합도 천간과 같이 음과 양, 양과 음의 배합에서 성립되며 天干이 정신적이라면 地支는 육체적인 合이요 天干은 노출(露出), 정당 또는 시작이라면 地支는 비밀(秘密) 부정 결실(結實)의 合이라 볼 수 있다.

이 지지 합은 十二支가 하늘과 땅에 짝하여 생긴 천지 육합(六合)으로 사시(四時) 순행하는 춘하추동(春夏秋冬)을 말함인데 하늘과 땅이 相合하기 때문에 천지상합이라고 한다.

天은 태양(太陽)이 되어 좌선(左旋)하고 地는 음(陰)이 되어 우선(右旋)하면서 음과 양이 만나는 것이 육합이다.

그러면 지지 합도 천간과 같이 음과 양·양과 음의 배합에서 성립되며 천간이 정신적이라면 지지는 육체적인 합이다.

또 地支 合은 未를 기준하여 午를 天으로(陽日 太陽)

未를 地로하여(陰日 太陰)

위치를 정하고 天은 좌선(左旋) 地는 우선(右旋)하면서 각각 합치점(合致點)이 지지 육합으로 작용하고 있다.

도표를 참고한다.

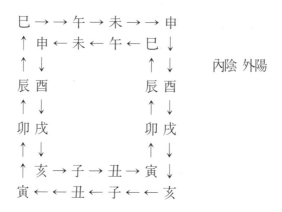

巳 → → 午 → 未 → → 申
↑ 申 ← 未 ← 午 ← 巳 ↓
↑ ↓　　　　　↑ ↓　　　内陰 外陽
辰 酉　　　　辰 酉
↑ ↓　　　　　↑ ↓
卯 戌　　　　卯 戌
↑ ↓　　　　　↑ ↓
↑ 亥 → 子 → 丑 → 寅 ↓
寅 ← ← 丑 ← 子 ← ← 亥

　　다시 말해서 陽은 순행(順行)하고 陰은 역행(逆行)함이 원칙이
며 먼저 地支를 子丑寅卯의 순으로 바르게 회전(回轉)시킨 다음
또 다시 子와丑 丑과子를 맞춘 다음 역행하여 회전시키면 모두가
합이 되고 있다. 이를 비유하면 남자는 순행 여자는 역행하여야 서
로 합이 되면서 음양지기(陰陽之氣)로 부부가 될 수 있는데 만약
남자가 똑같이 순행하거나 역행 한다면 어찌 서로의 만남이 있으
며 합이라는 용어가 있겠는가! 즉 남자는 가고 여자는 오고 이렇
게 해서 서로가 만나게 되나 또 만난다고 해서 모두 합이 되는 것
은 아니며 만남에는 반드시 서로가 합이 될 수 있는 인소(因素)가
있어야 한다. 이 인소라 하는 것은 각자가 소유하고 있는 자장(磁
場)을 말하고 있는데 세분한다면 五行 中의 木氣를 많이 장축(長
軸)하고 있는가 하면 또는 木火土金水의 氣를 고루 갖추고 있는
자가 있고 五行 中의 어느 한 기(氣)가 너무 부족하가도 하는데
사주는 팔자로 한정되어 있기 때문에 어느 한 기(氣)가 많으면 상
대적으로 타 五行은 자연 부족하게 되어 있고 많은 오행의 자장은

활발하게 움직이면서 방출하고 있으나 반대로 부족된 오행의 자장은 자연 물귀즉탐(物貴則貪)의 원칙으로 필요한 것을 따라 항시 접(接)하고 합하는 것이다.

그리고 자장이라는 것은 우리 인간뿐 아니라 동(動)·식물(植物)에서부터 이 세상에 존재하고 있는 미물(微物)에 이르기까지 있으며 또 항상 작용하고 있으니 모든 사물에 대하여 깊이 있게 관찰하여 나에게 유익할 수 있도록 노력하는 것이 좋겠다.

合中에서도 生合과 극합(克合)으로 구분되고 있는데 生合을 진정한 합이라고 한다면 극합(克合)은 어쩔 수 없는 또는 해(害)가 되는 합이니 결과는 흉이 될 수밖에 없고 (종견괴래 : 終見乖來) 형합극합(刑合克合)은 合 中에서도 많은 관재를 품고 있다 하겠다.

생합(生合)은 寅亥合은 水生木이 되고

辰酉合도 土生金이 되며,

午未合도 火生土가 된다.

극합(克合)은 子丑合은 토극수(土克水)

卯戌合은 목극토(木克土)

巳申合은 화극금(火克金)으로서 六合 中에서도 셋은 生合이요 셋은 극합(克合)으로 균형을 이루고 있다.

또 子丑, 寅亥, 卯戌 등 합의 순서로 볼 때 극합(克合) 다음에는 생합(生合)이요 생합(生合) 다음에는 극합(克合)이 차례로 진행되고 있음을 볼 때 이 또한 중화를 실도 하지 않았으므로 본 학문의 합리성을 여기에서도 엿볼 수 있고 또 地支에서의 순환은 순행이 주(主)가 되며 역행(逆行)이 종(從)이 되고 있음으로 동서양을 막론하고 남자(主)를 따라 여자(從)가 시집을 와서 살게 되어 있으며 또 장가를 가고 시집을 오고하는 말의 어원도 바로 이러한 곳에서 연유되었다고 본다.

地支의 순환(循環)을 살펴보면 六合이 두 가지 형태(形態)로 나타나는데 寅에서 未까지는 양(陽)적인 합이 되고 申에서 丑까지는 음(陰)적인 합이 되고 있는데 이는 같은 합이라 하여도 양(陽)적인 합은 남자가 주도하고 음(陰)적인 합은 여자가 주도한다.

地支 충(沖)도 天干과 같이 양과 양, 음과 음의 대립이며 地支의 방위로 볼 때 정반대 방향인 180도에 해당하므로 충(沖)이 되고 있으며 또 天干의 충(沖)은 내적으로는 합이 될 수도 있었으나 지지충(地支沖)은 그렇지 못하다.

一에서 六까지는 합이 되나 六合에서 이탈되는 것은 칠위(七位)로서 충(沖)이 되며 一과 七은 같은 양수(陽數)요 합한 연후에는 분리가 되는 것은 곧바로 경쟁을 의미하며 순(順) 칠위(七位)와 역(逆) 칠위(七位)는 모두 충(沖)으로서 무정지극(無情之剋)이요 육합(지지 합)의 극(克)은 유정지극(有情之剋)이다.

충(沖)에서 주의할 것은

子午沖은 水克火 寅申沖은 金克木 卯酉沖도 金克木

巳亥沖은 水克火로 되어 있어 상극(相剋)작용이 바로 沖이 되는 것으로 착각하기 쉬우나 克과 沖은 다르며

丑과未 辰과戌은 같은 土이면서도 沖이 되고 있어 일명 붕충(朋沖)이라 하며 또 체가 沖이면 장간(藏干)까지도 沖한다는 것을 알아주기 바란다.

그리고 子水가 相沖할 때 子水가 午火를 剋하므로서 午火만 피상될 것 같으나 相沖인 고로 서로가 傷하며

(巳亥沖도 同一) 寅申沖도 申金이 寅木을 剋한다 하여 寅木만 피상 될 것 같으나 상충(相沖)이므로 서로가 피해를 보는데 정확히 구분한다면

午火가 강하면 子水가 상(傷)하고(불이 强하면 적은 물은 증발됨)

寅木이 강하면 오히려 申金이 상(傷)하게 되니(卯酉沖도 같고 작은칼로는 큰 나무를 자를 수 없음과 같다.) 일방적인 해법은 금물이요 辰戌과 丑未沖도 강한 자가 승리하는 것이 당연하다 하겠다.

그리고 辰戌沖과 丑未沖은 다른 沖과 달라 수장과 묘고(墓庫)가 되어 오히려 沖을 희(喜)하는데 이유는 묘고(墓庫)로서 열어야 비로소 사용이 가능하기 때문인데 단 재고(財庫)에 한(限)에서이며 육친이나 위치별로도 추리는 같다.(天干 合沖 참고) 같은 沖이라 하여도 주중(柱中)의 왕자(旺者)가 沖을 받으면 왕자충발(旺者沖發)이라 하여 더욱 많아지며 반대로 쇠자(衰者)가 沖을 받으면 쇠자충발(衰者沖拔)이라 하여 완전 소멸되는 것이니 이는 强한 불을 건드리면 더욱 잘 타고 꺼져가는 불을 건드리면 더 쇠약해지는 이치와 같다.

다음 天干에 沖도 合도 아닌데 地支만 沖을 하면 동궁(同宮)에 있는 天干도 沖으로 보아야 하는 이유는 동주(同柱)는 부부로서 부군이 뿌리를 하는 곳이 地支임과 동시에 또 처 가정이 흔들리면 天干 부군도 피할 길이 없기 때문이다.

天干과 地支 모두가 沖을 하면 天沖 地沖이라 하여 시작도 결과도 나쁘고 사주 내에 沖이 많은 자 그만큼 편할 날이 없으며 天干이 沖하고 地支가 합하면 시작은 나쁘나 결과는 좋고 천간이 합하

고 地支가 沖하면 시작은 좋으나 결과가 나쁘니 역시 地支 沖은 없어야 하겠다.

그리고 丑未가 沖할 때 巳나 亥가 개입하면 巳丑・巳未 또는 亥丑・亥未로 合이 되어 沖이 해소되고(貪合亡沖)

寅申이 沖할 때 辰과戌(寅辰・申辰・寅戌・申戌合),

巳亥 沖에는 丑과未, 辰戌 沖에는 酉나卯, 卯酉 沖에는 戌이나 辰이 개입하면 모두가 沖이 해소되고 있으니 참고하기 바라며 巳丑으로 하느냐 巳未로 하느냐는 사주에 木火가 필요하면 巳未로 하고 金水가 필요하면 巳丑으로 해소하면 된다.

다음 같은 沖이라 하여도 年과月, 月과日, 日과時 하는 식으로 가까울수록 심하나 年과時, 月과時 등은 거리가 있어 沖은 약화 될 뿐더러 때에 따라서는 중간에 生이 있으면 탐생망충(貪生忘沖)이라 하여 沖이 해소되는데

가령 卯酉沖이 年과 日로 있을 때 月支에 亥가 있으면 金生水 水生木으로 寅年 子月 申日도 金生水 水生木으로 寅申沖이 해소되니 참고하기 바란다.

앞에서 지적했던 장간끼리의 沖을 살펴보면

子午 沖은 子中癸水와 午中丁火가 丁癸로 沖하고

丑未 沖은 丑中辛金과 癸水가 未中乙木과 丁火와 丁癸沖 乙辛 沖하고 있음을 볼 때 本 학문의 기묘함에 다시 한 번 감 탄할 수밖에 없으며 또 다원론이면서도 귀일하고 있음을 알았으리라고 본다.

寅申 沖은 寅中甲木 丙火가 申中 庚金 壬水와 甲庚, 丙壬으로 각기 沖하고 있으며

卯酉 沖은 卯中乙木과 酉中辛金이 乙辛으로 沖하고

辰戌 沖은 辰中乙木과 戌中辛金과 乙辛으로 沖하고

　　　　辰中癸水와 戌中丁火와 丁癸沖을 하고 있다.

巳亥 沖은 巳中丙火와 庚金이 亥中壬水와 甲木하고

　　　　甲庚沖 丙壬沖으로 상충(相沖)되고 있다.

㉛ 간지합화법(干支合化法)

1. 天干合化

甲己合化 土   乙庚合化 金   丙辛合化 水

丁壬合化 木   戊癸合化 火

2. 地支合化

子丑合化 地   寅亥合化 木   辰酉合化 金

午未合化 天   卯戌合化 火   巳申合化 水

합은 만남이요 부부로 성립되며 또 합하게 되면 반드시 변화하게 됨과 동시에 변화하면 또 다른 형질의 것으로 바뀌게 되는데 이러한 것을 合化라 하고 반대로 沖은 이탈·파괴가 되므로 어떠한 물(物)이 生하지 않기 때문에 沖에는 합화(合化)와 같은 변화된 물(物)이 없는 것이다.

다음 甲己合化 土는 甲木과 己土가 만나면 甲己로 合해서 土로 변화하고

乙庚合化 金은 乙木과 庚金이 乙庚으로 合해서 金으로 변화하며

丙辛合化 水는 丙火와 辛金이 만나면 丙辛으로 合해서 水로 변화하고

丁壬合化木은 丁火와 壬水가 만나면 丁壬으로 合해서 木으로 변화하며

戊癸合化 火는 戊土와 癸水가 만나면 戊癸로 合하여 火로 변화되어 작용하는데

만약 변화된 오행이 음이냐 양이냐를 알고자 할 때는 음변양(陰變陽) 양변음(陽變陰)의 법칙으로 주(主)된 자가 양이면 변화된 오행은 음이요 주(主)된 자가 음이면 변화된 오행은 양이 된다.

가령 甲己가 化土할 때 甲木 일주는 양이니 변화된 오행은 음土의 己土가 되며 己土 일주는 음이니 변화된 오행은 양土인 戊土가 된다.(以下同)

이 합화(合化)된 오행은 음과 양의 배합된 오행으로 완전한 五行이며 따라서 더 이상의 변화는 없는 것이다.

다음 합화(合化)에서도 오행은 모두 갖추고 있음과 동시에

甲己合化 土는 乙庚合化 金을 土生金 하고

乙庚合化 金은 丙辛合化 水를 金生水하며

丙辛合化 水는 丁壬合化 木을 水生木하고

丁壬合化 木은 戊癸合化 化를 木生火하며

戊癸合化 火는 다시 甲己合化 土를 火生土 하면서 순환하고 있으니 이 또한 균형(均衡)을 이루었고

또 甲己 부부는 土 신용을 위주로 가정을 형성하였으며

乙庚의 부부는 金 의리(義理)를, 丙辛의 부부는 水 지혜(智慧)로, 丁壬의 부부는 木 인정(仁情)을, 戊癸의 夫婦는 火 예의(禮義)를 위주로 삶 하는 가정이라고 할 수 있으며 또 합중에서 甲己, 乙庚合은 둘 중 하나의 본질(本質)은 남게 됨으로 연애를 한다 하여도 가정만은 버리지 않는다 할 수 있으나 丙辛·丁壬·戊癸合은 他 五行으로 변화하기 때문에 가정마저도 버릴 수 있는 인소(因素)가 잠재하고 있다 할 수 있다. 다음 合化에서 주의하여야 할 것은 甲己가 만나고 있다 하여 무조건 合이 되는 것이 아니라 합화(合

117

化)된 오행에 도움을 주어야 비로소 성립된다 할 수 있으며 여기에 방해자가 있어서는 성립이 안 된다.

여기서 방해자라 함은 합을 하여 합화(合化)된 오행(甲己합-土)을 생하거나, 극(克)하거나, 주(主)된 오행과 같은 오행일 때를 말한다.

예를 든다면 甲木이 己土와 합을 하는데 乙木이 있거나

　　　　己土가 甲木하고 합을 하는데 戊土가 있거나

　　　　庚金이 乙木하고 합을 하는데 辛金이 있거나

　　　　乙木이 庚金하고 합을 하는데 甲木이 있으면

합은 되나 합화(合化)까지는 안 되므로 이러한 경우를 합이불화(合而不化)라 하고 또 양 남자 둘에 음 여자하나(甲甲·己, 庚庚·乙)를 쟁합(爭合)이라 하며 음 여자 둘에 양(陽) 남자 하나(己己·甲, 丁丁·壬)는 투합(妬合)이라고 호칭하고 있으며 또 이러한 경우는 연애까지는 가능하나 혼인은 어려우며 처세는 좋으나 결실과 장(長)이 되기 어렵고 정신적인 연애는 할 수 있으나 육체적인 결합까지는 어려운데 부부는 틀림없으나 형제나 친구가 옆에 있어 합화(合化―합방 : 合房)를 못하는 것과 같다 하겠다.

다음 甲己가 합하여 土가 되는 이유는 모든 조화가 寅 호랑이와 辰 용(龍)으로 인하여 발생한다는데 기인(其因)하였기 때문에 甲己는 丙寅月로 시작하여 丁卯·戊辰이 되는데 辰 용(龍)위에 戊土가 있어 甲己合化는 土가 되고

乙庚은 戊寅 호랑이로 시작하여 己卯·庚辰으로 辰 용(龍)위에 庚金이 있어 乙庚合化는 金이 되며

丙辛合化水는 庚寅月 호랑이로 시작하여 辛卯·壬辰으로 辰 용(龍)

위에 壬水가 있기 때문에 水가 되며

丁壬年은 壬寅月로 시작하여 癸卯·甲辰으로 진위에 甲木이 있어
丁壬合化는 木이 되며

戊癸는 甲寅月로 시작하여 乙卯·丙辰으로 辰위에 丙火가 있어 戊
癸 합화(合化)는 火가 된다라고 옛글에 있다.

다음 지지 합화(合化)의 구성은 子와丑을 지구로(土) 기준하여
우주를 구성하고 丑·寅·卯·辰·巳·午·未·申·酉·戌·亥·子
로서 1年 12개월이 순환하는데 따라 丑에서 午까지는 상승(上昇)
하고 未에서 子까지는 하강(下降)하면서 교차하고 있는 합치점을
춘하추동(春夏秋冬)의 사시(四時)로 표출한 것이 地支 합화(合化)
인데 또 세분한다면 午와未는 하늘로 기준 하여 午는 日로서 태양
이 되고 未는 월(月)로서 태음(太陰)으로 午未를 天, 子丑을 地로
우주가 형성되고

寅亥로 合木은 봄이요   卯戌合火는 여름이며

辰酉合金은 가을이고   巳申合水는 겨울로서 지구가 공전(空轉)
하면서 발생하는 시절(時節)을 말하고 있는 것이다.

※ 여기에서 주의할 것은 앞으로 응용에 있어서

生合은 合의 변화된 오행을 그대로 사용하고 극합(克合)은 합까
지만 보아주고 변화된 오행은 작용하지 않는데 그 이유는 寅亥合
木은 水生木으로 辰酉金은 土生金으로 각자의 기(氣)가 木과 金으
로 집결되어 철저한 합이라 변화된 오행이 작용되며 **午未合은** 天
이라고는 하나 실질적인 작용에서는 五月·6월은 하절(夏節)이요
여름은 火氣가 사령(司令)하기 때문에 火局이 되고

子·丑合은 地로서 土라고 하나 子는 11월 丑은 12월로 겨울이 되기 때문에 水氣가 司令이라 수국(水局)으로 응용하여야 하고 地支에서 이자(二字) 이상이 결속하면 사주 네 기둥에서 벌써 과반수를 차지함과 동시 세력을 규합하였다 하여 국(局)이라는 용어가 붙게 되며 따라서 앞으로는 寅亥合 木局, 辰酉合 金局, 午未合 火局, 子丑合 水局 이라고 호칭되며 이런 경우

亥는 水가 아니라 木으로   辰은 土가 아니라 金으로

未는 土가 아니라 火로   丑은 土가 아니라 水로 바뀌어

작용하고 子·午·卯·酉만은 정방(正方)에 자리하고 있어 타오행으로 변화하지 않으며 子·丑은 극합(克合) 즉 무정지합(無情之合)으로 앞에서 설명을 하였고 이러한 것을 하나의 공식으로 화(化)하여 보면

寅+亥= 木局   辰+酉= 金局
午+未= 火局   子+丑= 水局이 된다.

3. 지지 합화도(地支 合化圖)

午日 태양	巳	辰	卯	寅	丑
天		水冬	金秋	火夏	木春	地
未月 달	申	酉	戌	亥	子

4. 지지 삼합법(地支 三合法)

亥 卯 未 合 木局   寅 午 戌 合 火局

巳 酉 丑 合 金局   申 子 辰 合 水局

해설

앞에서 공부한 육합(六合)은 이자(二字)가 만나서 합이 된 것이
고 이 지지 三合은 지지의 삼자(三字)가 만나서 合을 하고 있다
하여 三合이라는 명칭이 붙게 되었으며 또 三合은 개체와 개체(個
體)가 만나 하나의 동질(同質)로 변화하는 것을 말하고 局이라 함
은 어떠한 집합체(集合體)를 말함이니 즉 각기 다른 자가 하나의
뜻으로 모여 있는 경찰국, 철도국 등을 생각하면 이해가 빠르리라
고 본다. 고로 局은 하나의 세력(勢力)을 형성(形成)하게 되며 방
대하고 · 많고 · 똑똑하며 능히 제구실을 다할 수 있는 힘을 가지고
있는 것이다.

亥卯未合 木局은 亥는水, 未는土인데 三合의 중간 卯木을 중심
으로 결속되었기 때문에 亥水와 未土는 木으로 변화하며
寅午戌合 火局은 寅은木, 戌은土인데 午火를 중심으로 결속되기 때
문에 寅木과 戌土는 火로서 변화하고
巳酉丑合 金局은 巳는火, 丑은土인데 酉金을 중심으로 결속되기 때
문에 巳火와 丑土는 金局으로 변화되며
申子辰合 水局은 申은金, 辰은土인데 子水를 중심으로 결속되었기
때문에 申金과 辰土는 水局으로 변화된다.

앞으로는 활용에 있어서도 주중(柱中)에 巳酉丑이 있으면 巳나
丑은 火나 土로서의 작용을 상실하고 오직 金의 일원으로서 작용
되고 亥卯未 木局이 있으면 亥나 未는 水나 土가 아니라 木의 일
원으로서 응용되며 寅午戌火局의 寅이나 戌은 木이나 土가 아니라
火의 일원으로서 작용한다는 것을(以下 同) 명심하기 바란다.

三合의 구성원리가 춘하추동(春夏秋冬)에 원유하고 있기 때문에

木局은 봄이요, 火局은 여름이며, 金局은 가을이 되고 水局은 겨울을 대표하고 있다.

또 木火는 양국(陽局)이요 金水는 음국(陰局)이며 음중(陰中)에 양은 申子辰 水局이요 음은 巳酉丑 金局이고 양중의 음은 亥卯未 木局이요 양은 寅午戌 火局으로 陰局은 지지가 음으로 양국은 지지가 양으로만 형성되어 모두가 맥(脈)이 통(通)하고 있다.

다음 三合을 육친으로 살펴보면 부모, 본인, 자손이 합하고 있는데 **亥卯未 木局**은 본인 卯木을 중심으로 亥中壬水는 水生木으로 부모요 未中丁火는 木生火로 子孫이 되며(未는 土이나 복중(伏中)이 되어 火와 같음)

寅午戌 火局은 午火 本人을 중심으로 寅中甲木은 木生火로 부모요 戌中戊土는 火生土하니 아생자(我生者)로 자손이 되고

巳酉丑 金局은 酉金 本人을 중심으로 巳中戊土는 생아자(生我者)로 부모요 丑中癸水는 아생자(我生者)로 자손이 되며(巳火는 火土共存이요 丑은 12월로 水와 同一)

申子辰 水局은 子本人을 중심으로 申中 庚金은 생아자(生我者) 인수(印綬)로 부모요 辰中乙木에 아생자(我生者)로 자손이 되며(春三月로木) 이 모두가 부모와 본인 그리고 자손으로 합이 되니 천륜(天倫)이 되어 그 무엇보다도 철저하고 견고하며 변함이 없다 하겠다.

또 생왕묘(生旺墓)의 법칙으로 본다면

木은 亥에서 生하여 卯에 왕하고 未에 입묘(入墓)하며

火는 寅에서 生하여 午에 왕하고 戌에 입묘(入墓)하고

金은 巳에서 生하여 酉에 왕하며 丑에 입묘(入墓)하며

水는 申에서 生하여 子에 왕하고 辰에 입묘(入墓)하면서 유시유종(有始有終)하고 또 절처봉생(絶處逢生)함과 동시에 윤회(輪廻)하고 있으며 木봄은 亥10월에 시작하여 (小春)卯2월로 旺하다가 未6월로 입묘(入墓)하며 申酉戌월(7월 8월 9월)의 金 왕절(旺節)에는 金克木의 수제(受制)가 두려워 잠장(潛藏)하여 있다가 다시 亥 10월이 오면 水生木 또는 亥中 甲木을 따라 다시 소생하고

火여름은 寅正月에 生하여 午 5월로서 극왕(極旺)하다가 戌 9월에 입묘(入墓)하며 亥子丑월(10월, 11월, 12월)의 겨울 水왕절(旺節)의 水克火가 두려워 잠장(潛藏)하여 있다가 입춘(立春)寅이 오면 寅中丙火 또는 甲木의 木生火를 따라 다시 회생(回生)하고

金가을은 巳 4월에 시작하여 酉 8월에 극왕(極旺)하다가 丑12월로 입묘(入墓)하여 寅卯辰월(正月, 2月, 3月) 춘절(春節)을 만나 절지라(正反對) 행세를 할 수 없어 잠장(潛藏)하여 있다가 다시 巳 4월이 오면 巳中 庚金을 따라 회생(回生)하고

水겨울은 申7월에 시작하여 子 동지(冬至)로 극왕(極旺) 하였다가 辰3월에 입묘(入墓)하여 4월 5월 6월 하절(夏節)에는 절지(絶地)라 잠장(潛藏)하여 있다가 7월이 다시 오면 申중 壬水 또는 庚金에 金生水로 회생(回生)하고 윤회하는데 그 시간은 3개월이지만 이것이 3초 또는 3년, 30년 아니 300년이 될 것인지는 아무도 모른다. 따라서 寅申巳亥를 모듬하여 사생지국(四生之局), 子午卯酉는 사왕지국(四旺之局) 辰戌丑未를 사고지국(四庫之局)이라고 하는 이유가 여기에 있다. 주중에

寅申巳亥를 모두 갖추고 있으면(順序는 바뀌어도 됨) 활발하고 생기(生氣)가 있으며 두령격(頭領格)으로 매사에 앞장서는데 전체의

균형만 잘 이루고 있으면 큰 인물이 되며

　子午卯酉를 모두 구비(具備)하고 있으면 중심에 고집이 있어 사(邪)에 물들지 않고 또 중심의 인물이며

　辰戌丑未를 전비(全備)하면 고장(庫藏)이 되어 욕심(慾心)이 많고 감추기 좋아하며 생활의욕이 강하게 나타나고 있다.

　다음 三合에서 삼자(三字)가 모두 있으면 물론 합이 잘 되는 것은 사실이나 三合中 二字만 만나도 三合못지 않게 합국(合局)이 형성되는데

　亥卯未 三合은 亥卯, 卯未, 亥未로도 合 木局이 되고

　寅午戌 三合은 寅午, 午戌, 寅戌로도 合 火局이 되며

　巳酉丑 三合은 巳酉, 酉丑, 巳丑으로도 合 金局이 되고

　申子辰 三合은 申子, 子辰, 申辰으로도 合 水局이 되는데 합할 수 있는 이유는 장간(藏干)이 같은 지기와 또 장간(藏干)끼리 암합하고 있기 때문이며 이중에서도 三合의 중심이 포함된 卯未, 亥卯, 寅午, 午戌, 巳酉, 酉丑, 申子, 子辰 등의 합이 강력함은 두말할 나위가 없다.

　三合의 응용도 干支의 六合과 같이 만나다, 모이다, 화합하다, 변화하다 등으로 해석되며 특히 주의할 것은 오행의 변화에 대하여 세심한 배려가 있기를 바라고 본명뿐만 아니라 각 운(大運, 年運, 月運, 日辰等)과도 면밀하게 대조하여 吉凶을 내사(內査)하는데 응용하기 바란다. 본 三合은 사주 자체 내에서도 한 인간이 천태만상으로 변화하고 있는 것을 대변하여 주고 있으며 심지어는 보이지 않는 상대방의 심리적인 변화까지 감지할 수 있음은 물론 무엇으로 시작하여 무엇으로 끝이 되고 어디서 왔다가 어디로 가

며 만나는 자가 길이 될지 흉이 될지 또는 만나게 됨으로서 자신의 위치가 어떻게 변화할지를 예지하는 것이 합의 원리이니 잘 연구하기 바란다. 다음 沖에서의 변화가 타의(他意)에서 발생하였다면 합에 의한 변화는 자의(自意)인 것이며 사주내(四柱內)에서의 합은 六合에서 해설한 바와 같다.

단 변화관계의 추리(推理)는 가령 형제가 재성(財星)으로 변화하면 형제로 인하여 돈이 생기고 인수(印綬)가 재성(財星)으로 변하면 문서가 재물로 변화하고 있으며 또는 공부하다 연애하게 된다고 한다.

견겁(肩劫)이 인수(印綬)로 변하면 형제가 집사 주며 부모 같은 형제요 재(財)가 인수(印綬)로 변하면 돈이 문서가 되었으니 집 산다고 추명할 수 있으나 이 자체만 가지고는 전체적인 결론을 내릴 수 없다. 후에 격국용신(格局用神)을 공부한 다음 정확한 추리를 하기로 하고 또 육친 변화에 대하여서도 자세한 설명이 있을 것이다.

日支가 三合이 되는 해는 변화의 년도(年度)가 됨으로 여행·이사·전출·결혼·이혼·가출·전직·입원·퇴원 등 환경의 변화가 있게 되는데 여기에서도 주의하여야 될 것은 상대성이니 같은 합이라 하여도 없는 것은 들어오며 본래 있는 것은 나가거나 없어진다는 것이다.

가령 丁亥日 生이 寅年을 만나면 亥水가 寅木과 합하여 木局이 됨으로 丁火는 水가 아니라 木에 앉아있고 건방(乾方)이 아니라 간방(艮方)에 있으며 극(克)이 아니라 生을 받고 官이 아니라 인수(印綬)로 변화하였으며 흑색이 아니라 청색이 되었기 때문이며 三合이라고 하여 꼭 삼자가 모두 있어야 하는 것은 아니고(있을 수도 없음) 삼합권 내에만(亥卯, 卯未, 亥未) 해당하여도 되는 것이다.

다음 三合은 그려서 설명할 것

甲	辛	己	乙
午	未	卯	亥

이 사주는 년지(年支) 亥水 상관(傷官)과 일지(日支) 未土 편인(偏印)이 亥卯未 木局 재(財)로 변화되었고 또 일지(日支) 未土 인수(印綬)는 시지(時支) 午火와 午未로 火局되어 인수(印綬)가 변하여 관(官)이 되었다.

5. 지지방합법(方合法)-방위합(方位合)·계절합(季節合)

寅卯辰合木局 (東方春節),　巳午未合火局 (南方夏節)

申酉戌合金局 (西方秋節),　亥子丑合水局 (北方冬節)

寅卯辰合 木局은 寅은 正月, 卯는 二月, 辰은 三月로 춘절(春節)이요 봄은 木의 계절(季節)이 되며 木局이 되고 또 木은 東方에 소속되므로 동방합(東方合)이라고도 한다.

巳午未合 火局은 巳는 四月, 午는 五月, 未는 六月로 여름이요 여름은 火氣가 지배하는 계절이 되어 火局이라 하였고 또 火는 남방에 소속되고 있어 남방합(南方合)이라고도 한다.

申酉戌合 金局은 申은 七月, 酉는 八月, 戌은 九月로 가을이요 가을은 金氣가 되어 金局이라 하였고 또 金은 서방(西方)에 소속되고 있어 서방합(西方合)이라 한다.

亥子丑合 水局은 亥는 十月, 子는 十一月, 丑은 十二月로 겨울이요
겨울은 수기(水氣)가 지배함으로 水局이라 하였고 또 水는 북
방에 해당하여 북방합(北方合)이라는 별칭이 붙게 되는 것이다.

이 방합(方合)도 三合과 같이 응용되고 있으나 세력 면과 합국
(合局)의 힘에서는 三合에 훨씬 뒤떨어지고 있으며

寅卯, 卯辰, 寅辰으로도 木局이 되고

巳午, 午未, 巳未로도 火局이 되며

申酉, 酉戌, 申戌로도 金局이 되고

亥子, 子丑, 亥丑으로도 水局의 작용이 되며 또 이 방합을 형제
합이라고도 하는데 이는 비견(比肩) 비겁(比劫)으로 집합체를 형
성하였기 때문이고 辰이 土이면서도 木局의 일원이 될 수 있음은
辰中 乙木과 三月로 춘절木에 속하기 때문이다. 다시 말하여 丙火
일주가 酉丑 金局을 만났을 때는 酉中 辛金 丑中 辛金으로 재(財)
가 둘이 아니라 큰 하나로써 똑똑하고 건강한 처라고 보아야 한다.

방합 또한 寅卯辰 木局은 木氣가 寅에서 生하여 卯木에 왕(旺)
하고 辰土에 쇠(衰)하며, 巳午未 火局은 火氣가 巳에서 生하여 午
에 왕(旺)하고 未土에 쇠(衰)하며, 申酉戌 金局은 金氣가 申에 生
하여 酉에 旺하고 戌에 쇠(衰)하며, 亥子丑 水局은 水氣가 亥에 生
하여 子에 왕(旺)하고 丑에 쇠(衰)하고 있는데 여기에서도 三合과
같이 子午卯酉는 사왕(四旺)에 해당하고 있으면서 변화되지 않고
있는 것을 알았으리라고 본다.

㉜ 十二 운성법(運星法 = 포태법 : 胞胎法)

이 十二 운성은 天干을 각 地支에 대비하여 살고 있는 것을 구분하는데 응용(應用)하고 있으며 이 법(法)을 잘 알고 있어야만 앞으로 공부할 日干의 강약을 쉽게 알 수 있고 또 일주의 강약을 구분할 줄 알아야 비로소 사주의 통변(通辯)이 가능하여 짐은 물론 나아가서는 길흉화복(吉凶禍福)과 수명(壽命)까지도 내다볼 수 있는 기초가 되고 있으니 공부에 소홀해서는 안 된다.

쉽게 생각하면 相生과 상극(相克)으로 대비하여 天干이 죽고 사는 것을 알 수도 있겠으나 본래 天干은 陽으로 남자요 地支로는 陰으로 여자라 남의 남자가 남의 여자를 함부로 극(克)할 수도 없고 또 남의 여자가 남의 남자를 함부로 극(克)할 수 없다는 뜻에서 十二 운성법이 생기게 되었으며 첨언한다면 이 방법 또한 생극(生克)원리에서 벗어남이 없으니 용어(用語)만 바꾸어 놓았다 해도 과언(過言)은 아니다.

그리고 이 十二 운성은 12종류(種類)로서 十二支에 응용하고 있으며 용어자체(用語自體)가 우리 인간사에만 국한(局限)되어 있는 것 같으나 알고 보면 생성소멸법칙(生成消滅法則)이 이 속에 담겨져 있음을 깨닫게 됨과 동시에 음(陰)과 양(陽)의 생사과정(生死過程)을 좀 더 자세하게 알 수 있게 하였으며 또 三合의 구성원리(構成原理)가 十二 운성법에 의한 것임을 알 수 있다.

아울러 三合을 펼쳐놓으면 十二 운성이 되고 十二 운성을 축소시키면 三合이 될 정도로 밀접한 관계를 가지고 있으며 또 十二

운성내에서도 나름대로 학문(學文)과 철학(哲學)을 갖추고 있으니 잘 살펴주기 바란다.

1. 十二 운성

포(胞) 태(胎) 양(養) 생(生) 욕(浴) 대(帶) 관(冠) 왕(旺) 쇠(衰) 병(病) 사(死) 장(藏=묘:墓)

2. 기포법(氣胞法)

木申火土亥　金寅水巳當 (양일주 : 陽日主- 순행)
木酉火土子　金卯水午當 (음일주 : 陰日主- 역행)

　甲木日主는 申金에서부터 絶로 시작하여 酉에胎 戌에養
　　　　　　亥에生 子에浴 丑에帶 寅에冠 卯에旺 辰에衰
　　　　　　巳에病 午에死 未에藏이 된다.
　乙木日主는 酉金에서부터 絶로 시작하여 申에胎 未에養
　　　　　　午에生 巳에浴 辰에帶 卯에冠 寅에旺 丑에衰
　　　　　　子에病 亥에死 戌에藏이 된다.(以下同)

절(絶=포 : 胞)은 만나고 헤어짐이 되어 종식(終熄)이라 좌불안석(坐不安席)이다.

태(胎)는 모친(母親)의 태반(胎盤)에 수태(受胎)한 것이요 시작을 의미하나 무형(無形)의 시작이라 실질적인 행동으로는 옮길 수 없다.

양(養)은 10개월 동안 무럭무럭 자라는 성장(成長)을 의미하고 이어서 행동과 과도기(過渡期)라 할 수 있다.

생(生)은 세상에 처음 나오는 것이 出生이라 실질적(實質的)인 행동으로 옮겨져 활동을 하게 되고 전진하며 생기(生氣)를 얻어 자신을 가지고 매사에 긍정적(肯定的)이다.

욕(浴)은 出生하면 목욕(沐浴)을 하여야 되고 욕(浴)은 나체지상(裸體之像)이라 풍류 유혹 방탕 음난 주색으로 통함과 동시에 물에 들어갔다 나왔다하며 곤욕(困辱)을 치르게 되니 성패(成敗)가 번다(煩多)하다.

대(帶)는 沐浴을 한 다음에는 속옷을 입고 띠를 두르고 의복을 갖추는 것과 학문에 열중함을 의미한다.

관(冠)은 成長하여 내실을 튼튼히 함으로 벼슬길에 올라 인간으로서 임무를 수행하고 대가를 받게 되니 의식이 풍족하고 전성기를 향해 매진하게 된다.

왕(旺)은 인생에 절정에 달함을 말하고 힘이 있어 세력을 형성하게 되니 인생일대에 가장 좋은 시기요 전성기이며 부러울 것이 없다.

쇠(衰)는 왕성(旺盛)했던 것이 지나면 자연 나이가 들게 되어 기력(氣力)이 쇠(衰)하여지니 의욕(意慾)이 상실(喪失)됨이라 매사가 쇠퇴(衰退)하여진다.

병(病)은 기운(氣運)이 없으면 병(病)들게 되어 있으니 병(病)들면 행동반경이 줄어들고 활동이 정지(停止)되며 신음(呻吟)하고 건강(健康)이 나빠진다.

사(死)는 病들면 죽게 되는 것이 死라 패망(敗亡)이 따르고 매사가 의욕이 없다.

장(藏)은 죽고 나면 무덤에 들어가게 되니 묘(庫)라 하였으며 옛

것을 찾고 축적하고 비밀을 가지고 무덤으로 돌아가는 것이라 모든 것이 끝이 됨과 동시에 다시 시작된다.

※ 참고

이 12 운성법(運星法)에 양론이 있는데 명리정종(命理正宗)에서는 水와 土를 공존(共存)시켰고 연해자평(淵海子平)에서는 火土를 공존(共存)시켜 기포(起胞)하고 있는데 水土공존(共存)은 부부관계(夫婦關系) 화토공존(火土共存)은 부모와 자손의 관계를 성립시켜놓은 것으로서

水土공존(共存)은 인륜관계(人倫關系)요 火土共存은 천륜(天倫)이라는 차이점이라 하겠다.

다음 12운성에서 각별하게 주의할 것은 구성자체는 음과 양을 구별해 놓았으나 실지 실용에 있어서는 음양을 구별하지 않고 음도 양과 같이 사용한다는 것이다.

다시 말하여 甲木은 午에서 사궁(死宮)이 되나 乙木은 午에서 生宮이 되는데 사주에서는 甲乙木 모두 亥에서 生하고 午에서 사(死)하며 丙丁火는 寅에 生하고 酉에 사궁(死宮)이 된다.

다음 12 운성을 간단히 보면 다음과 같다.

絶胎를 같이 보고 長生과 목욕(沐浴)은 구분하여야 하며 관왕(冠旺)을 같이 보고 병사(病死)도 같이 보는데 고장(庫藏)만은 따로 본다는 것을 암기(暗記)하여 주기 바란다.

木은 申酉에 절(絶)하고 亥水는 장생(長生)이요

子水는 패지(敗地)가 되며 寅卯에는 관왕(冠旺)하며

巳午에는 병사(病死)요 未에는 입묘(入墓)된다.

火는 亥子水에는 절(絶)하고 寅에는 장생(長生)이요

    卯에는 패지(敗地)가 되며 巳午에는 관왕(冠旺)이 되고

    申酉에는 병사(病死)가 되며 戌에는 입묘(入墓)된다.

金은 寅卯에 절(絶)이되며 巳에는 장생(長生)이요

    午에는 패지(敗地)요 申酉에는 관왕(冠旺)이요

    亥子에 병사(病死)가 되며 丑에는 입묘(入墓)가 된다.

水는 巳午에 절(絶)이 되고 申에는 장생(長生)이나

    酉에는 패지(敗地)가 되며 亥子에 관왕(冠旺)하고

    寅卯에 병사(病死)하며 辰에는 입묘(入墓)가 된다.

    다음은 계절과 12운성을 응용하여 보면

        앞의 계절은 장생(長生)과 목욕(沐浴)이 되고

        계절(季節)이 같을 때는 관왕(冠旺)이요

        계절의 반대(反對)가 되면 절태(絶胎)가 된다.

공부하는데 다소의 도움이 될까 하여 十二 운성을 다시 사주에 부합(附合)시키고자 한 것이니 전적으로 의지해서는 안 되고 추리하는 방법만을 기록하니 보다 나은 발전이 있기를 바란다.

① 절(絶), 포궁(胞宮) 두절(杜絶)의 기상(起象)

生年에 있으면 선대(先代)에 양자(養子)나 절사(絶死)되기 쉽고

    서계(庶系)로 이어가기 쉽다.

生月에 있으면 사회에 고립신세이며 손실이 많고 부모나 상사(上

    司)의 덕이 없으며 대인관계도 두절(杜絶)이 된다.

生日에 있으면 장남이라도 타향에서 살게 되며 고생을 많이 하고

    타인의 말을 잘 믿어 재산이 없어지며 처의 신용을 잃게 되거

    나 판단이 흐려진다.

生時에 있으면 자손(子孫)에 대하여 근심걱정은 물론 가족관계에
　　대화와 화합이 되기가 어렵다.

② 胎宮(絶胎는 계절의 반대) 형곽불미(形廓不美)의 상(象)

生年에 있으면 선대에 유업을 시작하였고

生月에 있으면 수(數)가 적고 고독하며 이사가 많게 된다.

生日에 있으면 되는 일이 없어 허송세월을 보내게 된다.

生時에 있으면 자손이 재산 지키기가 어렵다.

※ 여명에 있으면 남편 또는 시부모에 대한 풍파가 많다.

③ 養宮 육성(育成)의 기상(氣象)

生年에 있으면 부친이 양자가 아니면 본인이 해당되고 아니면
타모(他母)를 모시게 된다.

生月에 있으면 남의 부모를 모셔보며 색난(色難)이 두렵다.

生日에 있으면 어머니보다는 아버지의 사랑이 돋보이고 대가성에
　　미식가이며 여난이 있어 본다.

생시(生時)에 있으면 자손의 효도(孝道)를 받게 된다.

④ 長生宮(印綬) 발생의 기세로 도움을 주고받는 자가 된다.

生年에 있으면 선대(先代)에 발달하였고

生月에 있으면 부모대(父母代)에 영화요 발전의 상이다.

生日에 있으면 부부화목(夫婦和睦)은 물론 언행(言行)이 온화(溫
　　和)하며 부모의 유산혜택(遺産惠澤)이나 부모를 모셔보거나
　　조부의 사랑을 받게 된다.

生時에 있으면 자식으로 인하여 가문을 빛내고 귀자(貴子)를 두게
　　된다.

⑤ **沐浴宮 (桃花)나체지상(裸體之像) 음(淫)의 기운이다.**

生年에 있으면 선대에 주색으로 패망하거나 유혹의 대상이 된다.

生月에 있으면 부모의 변동이 심하므로 풍류로 가산이 패하며 또
한 유혹의 손길이 많게 된다.

生日에 있으면 미모의 얼굴에 옷맵시가 좋으며 색난(色難)으로 풍
파는 물론 미모의 배우자를 좋아하게 된다.

生時에 있으면 말년풍류에 본이 아니게 애인을 두게 되거나 늦게
사교춤을 배우기도 한다.

⑥ **帶宮 장식지기상(裝飾之氣象)**

生年에 있으면 선대에 예절이 바른 가문이며 편안한 생활이 있었
고 발전의 대상은 학업이다.

生月에 있으면 부모형제 발전은 물론 경제계에 두각을 나타내거나
사회에 존재를 나타낸다.

生日에 있으면 자신은 물론 미모와 학문을 두루 갖춘 처를 두게
되며 모든 일에 적극적이기도 한다.

生時에 있으면 자손대에 발하기는 하나 재혼이 두렵다.

⑦ **冠宮 비견(比肩) 자립취록(自立取祿)의 기상(氣象)이다.**

生年에 있으면 선대에 기술로 자립정신이 발달하였고

生月에 있으면 장남 장녀로 사회생활이 빠르며 자유직업으로 사회
진출이 목표이다.

生日에 있으면 예능이 발달하고 건강하며 빈가(貧家)에 태어나도 자
수성가하게 되며 비슷한 나이와 혼인을 하게 된다.

生時에 있으면 본인의 하는 일이 자식에게로 넘어가고 또한 친밀
함이 있는 것까지는 좋으나 자식하나 잃는 것이 흠이다.

⑧ **旺宮 (比劫) 건강(健康)의 기상(氣象)이다.**

生年에 있으면 선대에 부귀로서 품위 있는 가문이요 상하 구별 없
　　이 친구의 대상이 되기도 한다.

生月에 있으면 장남 장녀에 형제수(數)가 많으며 부모의 자립정신
　　이 약함이 흠이고 건강과 행동은 강함이 있다.

生日에 있으면 자존심이 강하며 타인을 무시하는 경향이 있고 건
　　강은 하나 재물이 적음을 알린다.

生時에 있으면 아랫사람이 친구가 되고 상하구별이 없으니 예절이
　　바르지 않는 것이 흠이 된다.

⑨ **衰宮 (印綬庫) 몰락(沒落)의 기상(氣象)이다.**

生年에 있으면 선조대에 가정이 몰락하거나 되는 일이 없다.

生月에 있으면 부모대에 병환으로 인하여 발달하지 못하거나 되는
　　일이 없고 하는 일마다 쇠퇴해간다.

生日에 있으면 성질은 온순은 하나 박력은 부족하고 보수적이며 주
　　체의식이 모자라는 반면 한문은 잘하게 되어 있다.

生時에 있으면 자손에 수심이 많아 발전에 문제가 있다.

⑩ **病宮 (食神) 신음(呻吟)의 기상(氣象)이다.**

生年에 있으면 선대에 병약(病弱)하거나 되는 일이 없다

生月에 있으면 부모대에 빈한한데서 출생한다.

生日에 있으면 병약 체질이 아니면 이별 내지는 인연이 희박하다.

生時에 있으면 자손이 신음하는 상으로 질병으로 인한 고민을 하
　　는 것 등으로 속이 상하는 일이 있게 된다.

⑪ **死宮 (傷官) 종식(終熄)의 기상(氣象)이다.**

生年에 있으면 선대에 덕(德)이 없으며 대인관계가 약하다.

生月에 있으면 부모형제와 인연이 희박하고 자신감이 없게 된다.

生日에 있으면 생기가 부족하고 조별생가(早別生家)에 위법행위를
　잘한다.

生時에 있으면 처자부실(妻子不失)에 귀자두기 어렵다.

⑫ 墓宮 (庫藏) 수장(收藏)의 기상(氣象)이다.

生年에 있으면 선조의 무덤에 정성을 다하여 보살핀다.

生月에 있으면 부모형제에 대한 단명 내지는 병 질환이다.

生日에 있으면 나이에 비해 늙었으며 행동이 느리고 수심은 많으
　나 정신적인 연령(年齡)은 높다.

生時에 있으면 자식으로 인하여 상심이 많다.

㉝ 일주강약론(日主强弱論)

日干 강약을 구분하고자 할 때는 첫째의 목적은 사주장본인의 능력여부를 파악하는데 있으며 따라서 日干의 강약을 구분하지 않고서는 참된 추명을 할 수가 없으니 日干 강약의 구분은 사주의 진수가 바로 여기에 있다고 할 것이다.

유념할 것은 이 日干의 강약만 확실하게 구분할 줄 안다면 사주학 공부는 어느 수준에 도달하였다고 할 수 있을 만큼 중요한 위치를 차지하고 있으며 앞으로 공부하여야 할 격국용신에도 기초가 됨은 물론 사주학 전반에 걸쳐 日主 강약에 따라 해석이 달라지고 있기 때문이다.

다시 말하여 日干 강약에 따라 길신(吉神)도 흉신(凶神)이 될 때가 있고 흉신이 바뀌어 길신이 되기도 하며 타에게는 흉신이나 나에게는 길신이 되고 나에게는 길신이 분명하나 타에게는 흉신이 될 수 있으며 때로는 정인(正印)이 변하여 편인(偏印)으로, 편인(偏印)이 정인(正印)으로, 편재(偏財)가 정재(正財)로, 정재(正財)가 편재(偏財)로, 정관(正官)이 살(殺)로, 살(殺)이 정관(正官)으로 변화하는데 이는 모든 것이 상대적이기 때문이다.

즉 세상 사람은 모두 똑같은데 본인을 위주로 하여 좋은 사람과 나쁜 사람으로 분류되고 있는 것과 같다 하겠다.

다음 日干이 강왕(强旺)하면 편(偏)도 정(正)이 되나 日干이 쇠약하면 正도 偏이 되는 것임으로 극아자(克我者)인 관살을 기준으로 볼 때 약자는 법의 다스림을 받아야 하나 강왕(强旺)자는 법을 다스리는 것과 같으며 아극자(我克者)인 財星즉 처도 여자로서는 같으나

日干이 강하면 현처가 되고 日干이 쇠약하면 악처가 되는 법이니 어찌 日干의 강과 약을 무시하며 吉凶을 함부로 논하겠는가.

강왕과 쇠약을 알기 쉽게 대비한다면

강왕(强旺) : 강대국·강자·부자·고위직·건강자

쇠약(衰弱) : 약소국·약자·빈자·하급직·병약자

日干의 강약 구분이 쉽고도 어렵기 때문에 때로는 몇 십 년을 연구하고도 당황할 때가 있는데 이는 사주의 구성자체가 애매하기 때문이며 또 하나는 기초공부가 되어 있지 않아서이고 합국(合局)의 변화, 출생된 시절(時節), 沖·刑·破에 따른 변화관계와 또 형이상학적인 기(氣)의 작용을 무시한데 원인이 있는 것이다. 앞에서 공부한 干支 체성론을 토대로 하여 생사(生死)관계를 잘 살펴 결론을 내리고 또 양적인 면보다는 질적인 면을 택해야 하는데 수(數)적 우세한 것을 강하다고 보는 것이 아니라 어떠한 오행이든지 득국(得局)을 하고 있거나 생조(生助)를 받는 등 강왕하여 있는 것을 강하다고 보며 힘이 강해 있으면 어떠한 자와도 대적할 수 있는 힘이 있는 것이다.

그리고 합으로 인하여 변화가 되는 것도 시절(時節-때)에 따라 변화되는 강도가 틀려지고 있으니 즉 해(亥)가 혼자 있을 때는 水가 분명하나 寅이나 卯 또는 未를 만나면 木局으로 변화하게 된다. 그러나 만약 亥月이면서 金生水를 받고 있다면 완전하게 木으로 변화하지는 않는 것이며 申金이 月令에 있고 土金이 왕하고 있을 때는 子水를 만나 水局이 된다 하여도 완전하게 水氣로 변화하지 않는다.

또한 寅木이 月令에 있고 水木이 왕하고 있을 때도 혹 午火를 만난다 하여도 완전한 火局으로 변화되지는 않는 것이다.

그리고 같은 **寅木이라 하여도 주중(柱中)에 木이 많으면 木으로 火가 많으면 火로 변화되고**

申金은 金이 왕하면 金으로 水가 많으면 水로 따라가며

亥水는 水가 많으면 水로 木이 왕하면 木으로 변화되고

巳火는 火가 많으면 火로 金이 많으면 金으로 변화된다.

辰土는 목이 왕하면 木으로 水가 많으면 水氣로 변화되고

丑土는 금이 왕하면 金으로 水가 왕하면 水氣로 변화되고

未土는 화가 많으면 火氣로 木이 많으면 木氣로 변화된다.

戌土는 금이 왕하면 金氣로 火가 많으면 火氣로 변화하나

土가 旺하면 土 그 자체로서 존재하는 것이다.

그러므로 주중(柱中)의 세력에 의한 합국(合局)도 잘 살펴보아야 하고 월령(月令) 또한 잘 살펴보아 어떠한 오행이 힘이 있는지 힘이 약한지 또는 충극(沖克)으로 인해 피상되고 있는지를 밝혀내어 결론을 내려야 한다.

이와 같이 과다(過多)와 합국(合局)의 작용에 따라 수시로 변화하고 있으니 관찰을 잘해야 하며 합국(合局)의 힘을 순서에 따라 열거해보면 다음과 같다.

① 육합(六合)은 부부합　② 三合은 부모 본인 자손합

③ 방합(方合)은 형제합　④ 동합(同合)은 형제, 친구합

이와 같이 구분할 수 있는데 따라서 합중에는 육합이 제일 잘되고 다음은 삼합이요 방합의 순서로 되는데 동합은 같은 자 끼리를 말한다.

그러면 앞에서 배운 이론의 논리로 일간강약의 3대 원칙이라 할 수 있는 득령(得令) 득지(得地) 득세(得勢)를 알아보기로 하자.

1. 득령(得令) 실령(失令)

득령(得令)이라고 하는 것은 月支에 인수(印綬)나 견겁(肩劫)을 얻었을 때를 말한다.

득(得)은 얻었다는 뜻이고 령(令)은 월령(月令)을 말하고 있는데 월령(月令)은 주중에서 제일 강자로 군림하고 있기 때문에 전 주중의 干支가 월령에 의하여 생사가 좌우되고 있으며 아울러 타주의 힘보다도 배가 하는 것이 월령이기도 하다. 그러므로 日干은 물론 주중의 오행을 먼저 구분하고 그 오행이 어느 때(月)에 해당하고 있는지를 잘 살펴 득령(得令)여부를 가려내는 것이다.

한편으로는 월령을 중요시하는 것은 월령은 부모님의 자리로서 日干 본인과 가장 밀접한 관계를 가지고 있으니 日干에 미치는 영향이 지대하기 때문이며 일단 득령(得令)을 하게 되면 신왕(身旺) 또는 日主가 왕하다고 하고 이와 반대가 되면 실령(失令)이라고 하여 신약(身弱) 또는 日干 약이라고 하는 것이다.

2. 득지(得地) 실지(失地)

득지(得地)라고 하는 것은 일간(日干)이 日支 좌하에 인수나 견겁을 얻었을 때 득지(得地)가 되며 때로는 착근(着根) 유근(有根) 통원(通源)이라고도 하고 이와 반대가 되었을 때를 실지(失地)라 하여 흉(凶)으로 하고 있다.

이 득지에서 주의할 것은 암장(暗藏)까지도 자세하게 살펴 日干에 힘이 될 때에는 득지(得地)로서 간주한다.

그리고 득지를 득령 다음으로 중요시하는 것은 득령은 때(月)로서 天에 해당하며 어느 때에 출생하였는지를 보는 것이고 득지(得地)는 지(地)로서 어느 장소(場所)에 앉아 있는가를 살피는데 목적을 두기 때문인데 또 한편으로는 득령이 부모님과의 관계라면 득지는 부모님의 슬하를 떠난 후에 만난 배우자와의 관계를 살피기 때문이다.

3. 득세(得勢) 실세(失勢)

득세(得勢)라고 하는 것은 월지와 일지(日支)를 제외한 주중의 인수나 견겁이 있어서 日干의 세력에 합류할 때에 득세(得勢)라 하고 이와 반대인 것을 실세(失勢)라고 한다.

여기에서 주의할 것은 죽어있는 자는 득세라고 할 수 없으니 즉 무근(無根)이거나 충형(沖刑)을 만나 피상되어 있으면 아무리 많아도 득세가 될 수 없으며 또한 합국(合局)으로 변화되었거나 다봉수제(多逢受制)로 인해 日干에 아무런 도움이 못되면 득세라고 할 수 없는 것이다.

그리고 년주 월주(月柱) 시주(時柱)에서 일간(日干)을 도우면 완전한 득세가 되나 시주에는 견겁 또는 인수를 놓았는데 년주 월주(月柱)의 도움이 없다면 득세 중에서도 완전한 득세는 아닌 것이다.

득세의 작용은 天(得令) 地(得地) 人(得勢) 중에서 人으로서 본인의 노력이요 환경이 되니 무시할 수 없는 것이다.

그러므로 시절(時節-天)과 장소(地) 그리고 노력 환경(人) 등이 잘 부합되어야 비로소 발전을 기대할 수 있는 것과 같이 이 중에 어느 하나만 흠이 있어도 그만큼 부실하게 되는 것이며 또한 득세는 자손관계로도 논(論)할 수가 있다.

위의 이론을 총체적으로 종합하여 결론을 내리면 다음과 같다.

4. 결론(結論)

앞에서와 같은 방법으로 먼저 득령(失令) 득지(失地) 득세(失勢)를 구분한 다음 삼자(三者)를 모두 얻으면 최강(最强)이라 하고 삼자중(三者中) 이자(二者)만 얻었다면 중강(中强)이 되며 삼자중(三者中) 일자(一者)만 얻으면 신약(身弱) 또는 일주약(日主弱) 일간약(日干弱)이라 하고 삼자를 모두 잃었다면 실령(失令) 실지(失地) 실세(失勢)라 하여 최약(最弱)이라 한다.

주의할 것은 관살(官殺)과 식상(食傷)의 관계로 주중에 관살이 있을 때 식상은 克 관살하여 日干이 관살로부터 수제(受制) 당함을 막아주므로 日干의 보이지 않는 뿌리요 힘이 되기 때문에 항시 관살과 식상을 대비하여 관살보다 식상이 왕하면 신왕으로 식상이 부족하면 신약으로 보아야 한다.

비유하건대 여명에서 식상은 자손이요 관살은 부군이라 관살 부군이 있을 때 식상 자손은 본인의 의지처가 되나 부군이 없을 때의 자손은 다만 지출처에 불과하며 도기(盜氣)가 되는 것이다.

다음 어떻게 생각하면 日干이 최강하여야 가장 좋은 사주가 될 것 같으나 한정된 팔자 중에서 인수와 견겁이 차지하는 비중이 너무나 많기 때문에 다른 육친 즉 가장 필요한 재관(財官)이 몰(沒)함으로 길명(吉命)이 될 수 없다.

사주가 길명이 되는 것은 중강격(中强格)에서 많은데 이유는 신왕하여 건강하고 또한 매사에 자신이 있으며 주관이 뚜렷하면서도 모가 나지 않으며 재(財)와 관(官)이 존재할 수 있기 때문이다.

다음 신약(身弱)이면서 조금만 약하다면 중강격(中强格)과 별 차이가 없으나 너무나 신약하여 겨우 명맥만 유지하고 있다면 이는 천격(賤格)으로서 평생을 고생으로 삶 하여야 하는데 이러한 사주는 재다(財多) 관살다(官殺多) 재살다(財殺多) 식상다(食傷多) 식상재다(食傷財多)로 구성되어 있다.

최약격(最弱格)에서는 주중에 인수나 견겁이 없어야 하며 또 있다 하여도 절지(絶地) 병사(病死) 입묘(入墓) 沖 형파(刑破) 당하여 日干이 완전 무근(無根)하여야 하고 따라서 이 최약자는 자연 강자에 순응하여야 존재할 수 있기 때문에 종(從)이라는 별칭이 붙게 된다.

다시 말하여 이 종(從)은 글자 그대로 따라간다는 말이니 소수는 다수에 쇠(衰)자는 왕(旺)자에 약소국은 강대국에 빈자는 부자에 따라가야 삶을 유지할 수 있는 것과 같이 명리학에서도 日干이 최약하면 종격이라 한다.

또 종격(從格)에서도

식상으로 종(從)하면 종아격(從兒格)

(식상은 아생자로 자손이기에 아(兒)로 쓴다.)

재성이 많아 종(從)을 하면 종재격(從財格)

관살이 많아 종(從)을 하면 종살격(從殺格)이라 한다.

주의할 것은 종격(從格)으로 성립되었어도 지지가 삼합 국(局)으로 결속되어야 하며 아울러 地支 三合 局 즉 종의 대표자 天干이 단 일위봉(一位逢) 하여야 하는데 이렇게만 된다면 의지할 곳 없는 고아가 부잣집에 양자로 들어가 하루아침에 부자라 길명이 되는 것과 같으니 日主 강약 구분에 소홀함이 없도록 할 것이며 또 강약을 구분 못하면 용신 공부를 못한다는 것도 유념하기 바란다.

일주 강약의 실 예

1) 최강격의 실 예

예시1)

丙 甲 乙 己
寅 寅 亥 亥

예시2)

己 乙 乙 己
卯 卯 亥 亥

2) 중강격의 실 예

예시1)

丙 庚 己 丁
戌 午 酉 丑

예시2)

庚 庚 己 乙
辰 申 卯 亥

3) 신약격의 실 예

예시1)

己 乙 辛 癸
卯 丑 酉 亥

예시2)

癸 丙 甲 庚
巳 辰 申 辰

4) 최약격의 실 예

예시1)

乙 乙 辛 癸
酉 丑 酉 丑

예시2)

辛 乙 辛 戊
巳 丑 酉 辰

㉞ 대운법(大運法)

대운이라 하면 본명에 대하여 절대적인 영향력을 행사하는 것을 말하는데 비유한다면 본명 사주가 선천적이라면 대운은 후천적이요 본명이 차라면 대운은 그 차만이 갈 수 있는 전용도로가 되고 본명이 모든 것에 준비과정이라면 대운은 결실이 됨과 동시에 시절(時節) 즉 때와 같기에 본명과 대운은 밀접한 관계로서 서로가 떨어질래야 떨어질 수 없으며 따라서 대운을 모르고서는 정확한 추명을 할 수 없는 것이다.

고로 본명이 아무리 좋아도 대운이 나쁘면 안 되고 또 대운이 좋다 하여도 본명이 부실하면 소용이 없으니 운의 영향에 따라 어제의 평민이 오늘은 장관도 될 수 있으며 또 어제의 빈한(貧寒)한 자가 오늘은 거부로서 군림하고 어제의 장관이 오늘은 낙향(落鄕)을 하기도 하며 또 어제의 거부가 오늘은 부도(不渡)를 내고 도망가는 신세로 전락되기도 하는 것이니 모든 것이 운의 작용에 의하여 희비(喜悲)가 엇갈리게 되는 것이다.

대운이 본명에 미치는 영향은 형용할 수 없을 정도로 지대하며 또한 좋든 싫든 간에 피하려고 해도 피할 수 없는 숙명과도 같은 것이니 공부를 하지 않으면 안 된다.

이 운을 잘 연구하면 과거사(過去事)는 물론 현재의 당면과제까지 표출되고 또 현시점에서의 방향전환은 어떻게 될 것이며 그것이 미래에 미치는 영향은 어떠할 것인가를 알게 되니 과거 현재 미래가 거울 보듯 들여다보이며 나아가서는 몇 십 년 아니 몇 백년 후의 미래사와 후손에 관한 것까지를 알 수 있는 학문이 바로 대운이요 역학이라는 것을 새삼 깨닫게 될 것이다. 다음 운에도 여러 종류가 있으나 대운만은 따로 공부하여야 되겠다.

년운(세운 : 歲運)은 그 당해 연도의 干支를 본명과 대조하여 운세를 판단하는 것을 말하며 월운 일운 시운 등도 월운 일진 시간 등에 해당하는 干支를 찾아 무엇이 지배하고 있는가를 알아내어 본명과 대비 길흉의 결론을 얻으면 되는데 대운과의 차이점은 누구를 막론하고 년운·월운·일운·시운만은 똑같은 영향권 내에서 움직이고 있다는 것이다. 또 전체적인 운을 백으로 본다면 대운이 차지하는 범위는 60%에 해당하므로 대운의 영향력이 제일 크고 그 다음이 년운인데 또 분류한다면 대운은 10년간을, 년운은 1년, 월운은 1개월, 일운은 하루, 시운은 1시간을 주기(週期)로 하여 지배하고 또 교차되면서 순환하고 있는 것이다.

그리고 본명 사주에서의 미비점이 대운에서 완전한 중화를 이룰 수 있다면 년월(年月) 운의 구애 없이 발전할 수 있으나 때로는 년운(年運)과 대운이 합쳐야 비로소 중화를 이룰 수 있는 사주가 있고 어떠한 운을 만나도 중화를 이루지 못하여 평생을 두고도 빛 한번 보지 못하고 고생만 하다 끝이 되는 사주도 있으니 운은 바로 제2의 인생을 창조하는 귀중한 역할을 하고 있는 것이다.

그리고 삼원 원리로 대비한다면 命主는 天으로 시기요… 대운은 地로서 장소가 되며… 년운은 人으로서 노력이 되므로 따라서 하나의 인간이 발전하는 데는 삼자 중 어느 하나라도 흠이 있다면 기약할 수 없으니 세상을 살아가기란 그래서 쉽고도 어려운가 보다.

1. 정운법(定運法)

양남음녀(陽男陰女) 미래절(未來節) (순행(順行))

음남양녀(陰男陽女) 과거절(過去節) (역행(逆行))

양남음녀는 미래절이라 하는 것은 甲丙戊庚壬年에 출생된 남자와 乙丁己辛癸年에 출생된 여자는(지지는 무관) 생일에서부터 앞으로 오는 절입(節入) 일(日)까지 총 일수(日數)를 계산하고 음남양녀는 과거절이라 함은 乙丁己辛癸年에 출생된 남자와 甲丙戊庚壬年에 출생된 여자는 출생된 생일에서부터 지나간 절입(節入)까지 총 일수를 계산하여 정운(定運)한다는 것이다. 양남음녀가 미래절로 정운된 이유는 남자는 양이 지배하는 해에 여자는 음이 지배하는 해에 출생되어 제대로 태어났기 때문에 미래절 순행이 되며 음남양녀는 역으로 출생되어 역행 과거절로서 일수를 계산하고 또 절(節)은 입춘(立春) 경칩(驚蟄) 청명(淸明) 입하(立夏) 등을 말하며 正月 중 출생인의 미래절은 경칩(驚蟄)이요 과거절은 입춘(立春)이 되며 2월중 출생인의 미래절은 청명(淸明)이요 과거절은 경칩(驚蟄)이 되고 또 절(節)과 절(節)사이의 총 일수는 30일간이 상례이나 특별한 경우에는 33일까지 나오는 경우도 있다.

2. 운계산법(運計算法)

출생당일을 기준하여 미래절이나 과거절을 적용한 총 일수가 계산이 되면 계산된 일수를 3일에 운 1식을 정하는 법에 의하여 3으로 나누고 그 나누인 수로서 정운(定運)하면 되는데 가령 총 일수가 15일간이라면 15일을 3으로 나누면 5가 되므로 운은 5가 되며 12일간이면 12를 3으로 나누면 4가 되니 운은 4로서 결정되는데

운을 호칭할 때는 한 번 더 불러야 함으로 운1 운2 운3 또는 3운
이라 하고 운이 10일 때는 순(旬)이라는 대명사(代名詞)로 호칭되
며 한 번 더 호칭하는 이유는 그만큼 정확을 기하여야 되기 때문
이다.

(十旬 二十冠 三十立 四十井 五十命 六十順 七十稀
八十米 九十望 百白)

그리고 주의할 것은 계산하다가 잔여수가 1이 되면 공산하고 2가
되면 이미 정하여진 운에다 일운(一運)을 가산하여 사용하는데 가령
일수 계산이 14일간이라면 운4(運四)하고 2가 남게 됨으로 1운을
가산하니 운은 5로서 결정되는 것이다.

다음 대운은 운1에서 운순(運旬)까지 있으며 1운은 1세에서부
터 대운의 영향을 받으며 운2는 2세서부터 운5는 5세가 되어야
비로소 대운의 지배를 받게 되는데 이전에는 세운(歲運)의 영향만
을 받게 되며 또 운이 3이라면 3세 13세 23세 등 10년을 주기로
교차되고 대운을 기록할 때는 월주(月柱)를 기준하여 미래절은 육
십갑자를 순행시키며 과거절은 역행시키는데 월주(月柱)가 丙寅이
라면 순행시에는 3세부터 丁卯, 13세 戊辰, 23세부터 己巳가 지
배하는데 역행이라면 3세부터는 乙丑, 13세 甲子, 23세 癸亥運이
10년을 주기로 순환하면서 각각 지배하고 있는데 이 대운도 자세
하게 살펴보면 크게 분류한 계절의 작용이 사주에 미치는 영향이
무엇인가를 살피는 것이 대운인 것이다.

따라서 운을 대별할 때는 동방운(寅卯辰) 남방운(巳午未) 서방
운(申酉戌) 북방운(亥子丑)으로 호칭하고 있으며 사주를 하나의
비행기나 선박으로 비유한다면 대운은 정하여진 항로가 되겠고 순

행의 항로는 동동남, 남남서, 서서북, 북북동이 되며 역행의 항로는 동동북, 북북서, 서서남, 남남동이 되는데 이는 이미 정하여진 항로이기에 기류가 좋다고 하여(好運) 빨리 갈 수도 없으며 또 나쁘다고 하여 회피할 수도 없으며 항해 운 중 암초에 걸려 파선이 된다 하여도 일정한 시간의 흐름에 따라 직면하게 되어 있으니 사람의 힘으로는 대운을 바꾸어 놓을 수 없는 것이 한스러울 뿐이다. 그리고 대운을 인생의 한 단편으로 견주어 볼 때 평균 수명을 60세로 한다면 대운에서의 地支는 여섯밖에 적용되고 있지 않기에 60년을 줄이면 6年이 되고 또 줄이면 6월 6일 6시간 6초밖에 안 되므로 4차원의 세계가 바로 여기에 있으며 따라서 70세를 삶 하다가 가는 인생이라 하여도 살아있는 것 자체가 잠시에 불과함으로 너나할 것 없이 죽기가 싫어 눈을 뜨고서 죽는가보며 그래서 지나간 세월일수록 덧없기만 하나 보다.

다음 정운할 때 주의할 것은 순행시 戌時나 亥時 生이 입절(入節) 시간도 子時나 丑時이고, 역행일 때 子時나 丑時生이 입절(入節) 시간마저도 戌時나 亥時라면 2시간 내지 4시간 때문에 2일간이 계산되고 있어 1운의 착오가 생기며 또 출생 시간이 午時인데 입절(入節)시간도 午時라면 만 12시간 즉 1일을 가지고 2일간이 계산됨으로 이 또한 정운에서 주의하여야 되는데 항간에서는 이러한 원리는 생각하지도 않고 무조건 정하여진 운에서 1운을 멸(滅)하여야 맞는다고 고집하고 있으며 또 계산일수가 1일 미만일 경우는 0세부터, 33일간인 경우는 11세부터 대운이 지배하는 특별한 경우도 있다는 것을 명심하기 바란다.(고로 태아도 완전한 생명임)

일수별로 알기 쉽게 정리하여 보면……

0,1	2,3,4	5,6,7	8,9,10	11,12,13
운	운	운	운	운
0	1	2	3	4
0	1	2	3	4

14,15,16	17,18,19	20,21,22	23,24,25
운	운	운	운
5	6	7	8
5	6	7	8

26,27,28	29,30,31	32,33,34
運	운	운
9	旬	11
9	旬	11

다시 한 번 정운법을 간추려 본다면

① 양남음녀와 음남양녀를 구분하고

② 양남음녀는 미래절 음남양녀는 과거절로 총 일수를 계산하여

③ 3으로 나누어 나누인 수로 정운하되 남은 수가 1이면 공산(公算)하고 2가 되면 1운을 가산(加算)한다.

④ 순행에서 戌時나 亥時 生에 입절 시간이 子時와 丑時, 역행에서 子時나 丑時 生에 입절 시간이 戌時나 亥時는 계산에서 제외하고

⑤ 대운의 기록은 월주를 기준 하여 미래절은 순행 과거절은 역행으로 육십갑자를 기록하되 10년을 주기로 순환시키며

⑥ 사주에 대비한 대운의 관계는 용신과 대운, 일간과 대운, 그리고 年月日時支와 合沖刑殺 생극(生克)은 물론 모든 길흉신(吉

凶神)을 대비하여 결론을 내린다.

3. 정운(定運) 계수원리

天干은 열이 되어 10을 일주기로 순환하고 있기 때문에 옛날부터 십년이면 강산도 변한다고 했다. 모든 사물도 10을 기준으로 주기적인 변화를 하고 있음으로 우리 인간의 영고성쇠(榮枯盛衰)도 예외일 수는 없는 것이다.

따라서 육십갑자도 육순(六旬→旬은十) 즉 甲子旬·甲戌旬·甲申旬·甲午旬·甲辰旬·甲寅旬으로 10으로서 구성되어 있고 (60÷10＝6) 일순(一旬)이 10년식(式)에 해당하며 순환하고 대운도 10년에 한 번씩 교체되는데 이것은 계절과 같이 봄이 가면 여름이 오고 여름이 가면 가을이 오면서 운행하고 있는 것과 같으며 운의 행진도 사주의 월건(月建) 즉 월주(月柱＝月令)를 기준하여 시작하고 있다.

그런데 월절(月節)은 입춘(立春)에서 경칩(驚蟄)이 30일간, 경칩(驚蟄)에서 청명(淸明)이 30일간으로 그 30일간을 기준 하여 한 번식 교체되고 대운은 10년에 한 번식 교체되고 있기 때문에 대비하여 본다면 10年대 1개월로 3600÷30＝120일이 되어 절운(節運)의 1일은 대운의 120일에 해당하고 이 120일은 360즉 1년의 3분지1에 해당하여 절운(節運)의 3일을 모아야 대운의 1로서 1년 360일에(120×3＝360) 해당하기 때문에 절운 3일에 대운 1식을 정하게 되는 것이다.

그리하여 절운의 3일은 운 1식으로 시작하여(30÷3＝10) 절운 10으로 멎게 되어 절운 1은 대운 1年에 해당하고 절운 순(旬)은 대운 10년으로 한 번식 주기적으로 교체하고 있다.

　절운순환 : 1삭(朔)(30) 절운1일(3) 절운10 (30일) 1개월

　대운순환 : 1년(3600) 대운1年(3600일) 대운10 (3600) 10年

이 표와 같이 절운 1이 3일에 해당하여 운 1년식이 되고 절운 10

이 30일에 해당하여 운 10년 식으로 순환하기 때문에 3일이 운 1

식이 되는 것이다.

4. 정운(定運) 예시

1) 단기 4315年(서기 1982년) 3月 3日 酉時生

癸　己　癸　壬　남자

酉　酉　卯　戌

운

|

63.　53.　43.　33.　23.　13.　3.

庚　己　戊　丁　丙　乙　甲

戌　酉　申　未　午　巳　辰

　이 사주는 壬戌生 양남으로 미래절 즉 청명(淸明) 입절(入節)일

까지(3월 12日 午時) 총 일수는 9일간이 되며(만 9일간) 3일을 3

으로 나누면 과(過)도 부족(不足)없는 3이라 대운은 3으로 결정되

면서 월건(月建) 癸卯를 기준하여 3세부터는 甲辰運 · 13세부터는

乙巳運 · 23세 丙午運 · 33세 丁未運 · 44세 戊申運 · 53세 己酉 ·

63세 庚戌運이 지배하고 있으며 또 남남서로 항진하고 남방운, 서

방운의 영향을 받아야 하는데 대운이 사주에 미치는 영향이 좋으면 길운이요 나쁘면 흉운이라고 한다. 추명하건데 癸卯月에 己土 일주가 金이 왕하여 火土가 필요하니 丁未運까지는 무난하겠는데 43세 戊申 運부터는 金氣 당권으로 필요한 火土가 구몰이라 20년간을 불행으로 삶 하여야 됨은 물론 심하면 생명까지도 위협을 받게 된다.

그리고 大運의 주기가 10年이라고 하여 大運 干支의 天干을 5年間 地支를 中運이라고 하여 5년간씩 구분하여 추명하는 학자들이 많은데 필자는 이 논법을 배제하고 있다. 그 이유는 庚申이나 辛酉運처럼 干支가 모두 金일 때는 구분할 필요가 없으며 또 甲申이나 乙酉처럼 天干 甲乙木이 좌하(座下) 地支 金에 金克木 당하고 살지(殺地)에 절궁(絶宮)으로 사목(死木)일 때는 木克土는커녕 등잔불마저도 生할 수 없어 木으로서의 임무를 상실하였기 때문이며 혹 甲5年에 발하였다고 하면 이는 대운의 작용이 아니라 年運의 작용인 것이기 때문이다.

※ 대운추명에서 주의할 것은 ※

① 대운은 원명(原命)의 한 기둥과 같고

② 원명(原命)의 전 오행은 대운의 영향에 지배를 받으며

③ 원명의 天干이 地支에 의하여 살지(殺地)가 되었다 하여도 운에서 힘을 얻으면 다시 살아나서 행세할 수 있다.

④ 원명의 天干이 사지(死地)에 있으면서 대운에서 수제(受制)되면 이는 완전 피상(被傷)되나

⑤ 원명의 干支는 대운의 지지에 의하여 좌우되며

⑥ 원명의 지지와 대운의 지지와의 合沖刑 등의 변화를 잘 살피고

⑦ 天干이 흉신이라 하여도 地支가 길신이라면 天干은 흉신이 아니라 길신으로 변화하며

⑧ 용신의 작용은 대운의 길(吉)과 흉(凶)만을 나타내나

⑨ 무엇으로 하는 것은 日干과 대운, 운을 대조하여 오행·육친·길흉신수리·방위·성질 등을 파악하여 결론을 내리고

⑩ 대운이 좋다고 하여 모두 장관이 되고 거부가 되는 것이 아니니 원명과의 중화 즉 균형관계를 살필 것

⑪ 대운에서 일주는 육친으로 어떤 운인가를 살피고

⑫ 대운에서 유년운은 육친으로 어떤 운인가를 살핀다.

⑬ 일주와 대운 유년을 각각 육친으로 3원칙으로 논한다.

㉟ 十二 신살론(神殺論)

이 십이신살은 그 종류가 12가지가 되어 십이신살이라고 하며 또 일명 마전신살(馬前神殺)이라고도 한다.

12가지가 되어 十二支에 대비하여 응용되고 본래가 신(神)은 吉을 살(殺)은 凶으로 말하고 있으며 구성원리는 삼합에서 원유하고 있으니 삼합과 대비하면 이해가 빠르리라고 본다.

그리고 사주는 네 기둥밖에 없으므로 십이신살 중 넷만이 응용되며 때로는 같은 것이 중복될 수도 있는데 본명에만 응용되는 것이 아니라 대운 년운 월운 일운 할 것 없이 모두 해당하고 있다.

구분한다면 대운은 각기 다르나 년운은 12년마다 반복되면서 순환(循環)하고 월건(月建)은 매월(每月)이 같으며 일운(日運)은 12일마다 반복 순환하고 시운(時運)은 고정되어 있다. 앞으로 많이 응용할 터이니 잘 연구하기 바란다.

12신살의 명칭은 다음과 같다.

겁살(劫殺) 재살(災殺) 천살(天殺) 지살(地殺) 년살(年殺- 도화살) 월살(月殺) 망신살(亡神殺) 장성살(將星殺) 반안살(攀鞍殺) 역마살(驛馬殺) 육해살(六害殺) 화개살(華蓋殺)

십이신살의 작용면을 보면 다음과 같다.

겁살(劫殺) → (比劫)속패(速敗) 송사(訟事) 시비(是非) 도난(盜難)
　　　탈재(奪財) 분재(分財) 파산(破産) 낭비(浪費)

재살(災殺) → 수옥살(囚獄殺) 관재(官災) 송사(訟事) 납치(拉致)
　　　구속(拘束) 망명(亡命) 포로 군인(軍人) 법관(法官) 경찰 형
　　　무관(刑務官) 애환(哀歡) 질병(疾病) 효복(孝服) 수사기관(搜

査機關)

천살(天殺) → 천재지변(天災地變) 냉해(冷害) 한해(旱害) 수해(水害) 지진(地震) 상해(霜害) 효복(孝服) 곡상사(哭喪事) 소식두절(消息頭絶)

지살(地殺) → 지재(地災) 변화(變化) 여행(旅行) 이사(移徙) 도로(道路) 차량(車輛) 전출입(轉出入) 이동(移動) 불정착(不定着) 교통사고(交通事故) 해외출입(海外出入)

년살(年殺) → 도화살(桃花殺) 풍류(風流) 주색(酒色) 도박(賭博) 사교유능(社交有能) 애교만점 이성교재 시녀(侍女) 귀인(貴人) 忌神이면 배신(背信) 모략(謀略) 투서(投書) 교통사고

월살(月殺) → 고초살(枯焦殺) 질병(疾病) 잔질(殘疾) 냉해(冷害) 재발병(再發病) 한해(旱害) 고통살(苦痛殺)

망신살(亡神殺) → 망신(亡身) 구설(口舌) 손재(損財) 승부욕(勝負慾) 송사(訟事) 시비(是非) 관재(官災)

장성살(將星殺) → 통솔력(統率力) 만인군림 권병(權柄) 정치(政治) 주체강(主體强) 옹고집 군경(軍警)

반안살(攀鞍殺) → 높은 자리 안정(安定) 등과(登科) 외로운 싸움 옛것 묵은 것 지나간 것

역마살(驛馬殺) → 원행(遠行) 차량(車輛) 이동(移動) 수출입(輸出入) 이사(移徙) 객지(客地) 도로(道路) 여행 가속(加速)

육해살(六害殺) → 재발병(再發病) 구병(久病) 운전 마부(馬夫) 교통사고

화개살(華蓋殺) → 종교(宗敎) 신앙(信仰) 성실(誠實) 참모(參謀) 비서(秘書) 근면(勤勉) 부지런하다.

암기방법(暗記方法)

三合의 첫 자　　　지살　중간자 장성살 끝자　화개살
三合의 첫 자 沖　　역마　중간자 沖 재살 끝자沖 월살
三合局의 인수 첫자 겁살　중간자 년살　　끝자　반안살
三合局의 식신 첫자 망신살 중간자 육해살 끝자　천살

예시

木	火	金	水
亥 卯 未	寅 午 戌	巳 酉 丑	申 子 辰
地 將 華	地 將 華	地 將 華	地 將 華
巳 酉 丑	申 子 辰	亥 卯 未	寅 午 戌
驛 災 月	驛 災 月	驛 災 月	驛 災 月
申 子 辰	亥 卯 未	寅 午 戌	巳 酉 丑
劫 桃 攀	劫 桃 攀	劫 桃 攀	劫 桃 攀
寅 午 戌	巳 酉 丑	申 子 辰	亥 卯 未
亡 六 天	亡 六 天	亡 六 天	亡 六 天

십이신살도표(十二神殺圖表)

12神殺 年日	劫殺	災殺	天殺	地殺	年殺	月殺	亡身	長星	攀鞍	驛馬	六害	華蓋
亥卯未	申	酉	戌	亥	子	丑	寅	卯	辰	巳	午	未
寅午戌	亥	子	丑	寅	卯	辰	巳	午	未	申	酉	戌
巳酉丑	寅	卯	辰	巳	午	未	申	酉	戌	亥	子	丑
申子辰	巳	午	未	申	酉	戌	亥	子	丑	寅	卯	辰

㊱ 십이신살(神殺)의 응용

1. 겁살(劫殺)

겁살(비겁)→ 속패(速敗) 송사(訟事) 시비(是非) 도난(盜難) 탈재
(奪財) 분재(分財) 파산(破産) 낭비(浪費) 도난(盜難) 심하
면 사망 파산(破産) 등에 해당하고 있음으로

年支에 있으면 선조대에 또는 대인관계, 단명

月支에 있으면 부모대에 또는 형제관계, 단명

日支에 있으면 본인이나 배우자로 인하여

時支에 있으면 자손으로 인하여 겁살에 해당하는 일이 발생하며
이것을 초년, 중년, 중말년, 말년으로 응용하고 地支로만 응용되는
것 같으나 天干도 같이 작용한다는 것에 유념하기 바란다.

또 육친에 활용할 때는 인수가 겁살은 어머니·외가·친정·문
서·보증 등으로, 견겁은 형제·친구·식상은 수하인 여자는 자손,
재성은 처·첩·금전·여자는 시댁 식구로, 관성은 자손 여자는 부
군 또는 정부에 의하여 겁살의 작용이 발생한다라고 보면 되나 주
의할 것은 겁살 자체가 원명에 미치는 영향이 凶이 될 때에 한해
서이며 대운 년운도 대비하여야 한다. 집안에서 일어나는 일보다
밖에서 일어나는 일이 더욱 잘 맞아간다.

① 외부에서 빼앗긴다는 뜻이며 우연히 일어나는 災殃이다.

② 겁살에 괴강(魁罡) 양인(羊刃)이 있고 刑 沖하면 급한 상황이다.

③ 겁살이 장생이고 吉神이면 의외로 발전하며 자수성가한다.

④ 겁살은 우연히 발생하는 사건으로 탈취당한다.

⑤ 겁살이 중중하고 탁(濁)하고 凶으로 작용할 때는 도둑 성폭행(性

暴行) 난폭(亂暴) 겁탈(劫奪) 등 흉악(凶惡)한 변고가 생긴다.

⑥ 삼합은 합동사고이며 원진(元嗔) 공망(空亡)이 겹치면 도인(盜人)이다.

⑦ 겁살이 양인(羊刃)과 같이 있으면 검란(劍亂) 또는 교통사고다.

⑧ 삼합 중 겁살이 협하고 본 삼합을 형파(刑破)하면 가족이 연대사고(連帶事故)다. 水가 空亡·겁살이고 기신(忌神)이면 익사사고

⑨ 亥卯未에 申 : 겁살은 寅申巳亥이며 삼합의 절지(絶地)다. 2겁 3겁이면 난폭 흉폭성이며 도심(盜心)까지 생긴다.

　4겁이면 처자원한(妻子怨恨)하며 평생 수난을 겪는다.

⑩ 겁살이 기신(忌神)이면 무정(無情)·고집·도심(盜心)·사고·시비구설이다.

⑪ 겁살이 희신이면 총명(聰明)·지모(智謀)·민첩(敏捷)·용감(勇敢)·과단성(果斷性)

⑫ 인수 겁살 : 문학이 특출하고 지식인 외교 경쟁에서 승리

⑬ 편인 겁살 : 이도공명(異道功名)·구류술사업으로 대성

⑭ 식신 겁살 : 외교·활인·인덕·박사(博士)나 연구원

⑮ 재성 겁살 : 우연득재(偶然得財)·부격(富格)을 주도

⑯ 관성 겁살 : 관록·승승장구·타향관(他鄕官)

2. 재살(災殺) (水獄殺)

　재살(災殺)수옥살(囚獄殺) → 관재(官災)　송사(訟事)　납치(拉致)
　　　구속(拘束)　망명(亡命)　포로 군인(軍人) 법관 경찰 형무관
　　　(刑務官) 애환(哀歡)　질병(疾病)　효복(孝服)　수사기관(搜査
　　　機關) 등에 해당하고 있으며

年支에 있으면 선대에

月支에 있으면 부모나 형제에

日支에 있으면 본인이나 배우자에

時支에 있으면 자손에 또는 자손으로 인하여

재살(災殺)에 해당하는 사태가 일어나며 연주는 초년, 월주는 중년, 일주는 중말년, 시주는 말년으로 적용되기도 하나 직업자체가 법관·군인·경찰·형무관·사법권을 가지게 되면 재살(災殺)의 작용을 면한다.

다음 육친면으로 볼 때 일일이 표출하기 때문에 특이 사항만 기재하니 추리하는 방법과 이치를 터득하는데 주안점을 두기 바란다.

인수에 재살은 형법공부·필화사건(筆禍事件)·주택저당설정 압류
     (押留)·학원소요·계획변경

견겁에 재살은 형제와 친우(親友)로 인하여 관재가 발생하며 증인
     으로 출두하고 대리근무·차츰 차츰 멍들어간다.

식상은 여자는 자손에 남자는 부하에 사고 또는 배신당하며 사기
     당하는 것에 주의할 것이며

재성은 재산의 압류나 금전에 송사 또는 재산싸움, 여자로 인한 송
     사요 吉로는 군인·경찰·형무소 등을 상대로 돈을 벌 수
     있고

관살은 상사·업무관계·직업관계·여자는 부군으로 응용하고 있
     으나 각기(各其) 직업일 때는 재앙은 면하나 운의 대비도
     소홀히 하여서는 안 된다.

삼합의 가운데 자가 冲인 자가 재살 또는 수옥살이다.

3. 천살(天殺)

천살(天殺)은 천재지변으로 수해·한해·냉해·지진 등으로 인력으로서 감당하기 어려운 재앙을 말하며 이 살이 주중에 있으면 그 위치에 따라 육친에 의거하여 추명(推命)하되 사주에 미치는 영향이 吉이 되면 해(害)가 없으며 운에도 대비하여 추명하면 된다.

年月에 천살(天殺)은 자연환경에 역(逆)을 하는 경우니 일명 관재구설이다.

日時에 천살(天殺)은 가정에 노심초사, 재해로 인한 이사·전출, 갑작스런 변동사항.

인수는 재해(災害)로 인한 보상 또는 재난을 입는 것

견겁은 우연한 도움 내지는 분실·도둑·건망증

식상은 함정에 빠지는 것, 사기 당하는 것

재성은 식중독·전염병·독극물주의

관살은 국가의 비상사태, 쫓기는 것, 천라지망살(天羅地網殺)

4. 지살(地殺)

지살(地殺)은 움직이는 것·근거리·차량·도로·여행·변화 탈주·객지·해외·이사 등으로 해석되면서 역마와도 작용이 같으나 지살(地殺)은 적게·가까이·근교·역마는 멀고·장거리·크다 하는 차이밖에 없다. 따라서 역마나 지살을 동등하게 취급하나 활동을 많이 하고 적게 하는 차이일 뿐이다.

지살이 年柱에 있으면 선조대에 이향(離鄕)이요 해외출입 또는 영주(永住) 하여왔고 모든 것이 객지와 인연이 있으며

月支에 있으면 부모대에 이사가 많았고 타향이 고향이요

日支에 있으면 탈주하고 타향은 물론 이민에 배우자가 가까운 곳
　　에 인연이 되며 교통이 편리한 곳에서 삶하고

生時에 있으면 자손이 해외 나가며 활동이 많다.

또 육친면으로 지살 인수는 유학·양품·양옥·외국어·양복·
차고·해외소식·해외명성·여권 등이요

견겁은 해외친우(海外親友) 형제가 되며

식상은 자손이 해외 나가고 기술을 익히며

재성은 외화·양식·무역·해외혼인 등이고

관살은 외교관·해외지사장·외국인상사·운전기사이며 남자는
자손이, 여자는 부군이 해외와 인연이 있거나 출장이 많다.

日支와 삼합이 되면 변화가 있고 沖이나 형살(刑殺)이 임(臨)하
면 교통사고에 이국상망(異國喪亡-객사)이요 운전기사는 인사사고
교통두절 또는 교통법을 위반하고 지살(地殺)沖은 가편역마(街鞭
驛馬)라 하여 잘도 달리며 차중연애·타향성공·운수업·운동·여
행 등 여러 가지로 응용되고 있다.

5. 년살(年殺) (도화살)

년살(年殺)은 일명 도화살(桃花殺)·함지살(咸池殺)이라고도 하
며 포태법에서의 목욕궁 즉 패지와 같은데 앞으로는 도화살(桃花
殺)로 바꾸어 호칭한다. 이 도화살은 풍류·주색·사교유능·애교
만점·유혹·도박 등으로 응용되고 있다.

年支에 있으면 (日支기준) 도삽도화(倒揷桃花)라 하여 노랑(老郞)
　　이나 연상(年上)의 여인과 인연이 있고 선대에 주색으로
　　패망하였고

月支에 있으면 (年支기준) 월령桃花라 하여 모가재취(母家再取)·
　　서출(庶出) 또는 부모대에 풍류요

日支에 있으면 작첩동거(作妾同居)·배우자·풍류·연애결혼 등에
　　해당하고

時支에 있으면 편야도화(偏野桃花-들꽃)라 하여 기생작첩(妓生作
　　妾)·말년풍류(末年風流)·연하남자(年下男子)·딸과 같은
　　여자 혹은 부하나 제자와 연애하며

日支기준 월령도화는 원내도화(園內桃花)라 하여 유부녀 유부남과
　　통정하며 유혹에 잘 넘어가기도 한다.

인수는 모외유정(母外有情) 공부중 연애·첩모봉양(妾母奉養)·선
　　생님의 사랑 또는 사모하고 애정소설·유흥업·기생공부·
　　옷걸이가 좋다.

비겁은 풍류·탈재(奪財)·파산·형제풍류(兄弟風流) 또는 못된 친
　　구로 인하여 패망한다.

상관은 명예손상·삭탈관직(削奪官職)·자손풍류·부정포태(不情
　　胞胎)·딸과 같은 여자나 처녀만 좋아하고 첩(妾)에게는 후
　　(厚)하나 본처에게는 인색하고 직장 부하와 통정(通情)한다.

재성은 작첩치부(作妾致富)·처외유정(妻外有情)·연애혼인·의처
　　증·부친풍류·시모풍류·심즉 매간득재(賣姦得財)요.

관성은 작첩승진(作妾昇進)·득자(得子)·연애혼인·여자는 부군
　　연애 또는 사랑살이라고도 한다.

살성도화는 득병(得病)·상신(傷身)·관재·불안·배신 등이며 재
　　물과 몸을 다주고도 구타(毆打) 당한다.

　도화에 형살(刑殺)은 성병(性病)·관재·불안·배신·매 맞으

며 · 송사 · 수술 등이 따르고 天干合 地支刑은 곤랑도화(滾浪桃花)
라 하여 성병으로 신음(呻吟)하며 록방도화(祿房桃花)는 정록도화
(正祿桃花)라 미모를 자랑한다.

또 대운에서 도화가 지배하여도 본명에서의 추리와 같은데 다른
것이 있다면 그 운이 지나가면 작용이 안 되며 년운에서의 도화는
그만큼 지배하는 기간이 짧고 본명에 도화가 있을 때는 년운만 가
지고도 충분한 도화의 작용이 나타나나 주의할 것은 신체상으로
성(性)에 대하여 얼마만큼 발달하여 있는가를 살펴보아(신강 · 신
약, 남자는 재성과다 : 財星過多, 여자는 관살과다 : 官殺過多, 청탁
: 淸濁 등) 결론을 내릴 것이며 현 세대는 성(性) 개방시대이고 여
자는 자제력이 강한 반면 남자는 그러하지 못함이 다르다. 도화는
복숭아꽃으로서 분홍색을 띠고 있는데 남녀가 사랑을 느끼면 홍조
를 띠게 되어있고 옛날새색시가 연지곤지를 찍고 색시촌을 홍등가
(紅燈街)라 하고 한 이유를 알았으리라고 본다.

① 도화가 합하는 년이면 사통(私通)하는 해라고 본다.

② 도화가 吉神이면 총명하고 일귀(一貴)격에 속하며 인품이 고귀
   하며 용모가 단정하다.

③ 도화가 사절(死絶)이면 도박 주색에 가산을 탕진한다.

④ 도화가 천월덕이면 풍월을 하는 화려한 선비다.

⑤ 도화와 역마가 합하면 야반도주(夜半逃走)한다.

⑥ 여명에 日支 정관이 도화이고 吉神이면 귀격(貴格)의 남자를
   만난다.

⑦ 日支 정재가 吉神이고 도화면 처는 미색(美色)이다.

⑧ 도화 재성이거나 식신이 생재하면 풍류업 · 다방 · 술집 · 요정 ·

서비스업종으로 재물을 모은다.

⑨ 도화가 유년(流年)에 주중 식신과 干合하면 간음사(姦淫事)가 발생한다.

⑩ 도화가 형충(刑沖)하면 관재시비(官災是非)가 발생한다.

⑪ 주중 水多 명(命)에 도화가 있으면 남녀 공히 음란하다.

⑫ 木 도화가 空亡이고 천을귀인이 붙으면 기능인 예술인

⑬ 火 도화는 의류점·꽃집·장식

⑭ 金 도화는 음악(音樂), 水 도화는 주류·다방·목욕탕

⑮ 편재가 도화이고 吉神이면 여자가 색(色)으로 출세한다.

⑯ 도화 납음이 日干을 克하면 축이도화(枕姨桃花)라 하여 전염병이다.

⑰ 도화 귀인이 日干 또는 建祿(건록)을 합해오면 도움을 받는다.

⑱ 여자는 편관도 도화로 본다.

⑲ 도화가 있고 辰土나 未土가 있으면 꽃집으로 성공한다.

⑳ 도화가 암합을 하면서 日干을 합하면 상사병(相思病)

㉑ 도화가 기신(忌神)이면 교통사고를 조심하라.

㉒ 도화가 휴수(攜手)에 대귀살(帶鬼殺)이면 연예인으로 성공한다.(대귀살(帶鬼殺)은 年支 沖를 말한다.)

6. 월살(月殺) 고초살(枯焦殺)

월살(月殺)은 일명 고초살(枯焦殺)로서 잔질(殘疾)에 마르고 또 고초(枯焦)일에 씨앗을 뿌리면 발아가 안 되며 달걀을 안기면 부화가 잘 안 된다는 살(殺)이고 택일법에서도 이 날만은 자손이 귀하다 하여 피하고 있으며 생일과 생시가 모두 고초살이면 장자가

건각(蹇脚)에 비만체구(肥滿體軀)가 되기 어렵다. 체중을 줄일 때는 고초(枯焦)월을 택하라.

매사가 중도에 일이 막혀 잘 안 풀린다는 뜻이다.

종교에 뜻이 바뀌고 하는 일마다 매사가 지체한다는 것이다.

인수가 고초살이면 공부의 선택과목이 안 맞는다.

견겁이 고초살이면 형제나 친구가 적으며 병자도 있게 된다.

식상이 고초살이면 교통사고 주의 위반

재성이 고초살이면 빈한(貧寒)하고 처자(妻子)가 외롭다.

관성이 고초살이면 직업이 다변화 하고 단기적이다.

7. 망신살(亡身殺)

망신(亡身)은 글자 그대로 망신으로서 실수를 거듭한다는 것이다. 년지에 있으면 선조로 월지에 있으면 부모나 형제로 인하여 망신이며 후처소생이나 모가재취(母家再取)요, 日支에 있으면 배우자 또는 이성으로 인하여 망신이라 부부궁이 부실하고, 時支에 있으면 자손 또는 말년에 망신이며 인수는 부모, 견겁은 형제, 식상은 자손·수하·학생·재성은 여자·관성은 남자로 인하여 각각 망신이 발생한다.

일명 관부살(官符殺)이라 칭한다.

삼합의 생지다. 망신은 격전지로 승부를 주도한다.

日時에 있으면 평소에 관송(官訟)·시비·형액(刑厄)이다.

망신은 극왕(極旺)을 의미하니 종(終)을 내포한다.

망신은 겁살과 상충(相沖)되는 바 반드시 액(厄)이 온다.

망신은 관부살이므로 관송(官訟)시비다.

망신은 내부재액이요 무실(無實)의 죄를 입는다는 것이다.

망신은 승부를 다투는 전장이요 법정이다.

망신이 희신(喜神)이면 계산적이고 계획성으로 승(勝)한다.

망신이 기신(忌神)이면 시비·송사·관재·경거망동을 초래한다.

망신이 칠살을 만나면 대화(大禍)가 온다(七殺과 戰剋 경우)

망신과 원진(怨嗔)이 같이 있으면 타인 때문에 화(禍)가 급하게 온다.

망신이 식신이면 화술은 좋으나 잡담·음욕·주색·구설·손재다.

망신과 겁살이 합하면 무(武)를 주도한다.

日支가 망신이고 기신(忌神)이면 인처치화(因妻致禍)·인부치화 (因夫致禍)한다.

日支 망신이 편관이면 여명은 애인관계로 피액(疲厄)

내가 망신을 克하면 타인을 제압하여 의외로 발달한다.

인수가 망신이고 忌神이면 필화사건, 모(母)로 인하여 신상피액 (身上被厄)

주중 칠살과 망신이 전쟁하면 형처극자(刑妻剋子)하고 조업(祖業)이 없다.

망신이 공망(空亡)이면 백사구설·허용·사기성 있는 말이 많다.

흉격(凶格) 흉신(凶神)이면 기혈(氣血)이 고르지 않고 숙질환자 (宿疾患者)다. 록(祿)은 분주하고 바쁘다.

망신 건록 : 문장특출·화능·외교 능

식신 망신은 화능·언어잡다·음욕으로 구설·정을 많이 준다.

망신 장생 : 소년양명·초년발달

망신 칠살 : 조업파·형처극자·관송시비다.

망신 관대 : 관로(管路) · 통달 · 의외발달

日支 망신 : 인처치화(因妻致禍), 인부치화(因夫致禍)나 길신(吉
神)이면 의외흥륭(意外興隆)

망신도 희신(喜神)이면 작용이 적게 나타난다.

日時에 관부살(官符殺)은 특히 양인(羊刃)을 겸하면 살생형옥
(殺生刑獄)의 액(厄)을 당한다.

8. 장성살(將星殺)

장성살(將星殺)은 중심이 강하고 고집이 있으며 장수(將帥)로서
힘이 있기에 年柱에 있으면 선조대에 힘이 있었고

生月에 있으면 부모님이 고집이 대단하고 요령이 부족하며 인색하
고 시간이 길면 싫증이 나타난다.

日支에 있으면 당사자의 고집을 꺾을 수 없고 처가 건강하고 미모
에 애정을 표시한다. 그러나 시비는 있다.

時支에 있으면 자손에 해당하며 내적인 일로 추리한다.

또 육친별로 같은 방법으로 추리하면 된다.

9. 반안살(攀鞍殺)

반안(攀鞍)은 높은 자리 편안한 자리 또는 말안장과 같은 자리
로 해석되며 장성 역마와 같이 있으면 말을 탄 장군이니 무관으로
금의환향(錦衣還鄕)한다.

육해(六害) 역마(驛馬) 반안(攀鞍)은 마부를 둔 마차이다.

겁살과 반안살의 합은 야망이 크다.

인수가 반안살은 큰 건물에 욕심이 많아지고

견겁이 반안살은 위험에서 구출된다.

식상이 반안살은 안전제일주의에 빠져든다.

재성이 반안살은 전답의 부동산이 적격이다.

관살이 반안살은 해당되는 장까지 올라가는 것이 꿈이다.

10. 역마살(驛馬殺)

寅申巳亥가 역마살이다.

역마(驛馬)는 앞에서 지살(地殺)과 같기에 생략하나 좀더 범위를 넓혀 추리하고 寅과 巳는 비행기, 亥는 배, 申은 철도나 자동차가 된다.

역마는 달리는 것이니 원거리 또는 가속(加速)을 의미한다. 역마는 이동하는 동물이므로 이사·변혁·혁신·개혁 등이다. 역마는 원행 여행의 교통수단·차·선박·항공 등이다.

馬는 마부와 안(鞍)이 있어야 출발한다.

마전(馬前)1위는 안(鞍)이요 마후(馬後)1위가 육해(六害)다.

예) 亥卯未는 巳가 역마요 육해는 午이고 반안은 辰이다.

마(馬)가 생왕(生旺)이면 활동마(活動馬)요

사절마(死絶馬)는 노마(老馬)·공망은 휴마(休馬)다.

왕마(旺馬)는 초중년발(初中年發)이요

생마(生馬)는 노년발(老年發)이며 중말년이다.

사절쇠마(死絶衰馬)는 왕상(旺相)시 득에 역마(力馬)한다.

공망마(空亡馬)는 탈공(脫空)·生旺時에 기마(起馬)한다.

생왕마(生旺馬)는 대마(大馬)요 사절마(死絶馬)는 소마(小馬)다.

소년역마(少年驛馬)는 학업등 가출이요.

노년역마(老年驛馬)는 중풍 고혈압 등이다.

역마에 육해가 없으면 마부가 없는 것과 같으니 자가운전이다.

2~3인이 1마면 중도 사고·연대사고가 난다.

왕마(旺馬)는 큰 차요 사절쇠마(死絶衰馬)는 리어카·손수레 자전거다.

절로마(截路馬) : 甲申·丙申·庚寅·개두절각(蓋頭截脚)
　　　　　　　　　　　이동(移動)·변혁중사고(變革中事故)

재상마(宰相馬) : 태월(胎月)과 생일이 록지(祿支)이고 역마의 경우 고관대작

수령마(首領馬) : 월일시가 역마이고 천을인 경우 외교 감사

천리마(千里馬) : 亥가 역마인 경우

도백마(道伯馬) : 마가 시를 克할 경우 관로귀인(官路貴人).

절족마(折足馬) : 태월(胎月)이 역마이고 沖이면 연대사고

장애마(障碍馬) : 甲寅·庚申·癸亥·丁巳인데 克을 할 경우 이동 중 중단·중도사고·지체

교치마(交馳馬) : 두 마리가 같이 뛰는 것. 경쟁

대기마(帶旗馬) : 역마가 인수가 있을 때 기(旗)를 달고 달리는 것. 첨병마라고도 한다.

관성역마 : 교통·운송·무역·항공·해외·공사 등이다.

재성역마 : 경영·수송·운송·무역·외근·교역·통신

식신역마 : 직업이 외무·외근직·외교·봉사직·알선직·소개

인수역마 : 외국어학·여행·유학

천을역마 : 외교관·외무부·관인·국가대표직·비서직

망신역마 : 관재 구설, 사고 발생의 마다

편인역마 : 수금·행상·보험·천업직인(賤業職人)

상관역마 : 위법의 마·사고내포마·기예마(技藝馬)·위험마

칠살역마 : 조난고기·부모무연·군인·경찰·법관 깡패

편인이 희신이면 의사, 돈 싣고 다니는 역마

식신이 역마면 차로 전국을 돌아다닌다.

년운에 역마 관부(官符)면 관송 시비, 외경사건 발생

日干에서 봐서 역마위에 식신이 있으면 돌아다니며 장사한다.

11. 육해살(六害殺)

육해(六害)는 재발병과 긴 병(病)에 해당함으로

년주에 있으면 선조대에

생월에 있으면 부모님이나 형제에

생일에 있으면 본인이나 배우자에

시주에 있으면 자손이 긴 병으로 고생하며

또 초년 중년 중말년 말년과 육친에 연관시켜 추리하라.

12. 화개살(華蓋殺)

화개(華蓋)는 종교 신앙 학원 예술 근면 등에 해당함으로 년월
일시와 초 중 중말 말년 그리고 육친 대운 등에 연관시켜 추명하
고 다음 화개에 沖이나 刑이 있으면 개종이나 도중하차요 화개가
많으면 종교에 귀의하거나 독신에 많고 학교재단이 종교계에서 운
영하는 곳과 인연이 되며 재운은 종교로 취재하고(만물상, 매불행
위 : 賣佛行爲) 관성은 직업이 종교나 신도회장이거나 부부의 인연
이 종교로 인하여 생긴다.

甲午	丙申	辛丑	辛酉
편인 도화 재살 비겁 왕궁	망신 지살 편재 병궁	정재 화개 반안 상관 양궁	정재 장성 도화 정재 사궁

이 사주는 丙火 일주가 년지에 장성을 놓아 선조대에 완고하셨고 월지에 화개가 있어 부모대에 신앙이 독실하시어 본인도 그 영향 때문에 신앙을 가지게 되었으며 일지에 겁살이 있어 탈재가 많고 시지에 도화살이라 말년에 바람난다.

또 년주에 장성과 육해가 동림하고 있어 병이 났다 하면 크게 아프고 화개와 천살은 천재지변 때문에 신앙을 믿게 되었으며 겁살과 지살은 노중(路中) 또는 여행 중에 실물이 많고

장성 도화는 본인이 먼저 사랑을 청하며 재성에 장성은 처가 고집이 있고 상관 화개는 조모님이 불교신자요 인수 지살은 외국어에 능통하고 양옥에 해외와 인연이 있으며 비겁 도화라 여자 때문에 손재수가 있다.

다시 살펴본다면 정재다봉에 도화있어 바람피우는 것이 확실하고 중강격에 양일주요 장성이 둘이나 있어 고집이 대단하며 년주 재성에 장성이 있어 선조대에 부자였다고 하는 것처럼 복합적으로 살펴 집중된 면이 무엇인가를 알아 자신 있게 추명(推命)하면 된다.

㉟ 태식법(胎息法)(入胎四柱)

1. 입태월(入胎月) 아는 法

태식(胎息)이란 그 태아가 어느 달에 모태(母胎)에 입태(入胎)되었는지를 아는 법인데 그것은 그 출생 월에서 10개월을 거슬러 올라가 그 10개월 차 닿는 달이 입태월이라는 것이다.

예를 들어 10월이 출생월(出生月)이라면 그에 입태월(入胎月)은 출생월부터 전 10개월이기 때문에 그 년도 정월이 입태월이 되는 것이다.

그리고 5월이 출생월이라면 그에 입태월은 거슬러 10개월이 되기 때문에 그 전년도 8월이 입태월이 되는 것이다.

그 출생월 지지에서부터 순으로 4위 차에 놓고 그 출생월 天干으로는 그 천간 다음 字 닿는 것이 그에 입태월(入胎月)이 된다는 것을 기억해 두면 된다.

예를 들어 甲子 월생이라 하면 그 天干 다음 자 乙과 지지로는 子에서 4위차 卯를 합쳐보면 乙卯가 됨으로 그 사람의 입태월은 乙卯가 된다는 것을 알 수 있다.

만약 또 乙卯 월생이라 하면, 그 天干 다음 자 丙자와 지지 卯로서 4위차 午하고 합쳐보면 丙午가 됨으로 乙卯 월생 입태월은 그 전년도 丙午월이 되는 것이다.

2. 입태일(入胎日) 아는법

입태일(入胎日)을 아는 법은 전 입태월을 찾아서 안 다음 그 입태월(전월이나 후월 될 때도 있음)에서 자기의 출생 일진과 天干地支가 모두 육합이 되는 날짜를 찾아내면 그것이 그 자신이 모태(母胎)에 입태(入胎)된 날짜가 된다.

가령 庚寅年 丙戌月 己丑日 生이라면 출생월은 丙戌월이 되기 때문에 丙 다음 丁자와 戌에서 4위차인 丑이니 그 입태월은 전년도 丁丑월이 되고 입태일은 사주의 생일이 己丑일이므로 그 天干과 합하는 甲과 地支 육합이 되는 子가 합하여 甲子가 되니 입태일은 甲子일이 된다.

그래서 그 전년도인 己丑년 丁丑월 甲子일에 입태하였다는 것을 알 수 있다.

또 한 가지는 입태월에서 출생월까지는 물론 10개월이 보통이나 날짜로 따지면 각각 달라서 264일부터 296일까지 있게 되는데 입태일에서 출생일까지 기간을 명리학상(命理學上)에서는 태격(胎隔)이라고 한다.

그 계산법은 己丑年 12월 12일에 입태하여 경인年 9월 11일에 출생하였으면

己丑년 12월 12일에서 12월大 말일까지 19일 하고

庚寅년 정월小 29일 2月大 30일 합 59일하고 3月大 30일

4월小 29일 합 59일하고 5월大 30일 6월大 30일 합 60일 하고

7월小 29일 8월小 29일 합 58일 하고 9월 11일을 모두 합하면

19+59+59+60+58+11=266일이라.

266일이 태격(胎隔)이 되므로 己丑년 12월 12일 甲子일에 입태(入胎)하여 어머니 태중(胎中)에서 266일간 있다가 庚寅년 9월 11일 己丑일에 출생한 것이다. 時는 沖으로 맞춘다.

3. 태격(胎隔) 속견표

子午 일생……276일   丑未 일생……266일

寅申 일생……256일   卯酉 일생……246일

辰戌 일생……296일   巳亥 일생……286일

4. 대장군(大將軍) 운행법(방위의 욕패방)

亥子丑은 酉方. 寅卯辰은 子方

巳午未은 卯方. 申酉戌은 午方

일시정지와 같으며 수리 증축 불가, 상하구별이 없다.

㊳ 길신류(吉神類)

길신(吉神)은 그 구성 자체가 지금까지 공부한 합, 육친 12운성법 등에서 많이 이용되었기 때문에 이해와 암기가 쉽겠으나 생극제화 원리가 길신보다는 앞서고 있어 아무리 자체 구성으로는 길신이라 하여도 사주 전체에 미치는 영향이 凶으로 작용할 때는 길신이라 할 수 없으며 또 길신도 너무나 많으면 종내는 병(病)이 됨으로 "합다합귀(合多合貴) 좋다 마소 홍등가(紅燈街)에 녹주(綠酒)부어 기생 몸이 된답니다"라는 말까지 나온 것이다.

1. 정록(正祿)

甲祿在寅	乙祿在卯	丙戊祿在巳	丁己祿在午
庚祿在申	辛祿在酉	壬祿在亥	癸祿在子

이 록에 구성은 지지 장간(藏干)이 天干과 같으면서도 같은 오행권에서 성립되고 또 12운성법에서도 관궁이며 육친으로는 地支 비견임으로 자기의 위치를 찾아 득근 하기 때문에 정(正)자를 붙였고 관궁으로 혈기 왕성이라 국가에 봉사한 대가를 받으니 이름하여 국록을 받게 되므로 록자를 따서 정록이라고 하였다. 그러므로 정록을 놓은 자 정직하고 타의 모범이요 국가 공무원에 식복은 있으나 비견이 되어 탈재(奪財)가 많고 고집이 있으며 부부궁에 흠(欠)이 있다.

그리고 辰戌丑未는 간방(間方)에 자리하고 음양이 혼합되어 있어 잡이라 정록이 임할 수 없으며 丙戊와 丁己가 공존(共存)으로

巳와 午가 정록이 됨은 포태법에서와 같이 火土가 공존하기 때문이고 또 辰戌丑未가 빠짐으로 숫자상으로도 맞게 되어 있다.

다음 정록이 월에 있으면 건록(建祿), 日支에 있으면 전록(專祿), 時支에 있으면 귀록(歸祿) 또는 일록거시(日祿居時)라 하며 또 天干이 地支에 자기의 정록(正祿)을 만나면 록근하였다 하고 정록이 刑이나 沖을 만났거나 타 오행으로 변화되면 吉은 반감(半減)될 수밖에 없으며 또 만약 정록이 연월일시에 모두 있으면 이는 견겁태왕 사주가 되어 흉이 되는데 음일주가 더욱 나쁘다.

2. 암록(暗祿)

甲日亥	乙日戌	丙戌日申	丁己日未
庚日巳	辛日辰	壬日寅	癸日丑

암록(暗祿)은 정록(正祿)과 육합이 된 자로 甲일의 정록(正祿)은 寅인데 亥와 육합이 되고 乙일의 정록은 卯인데 卯는 戌과 육합이 되므로 암록은 정록과 육합이 되고 있다. 즉 육합은 부부합으로써 부(夫)가 있는 곳에 처(妻)가, 처(妻)가 있는 곳에 夫가 찾아드는 것처럼 이 암록도 甲일주가 寅은 없고 亥만 있다면 寅 정록이 亥와의 합이 탐이 나서 寅亥로 찾아드니 甲일주는 亥로 인하여 寅 정록을 불로소득 한 결과가 되어 암록(暗祿)이라 하였다. 따라서 암록을 놓은 자는 안 좋은 환경에 처하였다가도 보이지 않은 도움으로 좋아지고 또 금전에 궁함이 없다는 吉神이다. 그러나 정록이 있을 때는 암록은 성립되지 않으며 또 암록이 刑이나 沖을 만나도 또한 같다.

3. 협록(夾祿)

甲日丑卯   乙日寅辰   丙戌日辰午   丁己日巳未

庚日未酉   辛日申戌   壬日戌子   癸日亥丑

협록(夾祿)은 정록(正祿)을 끼고 있다 하여 협록(夾祿)이라 하였으며 또 끼고 있다는 것은 地支의 순서로 볼 때 丑과 卯는 寅을, 寅과 辰은 卯를, 辰과 午는 巳를, 巳와 未는 午를 끼고 있다 하여 끼고 있는 자체가 일주(日主)에 대하여 정록이 되므로 협록이라 하였고 협록을 놓은 자는 친구나 친척 또는 타인의 재물 혜택을 많이 받는다는 길성인데 협록의 양자(兩者)중 하나가 沖 또는 刑을 만나거나 주중에 정록 또는 협록 자체가 흉신 일 때는 길신이 될 수 없다.

4. 교록(交祿)

甲申日 逢庚寅   乙酉日 逢辛卯   丙戌子日 逢癸巳

庚寅日 逢甲申   辛卯日 逢乙酉   癸巳日逢 丙戌子

丁己亥日 逢壬午   壬午日 逢丁己亥

이 교록(交祿)은 자기의 정록(正祿)을 서로 바꾸어 놓고 있다 하여 교록이라 하였고 정록은 식록(食祿)이요 본인 몫인데 나의 정록은 타가, 타의 정록은 내가 가지고 있어 이 교록을 놓은 자 무역·교역·물물교환·상업 등에 좋다는 吉神이다. 구성은 甲申 일생이 庚寅을 만나면 甲木의 정록은 庚金이 庚金의 정록은 甲木이 차지하였고 乙酉 일생이 辛卯를 만나면 乙木의 정록은 辛金이 辛

金의 정록은 乙木이 차지하고 있어 교록이 성립되나 알고 보면 이들은 甲庚 寅申 乙辛 卯酉로 각기 간충(干沖) 지충(支沖)이라 철저하게 파괴되어 교록이라 할 수 없고 丙戊子는 丙子 戊子요 丁己亥는 丁亥 己亥를 합칭한 것이며 또 나머지 교록은 본 구성 요건이 염천지절(炎天之節)에 水를 얻었고 한냉지절(寒冷之節)에 火氣를 얻어 조화를 잘 이루고 있어 더욱 吉命이 된다.

5. 문창귀인(文昌貴人)

甲日에巳　　乙日에午　　丙戊日에申　　丁己日에酉
庚日에亥　　辛日에子　　壬日에寅　　　癸日에卯

이 문창귀인(文昌貴人)은 정록으로부터 순행 4위차요 육친으로는 식상으로서 추리력·응용력·발표력·예지력·상상력이 되어 총명하고 문장력이 좋아 공부 잘한다는 길신이다. 생전에 문장으로서 학계와 인연이 있으며 여명은 소녀시절에 문학에 심취하고 듣는 것으로 암기가 잘된다는 것으로써 공부나 응용력이 풍부하다는 것이다.

6. 문곡귀인(文曲貴人)

甲日亥　　乙日子　　丙戊日寅　　丁己日卯
庚日巳　　辛日午　　壬日申　　　癸日酉

문곡귀인(文曲貴人)은 노력을 많이 한다는 귀인으로써 정록으로부터는 역행 4위차요 육친으로는 인수다. 학문에 탁월하고 암기력이 좋으며 지구력을 가지고 파고드니 문장력에 깊이가 있어 읽어 볼수록 진 맛이 나고 특히 사후에도 더욱 빛이 난다는 길신이며 학계와 인연이 있어 평생을 두고 공부와 씨름한다. 그리고 문창귀인과 문곡귀인은 서로가 沖을 하고 있으며 본 귀성(貴星)에 沖이나 형살이 같이 있으면 복은 반감된다.

7. 옥당천을귀인(玉堂天乙貴人)

甲戊庚日 丑未　　乙己日 子申　　丙丁日 亥酉
　　辛日 午寅　　壬癸日 巳卯

이 옥당천을귀인(玉堂天乙貴人)은 이름 그대로 천을귀인이라고 하며 日干 대 주중에 대비하므로 甲일이나 戊일 庚일 생인이 주중에서 丑이나 未를 만나고, 乙일이나 己일생인이 子나申 丙일이나 丁일 생인이 亥나 酉, 辛일 생인이 午나寅, 壬癸일생인이 巳나 卯를 만나면 성립되고 작용은 중앙관서에 근무한다는 것이다.

그러나 刑이나 沖 또는 金局으로 변화되었거나 사주에 미치는 영향이 기신으로 작용한다면 귀인이 될 수 없고 천을귀인이 일주 자체로 구성되는 자를 일귀라 하는데 癸巳일과 癸卯일은(日貴), 丁酉 · 丁亥일은 야귀(夜貴)로서 4일간이 있다.

8. 천주귀인(天廚貴人)

甲丙日에 巳月　丁乙日에 午月　己日에 酉月　戊日에 申月
庚日에 亥月　　辛日에 子月　　壬日에 寅月　癸日에 卯月

이 천주귀인(天廚貴人)의 구성 원리는 육친으로서 식신에 해당하고 있어 주중에 식신이 잘 구성되어 있을 때는 바로 천주귀인이 되고 또 이 길신을 놓으면 건강 수명연장 의록(衣祿)이 풍족하다는 것이다.

9. 천사성(天赦星)

寅卯辰월 戊寅일　　　巳午未월 甲午일
申酉戌월 戊申일　　　亥子丑월 甲子일

이 천사성(天赦星)은 처세가 원만하고 대병(大病)이나 면죄부나 또는 재난을 당하였다가도 사면이 되어 복귀를 누린다는 좋은 길신이다. 사주에 미치는 영향이 凶이 되면 吉星이 될 수 없다.

10. 천월덕귀인(天月德貴人)

寅-丁丙 · 卯-申甲 · 辰-壬壬 · 巳-辛庚 · 午-亥丙 · 未-甲甲
申-癸壬 · 酉-寅庚 · 戌-丙丙 · 亥-乙甲 · 子-巳壬 · 丑-庚庚

이 천월덕귀인(天月德貴人)은 천덕·월덕귀인을 합칭한 말이며 작용은 선조의 유덕에 천우신조(天佑神助)로 재앙이 소멸되고 또 인수가 겸비하면 소식자심(消食慈心)한다는 吉星이다.

구성원리는 三合에서 원유하였으니 정월에는 火巳월에 金, 칠월에는 水, 십월은 木으로 각기 장생궁이요 2월에 申甲, 5월에 亥丙, 8월에 寅庚, 11월 巳壬은 천덕은 암장끼리 암합되고 월덕은 왕궁에 각기 해당하고 3월에는 壬水, 6월에 甲木, 9월에 丙火, 12월

庚金은 각기 고장(庫藏)으로 되어 있으니 암기하는데 참고하기 바라며 이 귀성(貴星)은 택일(擇日)법에서도 응용하고 있는데 가령 정월중 丁일이나 丙일에 택일된 일진은 혹 다른 흠이 있다 하여도 길성으로 상살(相殺)되기에 사용할 수 있는데 다행히 다른 것도 길일이 된다면 이는 길일 중에서도 길일이라 하고 있다.

11. 천희신(天喜神)

寅月-未　卯月-午　辰月-巳　巳月-辰　午月-卯　未月-寅
申月-丑　酉月-子　戌月-亥　亥月-戌　子月-酉　丑月-申

정월생 기준 未를 역행시킨다. 목전(目前)에 흉사도 변하여 길이 된다는 길성이나 천희신 자체 일간(日干)에 미치는 영향이 흉이 된다면 성립이 안 된다.(알려주는 것·베푸는 것·경사·희소식·교육계)

12. 홍란성(紅鸞星)

寅月-丑　卯月-子　辰月-亥　巳月-戌　午月-酉　未月-申
申月-未　酉月-午　戌月-巳　亥月-辰　子月-卯　丑月-寅

천희신(天喜神)과는 沖이 되고 또 정월생을 기준으로 丑을 역행시키면 된다. 이 홍란성은 액(厄)이 감소하고 좋은 일이 연속된다는 길신이다. 다른 길신과 같이 沖이나 형살이 임하거나 주중에 미치는 영향이 흉이 되면 길성이 될 수 없다. 또 이 길신들을 대운 세운과도 한 번 대비하여 볼만하다.

13. 三奇星

① 天上 三奇 **甲戊庚** — 고귀성(高貴成)

② 地上 三奇 **乙丙丁** — 총명(聰明) · 자비(慈悲) · 박학(博學)

③ 人門 三奇 **壬癸辛** — 특이하다 · 수재재능 여자는 불미하다.

天上 三奇면 大富 · 人格이 淸高하다.

三合局이면 국가에 초석(礎石)의 인물(人物)이다.

여명에 甲戊庚 삼기는 호명이 못된다.

삼기(三奇)는 순식(丁丙乙또는庚戊甲)해야 하고 난립(亂立)하면 능력이 없다.

삼기가 년월일순이면 부귀겸전(富貴兼全)의 命이다.

삼기가 망신 겁살을 동반(同伴)하면 기풍(氣風)이 웅장하고 순식이면 심성이 청고(淸高)하고 포부가 원대하며 난립(亂立)이면 인내력이 부족하여 실증을 잘 내고 잘난 체를 잘한다.

乙丙丁은 야생자가 더욱 좋다 · 명리통달(名利通達) · 천재명

乙丙丁은 日 · 月 · 星이다.

甲戊庚은 주생자(晝生者)가 더욱 吉하고, 水局 또는 火局이 길하다.

乙丙丁은 金局 · 木局이 길하다.

14. 활인론(活人論)

일명 천의성(天醫星)이라고도 한다. 생월에 앞자가 천의성이다. 천의가 희신이지만 관인(官印)이 없으면 무면허다.

천의는 활인이니 의약 · 종교 · 역술 · 간호 · 사회사업 등이다.

천의에 양인이 있으면 의사가 많고 외과의사에 속한다.

천의(天醫)가 괴강(魁罡)이면 의사·종교가·간호원이다.

寅申巳亥는 외과·子午卯酉는 이비인후과·辰戌丑未는 내과.

천의가 생왕이면 의사가 많고 병사절묘면 무용지물이다.

일지가 천의성이고 희신이 되거나 합이 있으면 부부 중 일명은 의사나 약사다.

천의에 관인이 있고 인수가 희신이 되면 의약계교수다.

천의가 생태(生胎)는 산부인과 의사다.

천의에 재성이 건초(乾草)면 한의다·土인수도 같다.

地支가 천의(天醫)면 天干도 천의로 보라.

㉟ 흉살류(凶殺類)

제반 흉살(凶殺)이 주중에 있다고 하여 모두 작용되는 것은 아니고 일주가 허약하거나 또는 태왕하고 있을 때와 일주가 흉살(凶殺)로부터 克을 받거나 불운(不運)이거나 주중에 미치는 영향과 일주에 미치는 영향이 나쁠 때 흉살의 작용은 더욱 두드러지게 나타난다. 때에 따라서는 이 흉살도 자체구성으로는 흉살일지언정 일주에 미치는 영향이 좋을 때는 凶이 아니라 吉이 된다는 것이니 이러한 점에 주의하여야 하고 또 그렇다하여 흉살의 작용이 소멸되는 것이 아니라 잠복되어 있다가 불운(不運)일 때에 나타남으로 운이 나쁘면 나쁜 것으로만 연쇄반응을 일으켜 더욱 궁지에 몰리게 되는 것이다. 가령 주중에 子水가 어떠한 흉살(凶殺)에 해당하고 있으나 전체 사주 상황으로 보아서도 子水를 필요로 할 때는 子水가 흉살이 될 수 없다는 것이며 필요한 子水가 운에서 충파(沖波) 당하면 이는 필시 흉운이라 할 수 있고 또 이러한 때에 잠복 되었던 흉살(凶殺)의 작용도 복합적으로 발생한다는 것이다. 그리고 길신과 흉살을 대비할 때 길신보다는 흉살이 더욱 중요시되고 있는 것은 추길피흉(趨吉避凶)하고자 하는데 목적이 있다.

길신이든 흉신(凶神)이든 적중률은 같은데 좋은 것은 지나쳐버리기 쉽고 나쁜 것일수록 기억에 남게 되기 때문이니 비유하건대 손톱 밑에 가시가 든 것은 잘 알면서도 공기 속에 산소가 없으면 죽는다는 것을 망각하고 있는 것과 같다 하겠다. 어찌 되었든 흉살(凶殺)에만 너무나 치우치지 말고 사주 구성을 잘 살펴서 균형을 찾고 오행의 과다(過多)와 생극제화에 기본을 두고 계절 즉 때(運 포함)를 잘 참작하여 결론을 내릴 것이며 또 조그마한 살(殺)하나를 가지고 피 감명자가 모른다하여 엄청나게 불리어 오도를 하여서는 절대로 안 될 것이니 명심하기 바란다.

만약에 알면서도 오도를 하게 된다면 이는 결코 본인은 물론 대대손손이 모두 불행에서 헤어나지 못하게 될 것이다. 그리고 여기에서 기록하고 있는 흉살만이 흉살이 아니라 오행의 과다(過多)나 부족으로서 吉과 凶이 분류되고 또 육친의 변화로 상대에 따라 얼마든지 흉신의 작용은 일어난다는 것을 참고하기 바란다. 또 흉살에 沖이나 형살(刑殺) 등이 병림하면 흉이 더욱 가중되나 구성에 따라 합국으로 변화되어 흉살의 작용이 소멸될 때가 있으며 첨언한다면 현재는 모든 보험제도가 실시되고 있으니 만큼 상황에 따라 잘만 이용한다면 득이 많을 것이다.

1. 급각살(急脚殺)

寅卯辰 월생은 亥나 子   巳午未 월생은 卯나 未

申酉戌 월생은 寅이나 戌   亥子丑 월생은 丑이나 辰

2. 단교관살(斷橋關殺)

월	1	2	3	4	5	6	7	8	9	10	11	12
	寅	卯	申	丑	戌	酉	辰	巳	午	未	亥	子

급각살(急脚殺)과 단교관살(斷橋關殺)은 구성요건은 다르나 작

용은 같기 때문에 한데 묶어서 설명하기로 한다. 주중은 물론 운에서 만나도 작용되며 1월 2月 生은 자체로서 단교관살이 작용되고 있다. 그리고 무엇이든 원명(原命)에 있으면 선천적으로 가지고 출생되었기 때문에 언젠가 한 번은 치러야 할 홍역이며 이는 불운일 때에 나타난다. 또 운에서 작용되고 있는 것은 그 운만 지나가면 해당되지 않는다.

이 殺들의 작용은 심하면 기형아(畸形兒—꼽추·난쟁이·언청이 등)·소아마비(小兒痲痺)·고혈압(高血壓)·풍질(風疾)·반신불수(半身不隨)·수족이상(手足異常)·산후풍(産後風)·골절(骨折)·풍치(風齒)·상치(傷齒)·낙상(落傷)·저능아(低能兒)등이며 쥐가 잘나고 팔과 다리를 잘 삐는데 이 살이 살국(殺局 또는 官殺局)을 이루거나 또 사주가 중화를 실도 하면 가중되며 위치별과 육친 등으로 모두 응용되고 있다. 가령 선조의 자리에 이 살이 있으면 조부모님이 수족(手足)에 이상(異常)이 있었거나 아니면 신경통(神經痛)·혈압(血壓)·풍질(風疾) 등으로 고생하시다가 돌아가셨으며 또 년주의 편재 부친이 급각살이나 단교관살이 같이 있으면 부친께서 선영에 참배 갔다 돌아오시는 길에 다리를 다치셨다고 할 수 있다. 재성 처에 이 살이 있으면 妻가 수족(手足)에 이상(異常)이 있거나 아니면 혈압·풍질·신경통(神經痛) 등으로 고생하며 수족에 이상이 있는 여자를 보아도 오히려 측은한 마음이 앞서게 된다. 또 자손 궁에 이 살을 놓으면 자손 때문에 걱정이 끊일 사이가 없다고 할 수 있다.

다음 이 살에 관계없이 작용이 똑같이 나타나고 있는 것은 木日主 木多 수목응결(水木凝結)·金水냉한(冷寒)·과습(過濕) 그리고 지나치게 건조(乾燥)할 때와 역마 지살이 刑이나 沖을 당하여 신태약일 때 해당하고 있다. 이유는 木은 신경계통으로 과다(過多)는 경직(硬直)됨이요, 수목응결(水木凝結)은 냉풍(冷風)이 심하여 서이고, 금수냉한(金水冷寒)은 동결되고 과냉(過冷)이 되며, 습(濕)은 풍(風)으로 통하고, 건조(乾燥)함은 火氣 太旺으로 중화를 잃으며, 역마 지살의 대용은 팔과 다리인데 刑이나 沖은 고장이 생겼기 때문이다.

丙　乙　癸　癸

子　卯　亥　亥

이 사주는 乙木일주가 亥亥로 水多木浮요 癸亥子水로 水가 많으며 水木이 응결되고 있어 凶이 가중이라 노래(老來)에 풍질로 고생하고 있다. 時上에 丙火있어 응결이 안 될 것 같으나 습목(濕木)이요 목다화식(木多火熄)되여 丙火는 아무런 도움이 되지 않는다.

3. 귀문관살(鬼門關殺)

子酉　　丑午　　寅未　　卯申　　辰亥　　巳戌

이 귀문관살(鬼門關殺)은 주중 또는 운에서 만나도 성립되며 앞에서 공부한 원진살(怨嗔殺)과 비슷하나 단 寅未와 子酉만이 다르고 있다.

이 살의 작용은 영리하고 엉뚱한 데가 있으며 까다롭고·지나치게 기쁘며·정신이상·신경쇠약·정신박약·변태성·불감증·간질·

동성동본혼인·신경질·심하면 근친상간까지도 해당된다. 이 살의 작용은 위치별과 육친별로도 응용되고 있으며 일주가 강하면 본인에 미치는 영향은 반감된 반면 타 육친 즉 약한 육친에게 나타나고 일 주가 약하면 본인이 직접 이 살의 영향을 받게 된다. 木 일주 수목 응결은 저능아·말더듬이 등에 많고 水 日主 水氣태왕은 신기(神氣) 가 있으며 火 日主 火氣 太旺은 정신질환이 있는데 火土日主 심약 (甚弱)과 관살태왕에서도 많이 나타나고 있다.

이 살을 응용하여 본다면 일지와 년지가 귀문관살이 되면 선조 때문에 신경 쓸 일이 생기고 조상을 원망하며 동성동본과의 혼인 으로 번민하고 재성이 임하고 있으면 년상여인이나 유부녀(有婦女) 를 사랑하며 관성은 유부남이나 노랑(老郞)과 인연이 있다. 여명에 살성 귀문관살(鬼門關殺)은 강간당하며 재와 인수에 귀문관살은 모처(母妻)가 불합하고 일시로 해당하면 자손 때문에 걱정이 많다. 다음 변태성과 불감증은 극과 극으로서 초학자는 구분하기 어려우 니만큼 함부로 말하여서는 안 되고 변태성이 아니면 불감증이라고 몰아서 말할 수밖에 없는데 보통 금수냉한(金水冷寒)과 신태왕 또 는 신태약은 불감증환자가 많다.

戊　乙　乙　癸

子　卯　卯　亥

이 사주는 乙木 일주가 亥卯子로 水木이 응결(凝結)되었고 1점 火가 없어 저능아에다 간질까지 겸하고 있다.

4. 탕화살(湯火殺)

寅　　午　　丑

탕화살(湯火殺)의 작용은 음독·중독·비관·화상·화재·폭발물·화공약품·총상·파편상으로 작용하고 있으며 직업으로는 약사·독극물취급·위험물취급·소방관·소방설비 등에 해당하는데 년월일시 또는 육친 등으로 활용하고 있으며 운에서도 작용 또한 같다. 湯火殺 하나만 있으면 경미하나 탕화가 국을 이루어(寅午) 일주를 克하면 본인이 탕화살로 인하여 피상 되며 해당된 육친 또한 같다. 가령 탕화살 국에 자손이 피상 되면 끓는 물이나 불에 의하여 자손하나 잃어버리고 관성이면 부군, 재성이면 처첩·부친·시모에 해당하고 있다. 탕화살에 타흉살(他凶殺)이 병림하면 (沖刑等)더욱 凶하게 작용되며 그 중에서도 丑午는 육해 귀문관살 등이 겹치고 있어 다른 것에 비하여 적중률이 높다. 오행 중에서 탕화살과 같이 작용되고 있는 것은 火氣 태왕 사주이니 병행하여 추명하기 바란다.

辛　壬　辛　庚
丑　寅　巳　午

이 사주는 壬水 일주의 庚金 인수가 어머니가 午 탕화살에 임한 중 巳午 寅午로 탕화살국(湯火殺局)이요 또 寅巳로 刑하여 火氣가 폭발로 克金(인수=어머니)하여 어머니가 종래는 음독자살 하였고 재성이 또한 탕화인데 일지(처궁) 또한 탕화라 그 처도 자살하였다.(火는 多者 無者)

5. 현침살(懸針殺)

현침(懸針)은 **甲申·乙酉·辛卯·癸丑·甲午·壬戌·己卯일**이다.

현침은 침술·수술·활인·도살(屠殺)·살생 신(神)이다.

현침 희신은 의사·활인(活人)·침술 등으로 명성이 있다.

현침 기신(忌神)이면 수술·도살·불량아·범법자·검란·횡액이다.

주중에 형다(刑多)하고 현침살이 있으면 도살(屠殺)·의사·포수·수술·검란(劍亂)·횡액·참을성이 없다·성격이 급하다·직언을 잘한다

6. 형살법(刑殺法)

삼형살(三刑殺)은 관재·사고·도난(盜難)·질병·사망·실종·손재(損財)·화재·이별·고집·억지로 행동하는 것.

① **寅·巳·申** 무은지형(無恩之刑)

자동차사고·비행기사고·송사·납치·실종·마약중독·화재·운에서도 마찬가지다.

② **丑·戌·未** 지세지형(地勢之刑)

수술·복부(腹部)·위장(胃腸)·허리·음식·골육상쟁·근육·치질·피부질환·맹장(盲腸)·독극물·약초·부동산·관재·송사

③ 상형살(相刑殺) : **子·卯** 무례지형(無禮之刑)

에이즈·화류병·방광·수술·이병(耳病)·비뇨기계통질환(泌尿器系痛疾患)·지방간

191

④ 자형살(自刑殺) : **辰 · 午 · 酉 · 亥**

수족이상 · 신경성질환 · 수인성질환(水因性疾患) · 피부질환

삼형살(三刑殺)은 寅巳申 · 丑戌未로 삼자가 만나 형살(刑殺)이 성
립되어 삼형살이라 하였고

상형살(相刑殺)은 子와卯가 서로 刑을 한다하여 상형살(相刑殺)이
라 하였으며

자형살(自刑殺)은 辰午酉亥가 각각 스스로를 刑한다 하여 자형살이라
고 하고 있으나 이 자형살만은 다른 형살에 비하여 작용이 뒤
떨어지고 있는데 이유는 辰과 辰 午와午 酉와酉 亥와亥는 동
합(同合)으로 작용되기 때문이다.

그러나 년월일시에 辰午酉亥가 있다면(순서는 바뀌어도 됨) 이
는 타 형살(他 刑殺)과 동일하게 취급하여도 된다.

본 형살(刑殺)의 구성은

寅巳申의 경우 寅에서 앞으로 네 번째가 巳가 되고 뒤로 열 번
째도 巳가 되며 巳에서 순(順) 4위는 申이요 역(逆)10위는 申이
된다.

또 丑戌未의 경우 未에서 戌까지는 순 4위에 역 10위가 되고
戌에서 丑까지 또한 순행 4위에 역행 10위요

子卯의 경우는 子에서 卯까지가 순행 4위요 子에서 역행

10위가 卯가 되므로 형살(刑殺)이 되는데

辰午酉亥만은 이러한 방법에도 해당하지 않고 있어 형살(刑殺)
의 작용이 그만큼 부실하고 있으며 이 자형살은

寅申巳亥에 사생지국(四生之局)에서 亥

子午卯酉에 사왕지국(四旺之局)에서 午와 酉

辰戌丑未에 사묘지국(四墓之局)에서 辰이 빠져 자형살(自刑殺)로 나타나고 있는 것이다.

전 4위의 4수(數)는 사혹(四惑)이요 사혹(四惑)은 네 가지의 모자람을 말하고 역(逆) 10위의 10수(數)는 십악(十惡)에 해당하여 모반(謀反)·모대역(謀大逆)·악역(惡逆)·부도(不道)·불목(不睦)·불의(不義)·내란(內亂) 등 세상에서 제일 나쁜 것만 지적한 것이 사혹(四惑) 십악(十惡)이니 어찌 평안 할 수 있겠는가! 하여 형살이라는 명칭이 붙게 되었다.

형살의 작용은 관재·송사·사고·형벌·재앙·파괴·실종·납치·두절·감금·쟁투·중독·수술 등 다양하게 응용하고 있으며 직업으로는 의사·법관·군인·경찰·형무관·기술자·사법권 등의 업종에 종사하게 되는데 충(沖)보다도 더욱 나쁜 것이 이 형살(刑殺)이기도 하다.

본 형살이 년월에 있으면 선조와 부모가 불합하였으며

月日支가 형을 하면 부모 형제는 물론 모처간에도 불화하고

日時가 형을 하면 자손불합에 동거도 어렵고 물려준 재산 보존할 수 없으며

年日이 형살이면 선조 봉사 무성의에 심하면 선조(先祖)를 잃어버리고

인수가 형상이면 공부로는 형법 또는 기술를 배우며 가정으로는 어머니 잔질 또는 불구요 흉사나 실종 될 수 있고 하는 일에도 두서가 없다.

관살이 형살이면 부군이 기술자나 군인 경찰이요 또는 사고가 많

으며 납치·실종이 염려되고 아니면 마약이나 알코올중독으로 고생하는데 남자는 자손에 해당하며 의사나 법관에 입신하여본다.

재성에 형살이 임하면 일도파산(一道破産)에 부친과 인연이 희박하며 내 돈 쓰고 구설수 있고 항상 돈에 구설이 따르며 본처와도 해로가 어렵다.

식상에 형살이 임하면 자손과 수하에게 사고가 많고 수술하여 자손 낳으며 자손으로 인한 관재다.

견겁에 형살은 형제나 자매간에 이상이 있고 친우(親友)와도 불목(不睦)인데 형살 위의 天干도 동일한 방법으로 추리(推理)하면 된다.

그리고 운에서도 주중의 어떠한 육친과 위치가 형살이 되는가를 살펴 추명하여야 되는데

가령 日支가 刑을 當하면 그運에는 송사·관재·수술·사고 등에 주의하여야 되고 나아가서 수술부위·사고의 원인 등은 오행과 육친 등을 대조하여 지적하면 된다.

다음 寅巳申이 무은지형(無恩之刑)이 됨은 寅中丙火가 巳中戊土를 生하고 巳中戊土는 申중 庚金을 生하는데 장간(藏干)으로 모르게 生을 받아 은혜(恩惠)를 받았는데도 刑을 한다하여 무은지형(無恩之刑)이라고 하였고

丑戌未는 丑도 土요 戌도 土며 未도 土로서 각기 자기의 세력(勢力)을 믿고 刑을 하고 있으므로 지세지형(地勢之刑)이라 하였으며

子卯는 水生木으로 부모와 자손인데도 형살(刑殺)이라 부모도

모른다 하여 무례지형(無禮之刑)이라 하였는데 이것 또한 응용한다면

　무은지형(無恩之刑)은 은혜(恩惠)를 망각(妄覺)하고

　지세지형(地勢之刑)은 쟁투(爭鬪)가 많으며

　무례지형(無禮之刑)은 예의(禮儀)를 모른다 하겠다.

　형살에서도 다른 것과 같이 巳申이 형(刑)할 때 酉가 개입하면 巳酉·申酉로 합이 되어 형이 해소되고, 寅巳가 형할 때 午가 개입하면 午戌·寅午로 합이 되며, 未戌 형은 卯, 丑戌 형은 酉, 子卯 형은 亥나 辰이 개입하면 모두가 탐합망형(貪合忘刑)으로서 형살이 해소되는 것은 사실이나 또 한편으로는 巳申형에 酉가 개입하면 巳酉로 巳火가 없어지며 寅巳에 午는 寅午로 木이 분소(焚燒)되어 火로 변질되므로 木의 기(氣)는 찾아볼 길이 없다는 것이다.

　따라서 이미 결정된 하나의 흉을 상살(相殺)시킬 때는 또 다른 희생(犧牲)이 반드시 뒷 따라야 한다는 것을 알았으리라고 보며 주의할 것은 본인이 살고자 타를 희생시킬 때의 죄(罪)는 그 무엇에 비길 때 없을 뿐더러 대대손손까지도 그 영향이 미칠 것이니 유념하기 바란다.

7. 육파살(六破殺)

子酉　　　　申巳　　　　丑辰

午卯　　　　寅亥　　　　未戌

　이 육파살(六破殺)은 子午卯酉의 사정지국(四正之局)과
　　　　　寅申巳亥의 사생지국(四生之局) 그리고

　　　　辰戌丑未의 사고지국(四庫之局)을 모듬 하여 횡으로는 모두가 충(沖)이 되게 하여 종(從)으로 구성하고 있으니 살펴보건대 子午와 卯酉가 상충(相沖)하니 子酉와 午卯는 자연 흔들려서 파(破)가 되고, 寅申과 巳亥가 충(沖)을 함으로 申巳 寅亥로 흔들려 파(破)가 되며, 丑未와 辰戌이 충(沖)을하니 丑辰과 未戌은 흔들려서 파(破)가 되는데 모두가 여섯 종류라 육파살(六破殺)이라 이름 하였다. 이 살의 작용은 글자그대로 파괴, 붕괴, 불목, 이탈, 쟁투 등 불미(不美)스러운 일이 발생한다고 할 수 있으나 자세하게 살펴보면

子酉는 金生水이니 너무나 깨끗은 하나 엉뚱한 일과 사고로 팔과
　　다리를 다치는 사고가 있으며

午卯는 습목(濕木)이 되여 화식(火熄)되니 상대방을 피눈물 흘리
　　게 한다.

巳申은 합과 형살에서 나왔고 寅亥는 합으로 무관(無關)하며

丑辰은 모두가 습(濕)으로서 피부질환이나 내과수술·당뇨병 등으
　　로 흉이 되고 있다.

未戌은 형살로서 작용(흙이 불어나고 있는 형상으로 과장성과 본
　　인을 합리화시키는 것)되고 있으니 그 어떠한 살에 집착하
　　지 않고서도 흉이 된다는 것을 알았으리라고 본다.

8. 육해살(六害殺)

子未	寅巳	卯辰
丑午	申亥	酉戌

이 육해살(六害殺)은 횡(橫)으로는 합이 되나 사각(斜角)으로는 충(沖)이되고 있어 합도 충(沖)도 아닌 어려운 관계가 되므로 종(從)으로서 해(害)가 성립되는데 여섯 가지가 되어 육해살이라 이름 하였고 또는 상천살(上穿殺)이라고도 한다. **작용은 해롭다·서로가 뚫는다·파괴되다·불미스럽다** 하여 다른 살과 같이 년월일시 또는 육친에 대조하여 모두 응용되고 있다 그 중에서도 일시 丑午는   처첩음독(妻妾飮毒)·비관(悲觀)·압세(壓世)·가정파탄·子未는 처산망(妻産亡) 등의 괴변을 겪게 되어 있으며

寅巳는 형살 申亥는 金生水 탐합망해(貪合亡害)

卯辰은 방합

酉戌도 방합이 되기 때문에 살의 작용이 적게 나타난다.

9. 원진살(怨嗔殺)

子未　丑午　寅酉　卯申　辰亥　巳戌

이 원진살(怨嗔殺)은 子가未, 未가子를 만남으로서 성립된다. (以下同) **원진살의 작용은 불목(不睦)·불화·원망·반목(反目)·불안정·실증·불만·원수 등으로 응용되고 있으며** 타 흉살과 같이 주중의 위치 그리고 육친 및 운에 까지도 적용시켜 추명한다. 이 원진살의 구성은 충돌하고 나면 불화(不和)가 따른다는 것이니

가령 子午가 상충(相冲)하면 양이 되어 순행이라 子未가 원진이요 丑未가 沖을하면 음이 되어 역행이라 丑午가 원진이요

寅申 충은 양이니 순행으로 寅酉가 원진이며

卯酉 충은 음이라 역행으로 卯申이 되고

辰戌 충은 양이라 순행으로 辰亥가 되며

巳亥 충는 음이라 역행으로 巳戌이 원진살(怨嗔殺)로 성립되는데 또 일설(一說)에서는 子未의 子쥐는 未염소의 뿔을 싫어하고 未 염소는 子水 물을 싫어하며,

丑午의 丑소는 말이 논밭을 갈지 않는다고 불만이 많고 적색을 보면 분노하며(투우사가 赤色보를 가지고 소와 겨루고, 새색시가 분홍색을 입고 소 앞에 가면 혼줄이 남) 午말은 소의 뿔을 보고 시기(猜忌)하고,

寅酉의 寅호랑이는 닭의 입 부리를 싫어하며 酉닭은 호랑이의 밥이라 싫어하고,

卯申의 卯토끼는 원숭이를 원수로 여겨 불평이 많으며 申원숭이는 토끼가 흉내 낸다고 싫어하고,

辰亥의 辰용은 검은색 돼지를 싫어하고 巳뱀은 개 짖는 소리에 놀라 경풍을 일으켜 싫어한다고 하였다.

10. 낙정관살(落井關殺)

甲己日生 逢巳　　乙庚日生 逢子　　丙辛日生 逢申

丁壬日生 逢戌　　戊癸日生 逢卯

이 낙정관살(落井關殺)은 甲일이나 己일생이 주중에서 巳를 만나는 자에게 작용을 하게 되는데 우물·강물·맨홀·인분통·함정 등에 빠져보거나 또는 벼랑에서 떨어지고 위층에서 아래층으로 떨어진다는 흉살이며 만약에 이 살이 살국으로 형성(形成)되어 克일주하면 익사지액(溺死之厄)이 두렵다. 이 살과 같은 작용이 나오

는 것으로 金水太旺 사주나 土 일주 수목응결(水木凝結) 즉 재살
태왕(財殺太旺)으로 횡사 익사에 해당하고 癸 일생이 卯를 만나고
천을귀인이 임하고 있으면 반감된다.

11. 백호대살(白虎大殺)

甲辰　乙未　丙戌　丁丑　戊辰　壬戌　癸丑

이 백호대살(白虎大殺)은 7종으로서 주중 어느 곳에 있거나 관
계없이 해당된 육친으로 응용하는데 이 살의 작용은 견혈사고·횡
사·횡액·급사·수술사·요사·총상·차액·산망 등으로 예측할
수 없는 불의의 재난이 발생하는 흉신이다. 따라서 주중에 백호대
살이 많은 자 그만큼 조상이 시끄럽다는 말이 된다. 戊辰生 丁丑生
丙戌生 등은 생년에다 백호대살을 놓고 있음으로 출생되면서부터
이 흉살을 가지고 태어났으며 또 현실에만 적용되는 것이 아니라
출생되기 전 그리고 먼 훗날의 가족관계 흉사여부를 알아내는데도
응용되고 있다. 그리고 戊辰하면 干支가 모두 土이기 때문에 추명
하기가 쉽겠으나 丁丑같은 경우는 火와 土를 모두 적용시키되 火
土 중에서 가장 허약한 육친이 심하게 영향을 받으며 또 타 흉살
의 병림(倂臨) 여부와 형·충·공망 등을 잘 살필 것이며 또 백호
대살끼리의 형·충은 흉살이 더욱 배가되고 암장까지도 모두 적용
시키되 언제나 왕자는 건장함으로 피하게 된다는 것을 유념하기
바란다.

가령 주중에 丙戌 백호대살이 있고 午戌 또는 寅戌을 만나 火氣
가 왕하고 있으면 丙火는 상(傷)하지 않음으로 피하게 되어있고

단 戌中 辛金만이 왕(旺)火에 소용됨으로 辛金을 가지고 논하게
된다.

구성(構成)

이 백호대살은 구궁법에 의하여 표출된 것이며 백호라는 용어는
역경의 육수(六獸)에서 나온 것인데 甲乙木은 청룡(靑龍)으로 희
열(喜悅)·경사(慶事) 등에 해당하고

丙丁火는 주작(朱雀)으로 구설·소란·달변·쟁투요

戌는 구진(久陳)으로 건체(蹇滯)·비만·구사·구금·비대 등이
며 己는 등사(螣蛇)로 허경(虛驚)·부실이고

庚辛은 백호(白虎)로서 혈광·숙살·급변·횡액이며

壬癸는 현무(玄武)로서 비밀·신음·도실 등에 해당하고 있는데
서 기인하였으며 또 金은 가을로서 숙살지권(肅殺之權)과 병초지
변(兵草之變)을 장악하고 있기 때문이다.

그리고 구궁법은 본래 사주와는 별도로 발전한 학문이며 심묘
(甚妙)한 이치가 이 속에 담겨져 있는데 쉽게는 이사방위 정하는
데서부터 기문에 이르기까지 활용하고 있다.

구궁법의 고정위치는?

① 천록(天祿) : 정북(正北), 벼슬·재수가 있다.

② 안손(眼損) : 눈과 손재가 있다.

③ 식신(食神) : 의복과 식록이 풍족하다.

④ 징파(徵破) : 손재·파괴·해약 등이다.

⑤ 오귀(五鬼) : 병마·인마·살상 등이다.

⑥ 합식(合食) : 재산이 증식된다.

⑦ 진귀(進鬼) : 관재·구설·불상사가 발생한다.

⑧ 관인(官印) : 취직·승진·관사에 길하다.

⑨ 퇴식(退食) : 손재·탈재·실물·흉사가 발생

4 징파	9 퇴식	2 안손
3 식신	5 귀	7 진귀
8 관인	1 천록	6 합식

이와 같이 되어 있고 60甲子를 6甲 순으로 甲子를 1천록(天祿)에서부터 시작하여 2안손(眼損)에 乙丑 3식신(食神)에 丙寅 4징파(徵破)에 丁卯 5귀(鬼)에 戊辰 6합식(合食)에 己巳 7진귀 식으로 순행시키면 5귀(貴)에 해당하는 丁丑 丙戌 乙未 甲辰 癸丑 壬戌이 모두 백호대살이 되고 있다.

따라서 백호대살은 육수(六獸)와 구궁중의 5귀(鬼)를 합쳐서 작용한 흉살이기에 기(忌)하고 있는 것이다.

참고

이 구궁의 수리가 종·횡·사할 것 없이 모두 총수가 15에 해당하고 있으며 이 구궁은 天, 人, 地의 三원리를 삼으로 곱한 것이고 15는 오행을 三으로 곱한 것이니 모든 이치가 세분하면 9변으로서 완성된다는 것을 말해주고 있다.

그리고 이사방위는 남자는 진방(震-東方), 여자는 곤방(坤-西南間方)으로부터 1세를 시작하여 나이까지 순행하여 해당된 숫자와 글씨를 재차 입중궁(5鬼)시켜 순서대로 다시 구궁을 재배열하면(流動位置) 이사방위가 된다.

가령 남자가 51세라면 진(震) 정동에서 1세로 시작하여 2세는 巽方 3세는 中宮 4세는 乾方 5세는 兌 방식으로 나이숫자만큼 순행시키면 51세는 艮方인 8관인(官印)에 해당한다. 8관인(官印)을 다시 중궁(現在 살고 있는 집)에서 시작해서 구궁의 순서대로 9퇴식(退食)은 乾方, 1천록은 兌方, 2안손은 艮方, 3식신은 離方, 4징파는 坎方, 5귀는 坤方, 6합식은 正東(震), 7진귀는 巽方으로 결정되니 이사방위로 좋지 않은 곳은 5귀(鬼)방인 곤방(坤方), 안손인 艮方, 징파인 坎方, 진귀인 巽方, 퇴식인 乾方은 피하여야만 되는 것이다.

그러나 이것도 나이만 기준하여 정하는 것이기 때문에 너무나 의지하여서는 안 되며 후에 공부할 용신을 알고 난 다음 결론을 얻기 바란다.

12. 괴강살(魁罡殺)

庚辰　　庚戌　　壬辰　　壬戌　　（戊辰 戊戌）

이 괴강살(魁罡殺)은 일주에 있으면 더욱 심하게 작용하는데 타주에도 있을 때는 괴강살(魁罡殺)이 가중되고 있다. 남명보다는 여명일 때에 더욱더 적용시키고 있는 것은 남자는 양으로 본래 강왕

(强旺) 함을 위주로 하기 때문에 흠이 될 수 없는데 여명에 괴강살이 있으면 지나치게 강(强)하기 때문에 부도(婦道)에 대기(大忌)함으로 부군이 납치·무능력·가출·작첩 또는 시댁이 망(亡)하여 본인이 가구주 노릇을 해야 하기 때문이다.

따라서 성장 과정에서도 남아(男兒)와 같고 남녀 공학을 택하며 심하면 중성에 해당되며 때와 장소를 가릴 것 없이 주동이 되기를 좋아한다. 하다못해 계를 하여도 왕주(旺主)가 아니면 하지 않으며 여반장(女班長)에 직업여성·여경·운동선수 등에 많은데 본인이 아니면 군인경찰 등에 종사하는 남자와 인연이 있다. 또한 맞벌이 부부에서도 나타나고 있으나 만약에 신왕관왕 또는 재왕(財旺)하면 이 살에 관계없이 장성부인(將星婦人)이요 여걸로서 사회에 군림하게 된다. 단 남자가 이 살을 놓고 있으면 무관(武官)으로 입신하게 되고 남녀 공히 전성기를 지나면 재기불능 한다는 것이 특이하다. 그리고 본래 괴강(魁罡)은 辰은 천강(天罡) 戌은 火之 고(庫)가 되어 천형지격(天衡地擊)이 되기 때문에 괴강살(魁罡殺)로서 군림하고 있는데 남명에는 옛글에 괴강(魁罡) 4日이 최위선(最爲先)인데 첩첩상봉(疊疊相逢)에 장대권(掌大權)이라 하여 오히려 吉로하고 있다.

13. 수격살(水隔殺)

월	1	2	3	4	5	6	7	8	9	10	11	12
지지	戌	申	午	辰	寅	子	戌	申	午	辰	寅	子

수격살(水隔殺)에 구성은 자기가 태어난 월을 기준으로 하여 구성되는데 바다에 나가서 고기잡이나 장기적인 승선에 신액을 초래한다는 살로서 이 살이 일간을 극할 때에는 깊은 물에 빠져보거나 바다를 항해 중에 위험하다는 살이다.

14. 고란살(孤鸞殺)

甲寅日   乙巳日   丁巳日   戊申日   辛亥日

이 고란살(孤鸞殺)은 일主에 국한(局限)되여 있으며 여자에게만 해당하고 있다. 이 일주에 해당하는 자 부군이 작첩(作妾) 또는 이별하며 일명 신음살(呻吟殺) · 공방살(空房殺) 이라고도 칭하고 있는데 대개 혼인에 실패하면 재혼은 하지 않겠다고 마음 굳게 다짐하는 것이 특징이다.

이 살의 구성은 일지 즉 배우자의 자리에 견겁 또는 식상이 있어서 작용되는데 견겁은 탈부(奪夫)요 관성의 절지(絶地)로 부군이 의지할 곳 없고 식상은 克官으로 부군이 피상 되기 때문이다. 그러나 주중에 관살이 잘 배열되어 있을 때는 이 살에 관계없이 부부 해로(偕老)하고 출세시키며 화목 하는데 란(鸞)은 난조(鸞鳥)로서 잉꼬 기러기 원앙새와 같이 부부의 금슬(琴瑟)이 좋기로 이름난 새이다.

15. 상처살(喪妻殺) 상부살(喪夫殺)

寅卯辰生에 파(怕)巳丑   申酉戌生에 혐(嫌)亥未
巳午未生에 외(畏)申辰   亥子丑生에 기(忌)寅戌

이 살은 상처(喪妻)하고 상부(喪夫)한다는 살로서 경할 때는 이별에도 해당하고 있는데 처녀(處女)에 상부살이 있고 총각에 상처살이 있을 때는 상살(相殺)됨으로 흠이 없다 하고 있다 이 살의 구성은

寅卯辰生에 巳는 상처살(喪妻殺) 丑은 상부살(喪夫殺)이다.

巳午未生에 申은 상처살(喪妻殺) 辰은 상부살(喪夫殺)이요

申酉戌生에 亥는 상처살(喪妻殺) 未는 상부살(喪夫殺)이며

亥子丑生에 寅은 상처살(喪妻殺) 戌은 상부살(喪夫殺)인데 이유는 寅卯辰은 木으로 木을 기준할 때 巳中戊土가 木 왕에 피상 되고 丑은 木의 관고(官庫)로 상처 상부가 된다 하였고 巳午未 火는 火를 기준으로 할 때 火 왕에 申중 庚金 재가 피상(被傷)되고 辰은 관고(官庫)로 상처 상부가 되며 申酉戌은 金이요 金을 기준할 때 金 왕에 亥中 甲木 재가 피상하고 未는 丁火官이 金多에 화식(火熄)되어 상처 상부요 亥子丑은 水요 水를 기준하여 寅中 丙火 재가 水 왕에 피상되고 戌은 土 관고(官庫)로 상처 상부살이 되고 있는데 일주가 아닌 띠로만 기준하고 있어 사주학으로 발달되기 전의 것으로 추정되기 때문에 오히려 日干을 기준하여 관고를 상부살 재고를 상처살로 규정함이 합당하다고 본다.

또 이 살 외에도 남명에 견겁다봉(肩劫多逢—克재)

재성다봉(財星多逢-多者無者)과 여명에 식상다봉(食傷多逢—克官)·관살다봉(官殺多逢)도 상처, 상부살과 같다.

16. 양인살(羊刃殺)

甲日에 卯　　乙日에 辰　　丙戊日에 午　　丁己日에 未
庚日에 酉　　辛日에 戌　　壬日에 子　　癸日에 丑

이 양인살은 정록(正祿)의 바로 앞자리이고 양일주의 비겁이 양인살이 되고 있으며 음일주는 乙일에 辰, 丁 己일에 未, 辛일에 戌, 癸일에 丑이 양인살로서 작용이 된다. 단 양일주의 비겁이 양인살이 되므로 天干의 비겁도 작용이 같으며 또 戊 일주의 午는 인수가 되어 인수 양인이라 하고 午中 己土가 양인이 되기 때문에 己未土도 戊 일주의 양인이 된다. 이 살을 놓은 자 자연 신주(身主)가 왕하여지므로 재성이 파괴되기 때문에 극부(克夫)·극처(克妻)·탈재·탈부(奪夫)에 조달남아(早達男兒)요 장남 장녀의 역할을 한다. 임전무퇴(臨戰無退)하며 성격이 매우 강하여 방종하기 쉽고 눈이 크며 구레나룻 수염이 나고 잔인한 반면 지나치면 불구가 되기도 쉬운데 심하면 고용살이 고기잡이가 되겠으나 중화를 잘 이루면 의사·군인·경찰로서 입신하고 몸에는 수술을 받아 본다. 양인살을 충(沖)하는 자 비인(飛刃)이라 하여 양인살이 해소되며 양인은 총과 칼과 같아 잘만 사용하면 국가를 구출하나 잘못사용하면 인마(人馬)를 살상(殺傷)하게 되는데 편관이 있으면 양인을 극제(克制)하기 때문에 오히려 吉로 하고 있다.

이유는 편관은 장수와 같아 양인이 있는 곳에는 편관이 있어야 하고 편관이 있는 곳에는 양인이 있어야 하는 것은 장수와 칼이 조화를 잘 이루기 때문이다. 일지에 양인을 놓은 자 일인(日刃)이라고 하여 더욱 흉한데 丙午일 戊午일 壬子일을 말하며 단 일주가 약할 때에는 오히려 吉로서 작용되고 있으니 혼동하여서는 안 된다.

① 양인은 기능인·도살·칼과 기계를 잘 다루는 것과 같다.

② 양인은 군인·경찰·생살권(生殺權)·의약업이다.

③ 羊刃은 합해도 불길하고 刑·沖·破·害도 싫어한다.

④ 양인격에 地支 삼합이면 德이 없고 부(富)도 없다.

⑤ 양인을 무제화(無制化)하면 난폭하게 되니 살성과 다름없다.

⑥ 양인을 놓고 현침이 있으면 살인·강도·범법자로 본다.

⑦ 양인은 일인을 제외하고는 刑·沖·破·害를 싫어한다.

⑧ 年 양인은 조상의 비명횡사 또는 기술자다.

⑨ 月 양인은 부모형제나 본인이 기능인이 아니면 불구요

⑩ 양인에 공망은 허풍· 공갈· 과장성· 사기· 허세 등이다.

⑪ 여명에 식상이 양인이면 수술하여 자식을 두게 되고

⑫ 남자가 삼합속에 양인이 있으면 주색으로 몰락한다.

⑬ 양인이 중중하면 흉이 되면 자살하기 쉽다.

⑭ 양인이 합을 하면 계획 있는 수술이다.

⑮ 양인에 형(刑)·충(沖)은 돌발사고 비명횡사다.

⑯ 양인이 화인(化印)이면 특이한 기능인이다.

⑰ 양인이 중중하고 化印이면 그 분야에 대권주자다.

⑱ 日時에 양인을 놓은 자 무제(無制)면 본인 또는 가족이 비명횡
   사하고 생시건록(生時建祿)이면 귀인이 된다.

⑲ 양인이 목욕이면 화류병으로 신세를 망친다.

⑳ 일인(日刃)은 본인이 아니면 처의 수술을 의미하며 이별 또는
   별거다.

㉑ 木刃은 목매달고, 火刃은 화상 폭발, 土刃은 붕괴 매몰,

金刀은 절골 낙상, 水刀은 익사 수액이다.

㉒ 時에 양인은 1자에 자식 횡액 두렵다.

㉓ 天干이 정관이고 地支가 양인이면 정치·정보원·참모의 요인이다.

㉔ 양인에 칠살은 군인·경찰·의사·법조계

㉕ 양인은 말을 돌리지 않고 직언을 잘한다.

17. 순중공망(旬中空亡)

| 甲子旬中 戌亥空 | 甲申旬中 午未空 | 甲辰旬中 寅卯空 |
| 甲戌旬中 申酉空 | 甲午旬中 辰巳空 | 甲寅旬中 子丑空 |

순중공망(旬中空亡)의 순(旬)은 十을 말하고 공망(空亡)은 비었다·없다·빠지다·밝다·망하다·정지되다·어둡다·파괴되다·피상되다·보이지 않는다 등으로 응용되고 있는데 甲子에서 癸酉까지가 열이요 이 속에는 戌亥가 없고, 甲戌에서 癸未까지가 열인데 이 속에는 辛酉가, 甲申에서 癸巳까지는 午未가 각기 빠졌다 하여 공망살이 성립되는 것이다. 주의할 것은 같은 공망이라 하여도 왕자는 물공(勿空)인데 太旺은 세력을 약화시키기 때문에서이고 쇠자(衰者)는 진공(眞空)으로서 空의 작용이 배(倍)가 되며 沖·刑 등 흉살이 같이 있어도 또한 같다.

다음 공망 여부를 살피는 방법은 먼저 일주를 기준하여 年·月·時를 살피고 일지 공망은 年柱를 기준하여 살필 것이며 이 공망을 빨리 알 수 있는 방법은 출생된 일주의 육십갑자를 기준하여 순행으로 진행하다가 天干이 癸로 끝난 다음 자에 해당하는 地支의 두자가 공망이 된다고 알고 있으면 쉽다.

옛글에

木이 空을 맞으면 부러지고(木空 則 折)

火가 空을 맞으면 더 잘타고(火空 則 熱)

土가 空을 맞으면 붕괴(崩壞)되며(土空 則 崩)

金이 空을 맞으면 소리가 잘나고(金空 則 鳴)

水에는 空亡이 없다 하였으니(水空勿空) 참고하기 바란다.

다음 응용에 있어서는 年支 空亡은 선조·족보·가문(金씨라는 것은 확실하나 몇 대손이며 어느 곳에 친척이 많이 살고 있는지 모르는 것) 등을 잃어버리고

月支 공망은 부모 형제의 덕이 없음은 물론 고향 떠나 살고

日支 공망은 부부宮 부실(不實)에 공방(空房)을 지켜야 되며 매사가 뜻대로 안되고

時支 공망은 자손에 흠(欠)이 있는데 심하면 무자되기 쉬우며 年支 공망은 초년에 고생하고, 月支 공망은 중년, 일주 공망은 중말년, 시지 공망은 말년(末年)에 고생하여 본다.

육친으로도 인수 공망은 조별량친(早別陽親)에 부모 덕이 없으며 학업중단에 계획이 부실하고 지구력과 인내력이 없으며 재성 공망은 처덕이 없음은 물론 금전이 모이지를 않고 심하면 상처(喪妻)한다.

식상 공망은 자손과 수하의 덕이 없으며

관성 공망은 직장의 변화가 많고 여자는 부군, 남자는 자손에 흠(欠)이 있고

견겁의 공망은 형제 자매간에 이상이 있으며 地支가 공망이면

空亡 위(位)의 天干도 같이 추명하여야 된다.

① 일명 천중살(天中殺)이라고도 한다. 체(体)는 있으나 록(祿)은 없다.
② 공망을 채우려고 하는 것은 인간의 심리다.
③ 양은 중(重)하고 음은 경(輕)하다.
④ 공망이 刑・沖・破・害는 탈공(脱空)은 하나 파상이 따른다.
⑤ 삼합중이면 완전 탈공(脱空)한다.
⑥ 地支가 공망이면 天干도 공망으로 본다.
⑦ 월공(月空)은 불공망이나 육친은 참작한다.
⑧ 대운은 불공망이나 유년은 참작한다.
⑨ 4(년월일시) 공망은 불공이요 명진사해(名振四海)・대부대귀지명(大富大貴之命－큰 인물 큰 부자)이다.
⑩ 협(夾)도 빈자리요 공망이란 본시 마음을 비운 것이다.
⑪ 태월(胎月)空이 제일 두렵다 여명에 胎月空이고 식상이면 무자(無子)다.
⑫ 남명에 태월(胎月)공이면 백사불성이요 평생곤고(困苦)하다.
⑬ 四孟(子午卯酉) 공망은 독함을 주도하고 기능자 또는 술객(術客－철학의 대가, 큰스님)이 많다.
⑭ 건록 공망은 형제가 고독・자립심無・백사무성・명리허대(名利虛帶)
⑮ 태월 공망은 평생 동분서주・평생고생・무정처(無定處)・백사불성
⑯ 관성 공망은 명관욕다(名官慾多)하나 불성(不成)・관록무연

⑰ 재성 공망은 처재박명(妻財薄命) · 부친, 시부모인연無

⑱ 인수 공망은 부모무연 · 인덕무 · 학업중단

⑲ 견겁 공망은 형제 · 친구 무연

⑳ 식신 공망은 평생무직 · 불안정 · 말이 많다 · 언어발달

㉑ 식신이 천을 귀인이고 공망은 무용으로 성공한다.

㉒ 상관 공망은 표현이 거침이 없고 응용을 잘하며 구류술업에 잘 맞는다.

㉓ 역마 공망은 지연성 · 발전한 것 같으나 지체 · 평생 주택불안

㉔ 양인 공망은 평생 한탄 · 신세타령을 잘한다.

㉕ 절로 공망은 남녀공히 자식이 약하다.

㉖ 극생 공망은 형처극자(刑妻克子)하고 고독을 자처한다.

㉗ 조상궁이 공망은 조상을 모시려고 하지 않는다.

㉘ 甲子 甲午 甲寅 甲申 4대 공망(日柱로 본다)은 평생 어려움이 많다.

㉙ 망신살(寅申巳亥가 식상)이 공망은 방랑 적인 기질이 있다.

㉚ 사주 중에 3~4공망, 3~4양인, 3~4겁살이면 역술인으로 성 공한다.

18. 절로공망(截路空亡)

甲己日에　申酉空　乙庚日에　午未空　丙辛日에　辰巳空
丁壬日에　寅卯空　戊癸日에　戌亥空

이 절로공망(截路空亡)은 시주 天干에 壬癸 水가 자리하고 있어 앞길에 강물이 있는 것과 같아 매사가 막힌다는 흉살이다. 그러나

주의할 것은 時上의 壬癸水가 사주에 미치는 영향이 吉이 될 때는
凶이 될 수 없으며 따라서 시주(時柱) 天干에 악신(惡神)이 놓여
있으면 그것이 바로 절로공망(截路空亡)과 똑같다할 수 있다.

19. 삼재살(三災殺)

亥卯未生에 巳午未年은 삼재

　　　　　흑기(黑氣) 음기(陰氣) 백살(白殺)

寅午戌生에 申酉戌年은 삼재

　　　　　인황(人黃) 천권(天權) 지재(地災)

巳酉丑生에 亥子丑年은 삼재

　　　　　천패(天敗) 지호(地戶) 지형(地刑)

申子辰生에 寅卯辰年은 삼재

　　　　　천충(天蟲) 천형(天刑) 천겁(天劫)

역마가 삼재는 이동변혁이나 길흉을 분리하여 본다.

기운(忌運) 중에 삼재는 사람을 들이지 마라 대화(大禍)가 된
다. 일가족 내 3인 이상 삼재 입년은 재앙(災殃)이 필수로 온다.
삼재년에 조상이나 사찰에서 제사를 올리면 소액으로 변한다.

20. 효신살(梟神殺)

甲子日　乙亥日　丙寅日　丁卯日　戊午日　己巳日

庚辰日　庚戌日　辛丑日　辛未日　壬申日　癸酉日

이 효신살(梟神殺)은 일지에 인수를 놓은 자를 말하며 작용은
모친과 인연이 없거나 또는 생모가 아닌 다른 어머니가 있으며 모

처(母妻)가 불합한 다는 살(殺)인데 주의할 것은 주중의 인수를 재차 살펴 결론을 내려야 한다. 효조(梟鳥)는 올빼미로서 어미 새를 잡아먹는다는 흉조(凶鳥)로 옛날부터 동방지불인지조(東方之不仁之鳥)라고 하여 왔다. 유념할 것은 집안에 부엉이나 올빼미 같은 조류가 있거나 하다못해 그림이 있으면 어머님의 신상에 좋지 않은 일이 발생하게 되므로 주의하여야 한다.

이외에도 잡다한 길 흉신이 수도 없이 많으나 길흉신만으로는 사주의 진수를 알 수 없기 때문에 이것으로 줄이고 지금까지 공부한 것과 또 공부하여야 될 것을 실례를 들어가면서 예시하기로 한다.

甲 辰	壬 寅	戊 申	壬 申
식신		편관	비견
편관	식신	편인	편인
화개	역마	지살	지살
월살	지살	역마	역마
입묘	병궁	장생	장생
공망	월덕귀인		월덕귀인
백호대살	문창귀인	문곡귀인	문곡귀인
단교관살	급각살		

이 사주는 여자의 명주인데 壬水 일주가 년월지 申金에 년상 壬水를 얻어 득령 득세로 水氣가 왕한중 시지 辰土가 申辰 水局으로 합세라 水 日主가 인수와 상식을 겸비하고 있어 지혜와 지모가 있고 양 일주에 신태왕하여 남자 같은 성격이라 남장 여인은 이를 두고 하는 말이며 따라서 세상 남자가 눈에 차지 않는데 자손에는

한없이 약한 것이 흠이기도 하다.

　7월중 水氣가 태왕하여 7월 장마라 쓸데없는 비가 내리고 있는 형상과 같아 火 태양을 필요로 하나 火가 없고 木이 있으니 명랑이 생명이요 水氣가 왕할 때는 土克水로 막아 다목적으로 이용을 하여야 빛이 나는데 월상 戊土와 시지 辰土 있다 하여도 戊土는 설기되고 辰土는 土克水를 못하니 먹구름과 같으며 또 시간 甲木과 寅辰 木局까지 木克土로 수제하고 있고 또 辰土는 申辰 水局이 되어 土克水를 못하므로 그대로 흘려보내야 水가 살게 되어 있으며 역마와 지살이 뒷받침을 하고 있어 집안에 갇혀 있으면 없는 병도 생기므로 직업을 가져야 되겠고 년상의 壬水 견겁이 있어 쓸모없는 친구 사귈까 염려된다. 년지·월지와 일지가 寅申으로 沖한 중 申金 인수가 병이 되어 친정과는 인연이 없고 火 재성 시댁이 필요한데 寅中의 丙火가 자기 자리에서 득 장생하므로 시가가 바르나 辰中 戊土官이 편관이요 백호대살에 공망이며 寅辰 木局, 申辰 水局에 단교관살이 임하여 년하의 남편이 수영하다가 쥐가 나서 익사라 과부의 신세를 면치 못하였는데 寅은 자손 甲木의 정록이요 국을 이루어 귀자가 되니 속된 말로 자손 낳고 부군을 잃어버렸다고 한다. 그러나 시상 甲木 자손은 추절 木으로 첫 자손과는 인연이 없으며 일지 寅 탕화살이 있어 세상을 비관하고 급각살·단교관살(斷橋關殺)에 습기가 당권하고 있어 신경통으로 고생하며 자손 寅木에 역마(驛馬) 沖이라 자손 차액이 염려된다. 해외와도 인연이 있으며 시지 화개로 말년에는 신앙에 독실하나 공망이 있어 변질되어 오래 가지 못하겠고 동남 운에 좋고 서북 운에 대기(大忌)한다.

⑩ 육친의 활용

1. 인수(印綬)에 대한 응용법

인수는 정인·편인의 총칭이며 정인도 태과(太過)하여 병이되면 편인과 같고 편인도 필요하면 정인과 같다.

정인은 무조건하고 좋고 편인은 흉이 되는 것이 아니라 정인도 태과(太過)하면 모자멸자(母子滅子)로 일주에 흉이 되며 편인도 필요할 때는 일주에 없어서는 안 될 보급로요 귀한 성이 되기 때 문이다.

인수는 본래가 日干을 생해주니 좋아해야 되는데 신왕에는 반갑 지 않으며 신약은 日干을 도와주므로 가장 필요로 하고 있다.

인수에 사용하는 용어를 살펴보면 다음과 같다.

순수하고 청백하다·때로는 과욕을 부리는 것·갖고 싶어 한다· 수집을 좋아한다·선물받기를 좋아한다·포만·만족·상사·문서· 의지력·겉옷을 입는다·의식주·걸치는 것·내심기대를 한다·찾아 오는 것을 좋아한다·위로 올라가는 것·사랑을 받고 싶어 한다·긴 것·배우는것·뻣뻣하고 도도한 것·여행·팽만·잘난체하는 것·이 론가·실속이 있게 하는 것·인내심·남 주는 것을 싫어한다·알고 싶어한다·인색하다·눈썰미가 있다·이해력이 좋다·꾸미고 가꾸는 것·들어오는 것·안전을 바라는 것·기다리는 것·포장을 잘한다· 디자인을 잘한다·설계를 잘한다·질서를 잘 지킨다·아부를 잘한 다·상층·행동이 바르다·상하구별을 두는 것·예절이 바른 것을 좋아한다·약속과 신용을 중요시 한다·보수적이면서 깨끗한 척 하는 것 · 계획을 잘 세운다 · 명예와 명성을 알아주는 것을 좋아한다 · 소식을 받는 것 · 이사 · 이동 · 명예손상을 제일 싫어한다 · 두뇌회전이 빠르다 · 대화로 풀려고 한다 · 증거는 문서로 남기고 싶어 한다 등이다.

인수 운이 좋을 때는 새집 짓고 집사며 · 매매가 성립되고 귀인에 승진이요 · 좋은 소식 받고 · 부모님의 경사요 · 건강도 좋아지고 · 매사에 자신이 생기고 · 계획이 잘 들어맞아 성공이 틀림없으며 · 어머니가 보고 싶고 · 고향과 고국을 방문하며 · 수입이 늘고 · 보증서는 일 있으며 · 윗사람에 사랑 받고 · 표창에 상패가 들어오며 · 살림을 장만하고 · 새 옷을 선물 받으며 · 증권에 손을 대면 이익이 증가하고 · 무엇인가 연구하고 시작하며 · 생활에 좋은 일이 자주생기고 · 화려하게 단장하며 · 나가는 것 보다 받는 것이 더 많으며 · 생각이상으로 수입으로 연결된다. 승진 · 문서 · 이사 · 안정 · 시험합격 · 부모경사 등이 겹치고 · 부모가 합심해서 나를 도와주고 · 원수가 변해서 은인이 되고 · 고향 찾아가서 행세하고 싶고 · 유학 갔다 고국으로 돌아오며 · 마음은 항상 고향에 가 있고 · 이민 갔던 가족이 상봉하는 소식이요 · 부동산 가격이 올라가고 · 잠식됐던 증권도 회복세를 나타내며 · 시끄러운 것을 싫어한다. 집장사를 하는 것도 모두 인수운의 작용이며 학생은 공부 잘하고 공무원은 교육 받을 일이 생기며 일반인은 학원출입을 하게 된다.

인수가 흉으로 작용하면 克식상하며 원류가 끊어진다 · 보증이나 서류잘못으로 인한 부도요 길이 막히고 두뇌회전이 안되며 지혜가 막히고 걱정만 계속된다 · 새집 짓고 망하며 · 매매로 인하여 크게 손해 보고 · 귀인이 아니라 원수요 · 평소에는 일등이나 글씨가 잘 안 보이니 시험에는 꼴지요·수입이 아니라 숨통을 막으며·들리는 소식마다 불리하니 머리가 무거우며·모든 사람들이 귀신으로 보이고·주위사람들이 나를 속이며·보증 또는 수표 바꿔주고 망한다.

계획하였던 것이 모두 부도요·부모님에게 변화가 생기며·매사에 자신이 없고·서로 왕래가 두절되며·부모가 세상을 떠나니 앞이 캄캄하고·공부할 때 혼인하면 공부가 안되며·시작이 잘못이요 여자만 눈에 아롱거린다·배부른데 더 먹게 되니 포만감이 가득하고·처의 말보다 어머니의 말을 들어서 망하고 부도나며·죄지으면 고향을 찾고·보급로가 아니라 홍수요·아는 것이 병이 되고·장인이 나의 편이 아니며·호흡이 바빠지고 급해지며·기회를 놓치고·선생님도 내편이 안 된다·욕심이 패망의 원인이니 절대로 일방적인 논법은 피하기 바란다.

2. 견겁(肩劫)에 대한 응용법

견겁은 비견·비겁을 총칭한 말이며 길흉을 구분하건대 비견보다는 비겁이 흉한 것은 사실이나 이것도 일주가 양이냐 음이냐에 따라 달라지는데 양일주의 비겁은 비견보다 나으며 음일주의 비겁(一名劫財)은 그대로 흉하게 작용되는 것이다.

견겁은 본래가 日干에는 근(根)을 하지만 신왕에는 필요하지 않으며 신약에는 日干을 도움으로 가장 필요로 하고 있다.

※ 견겁에 사용하는 용어를 살펴보면 다음과 같다.

동반자·군중심리·무력증·경쟁·대리근무·후보·보결·분실·동참·비밀이 많은 것·공동분배·한량기질·스파이·도둑·백수들의 모임·비밀이 새는 것·비정상적인 생각·무리·건망증·지키지

못하는 것·의리 비빔밥·석이는 것·끼리끼리·흙탕물·빗대는 소
리 잘하는 것·빌빌 꼬는 것·가로지르는 것·키 재기·우후죽순·
변화가 많은 것·빼앗기는 것·지는 것·도매금·의심·의시 대는
것·부탁하는 것·찾아가는 것·커닝·바꾸는 것·곁눈질을 잘하는
것·나누어 먹는 것·내 것이라는 개념이 없다·형제자매 친구가 제
일이라는 개념이 많다·배신·사기·질투가 많다·나의 자랑이 아
니라 친구형제의 자랑이 많다·단체모임이나 합동으로 하는 모임
을 좋아한다·술친구는 많아도 진정한 친구는 적다·오라는 곳은
없어도 갈 곳은 많다·멍 든지 모르게 멍들어간다·망한지 모르게
망한다·죽느냐 사느냐하는 경쟁과 싸움으로 변한다·동업이나 합
자를 좋아한다·남의 힘을 빌려 나의 일을 이루고 싶어 한다·상
하 구별 없이 친구로 사귀고 싶어 한다·하던 말 중에는 친구 말
밖에 없으며… 이밖에도 많은 응용이 있을 수 있으니 참고 바란다.

견겁이 좋은 운에는 새로운 친구로 인하여 소개받은 것이 귀인
이요 자연적으로 활동의 폭이 넓어지며 자신이 생긴다. 환경에 적
응을 잘하고·나의 세력을 확장하며·매사에 용기가 생기고·경쟁
이 생겨도 이기며·합작에 동업이 쉽게 이루어진다. 남의 것이 내
것으로 변하고·형제나 친구를 찾으며·좋은 친구가 막강하고 재
수있으며·인정받고 철이 들면서 서로 간에 양보가 미덕을 쌓으
며·자립이란 것을 알게 된다. 의리가 강해지며 출세한 친구들이
합세하여 도와주고·사귀다 친구하며 어울리다 친구하고 모방을
잘하며·기술을 배우고 익히며 꿈은 사장에 있고 정신적인 년령도
높아진다. 자주적이면서 민주적으로 노력하고·매사에 자신은 물론
내가 잘된다고 하면 친구가 와서 도와주고·주고 받는 것이 우정

의 이야기요·친구가 있음으로서 독립심이 강해지며·실보다는 얻는 것이 많다. 장남이나 장녀 역할을 대행하며·형제를 대표하여 나서고·모였다하면 화기애애하며·내가 강하면 친구의 것이 내 것이요·형제의 유산이 나에게로 내려온다·말만 했다하면 재산이 불어나고·새로운 여자를 소개받으며·재물까지 겸해서 생긴다·같이 행동하거나 합동 또는 합자는 모두 내편이 될 것이요·친구의 초대로 환경이 좋아지고·친구 때문에 명성이 높아지기도 한다.

견겁 운이 흉할 때에는 재를 극하며 관으로부터는 통제를 받는다·없는 욕심이 더 생기고·욕심 부리다 망하게 되며·송사와 더불어 내가 약하면 친구의 밥이요 송사에도 지고·이혼 당하고·시기 질투에 배신당하며·타인에게 멸시당하고·인덕이라고는 없으며·가는 곳마다 경쟁자요 하는 일마다 방해받으며·종내는 폭력 아닌 폭력이 발산이라 친구가 악인이요·형제가 돈을 뜯어가며·뜬구름 잡게 되고 성격이 급해진다·서두르다 실패하고·의심의처가 심하여지고·눈뜨고 도둑맞으며·부도 구설 모략에 내 돈쓰고 배신당하며·여색도 많게 된다·들어오면 달고 나가고·놀기 좋아하며·술친구는 많아도 진정한 친구는 없고·뚜쟁이 하다 망신당하며·계조직이 펑크 나고·형제 친구가 바가지 씌우며·생가지도 못한 일이 자꾸 터진다·낭비벽이 심하고·객식구가 출입이 많아지며·동업은 금물이요·보증서지 마라 그리하면 친구 떨어져 형제 떨어져 돈 떨어져 처까지 떨어지게 된다·가는 곳마다 원수요·단골손님이 바가지 씌우며·친구로 인하여 가정불화생기고·궁중심리가 발달한다·독식을 꿈꾸면 화가 백가지로 일어나며 투서나 고자질해서 망한다·믿을 자가 없으며 내 발등에 불이 떨어져도 앞이 안 보인다 · 어느 누구를 믿겠는가 하늘도 내편이 안 되는가 보다.

3. 식상(食傷)대한 응용법

식상은 식신 · 상관을 합칭(合稱)한 말이며 설기 · 도기에 해당된다. 상관은 정관을 극제(克制)하고 편재를 생하며 식신은 편관을 제(制)하고 정재를 생하고 있어 보통 상관은 흉하고 식신은 길하다고 할 수 있으나 식신도 태과(太過)하면 신허(身虛)가 됨으로 상관과 같은 작용이 발생하고 또 상관도 필요하면 식신과 같다는 것을 잊어서는 안 된다.

다음 상관에는 진상관(眞傷官)과 가상관(假傷官)이 있는데 진상관은 식상으로 일주가 허약일 때의 별칭이요 가상관은 日干 왕에 상관이 필요할 때의 별칭이다. 한편으로는 상관이 약하면 克 정관할 수 없어 가상관이라고 하고 식상이 왕하면 진짜로 克 정관하므로 진상관이라 하며 따라서 가상관은 吉이 되고 진상관은 凶이 되는 것이다.

식상이 인수를 만나면 수제(受制) 당함으로 대기(大忌)하나 식상과 인수가 균형을 이루고 있으면 수입과 지출이 평행선을 유지하고 학식과 덕망 지혜 등이 고루 갖추어져 길명이 된다. 그러나 식상이 필요할 때 인수 태왕은 克 식상으로 핵을 죽이기 때문에 불리하고(도식 : 倒食, 상관상진 : 傷官傷盡, 운에서는 파료상관 : 破了傷官) 상관 태왕에 인수운은 보급로요 도기(盜氣)처를 막아 허탈상태에 있는 日干을 구제함으로 일귀인이라 없어서는 안 될 귀중한 자리를 차지하게 되는 것이다.

식상에 대한 용어를 살펴보면 다음과 같다.

대가성 없이 주고 싶어서 주는 것·봉사하는 것·복지업무·찾아가는 것·도와주는 것·나가면 들어오지 않는다·속옷·정치·외교·교육·언론·방송·가정에는 인색 하다·대모의 선봉장이 되기도 한다·음덕으로 베푸는 것·횡재를 바라는 것·직언을 잘 한다·위반을 잘 한다·질서를 잘 지키지 않는다·멍 든지 모르게 멍들어간다·언어에 상하가 없다·밀리는 것·자세가 기울어진다.

배짱이 두둑하다·인내가 부족하다·넉넉하지가 않다·상대방의 감정을 상하게 한다·과로하면 생명이 위독하다·공망은 대중이 많으면 많을수록 말을 잘 한다·언어에 실수를 잘한다·성급한 것 같으면서도 의젓함을 보이려 한다·돌파력과 추진력이 강하다·내 몸에서 빠져나가는 것·도기(盜氣-내 기운을 도둑질 해가는 것)·설기(泄氣-내 기운을 점점 빼나가는 것)·가난한 선비다·부자는 없다·남에게는 잘하나 가정에는 소홀하다·부하에게는 잘 하는데 상사에게는 직언을 잘한다·인정이 많으며 상상력과 응용력이 탁월하다·목전에 이익 보다는 꿈이 원대하다·약자에게는 약하고 강자에게는 강하다·대화보다는 행동이 앞선다·때로는 농담이 심하고 타인을 멸시하며 남의 걱정에 늙어 간다·재주도 많고 임기응변력으로 환경에 적응을 잘한다.

식상운이 좋게 작용할 때는 내가 생하는 것은 언어 복덕신이며 의식주와 행동이다·자의로 하는 것이며 배짱과 뚝심도 두둑해진다·막혔던 것이 뚫리고 밖으로 나가면 하는 일이 잘되며 내부적인 것 보다는 외부적인 일이 잘되고 묵은 병이 나으며 마음의 병을 낳게 고쳐준다·감독기관에서 나를 불러주고 감사나 조사기관에 관한 업무는 발달이 되어 있으며 정치나 외교·언론·방송에 입문하면 프로 정신이요 내가 하고 싶어서 하는 것이다.

살았다 하고 숨을 크게 내쉬고 숨통이 트이며·부하에 경사요 내가 공을 들인 것이 나타나며 쉽게 되고 쉽게 풀리며·금년에 투자는 내년에 결실이요 시작은 불안하나 결과는 좋으니 기대를 하여도 되며·화가 복이 되고 말만 잘하면 돈이 생긴다·무엇인가 모르게 훤히 보이며 생각하는 것마다 이루어지고 기술투자에 근원이 되며 재수가 차츰차츰 있게 된다·말 한번 잘해서 복 받고 도와준 것보다 도움을 더 많이 받으며 세상 살아가는데 행복이라는 것을 알게 되고 부하에게 교육시키며 복지 사업하여 보고 할머니 장모가 한 가정에서 생활이라 잘 모시게 된다·학생이 모이고 부하가 찾아와서 희생하며 사랑을 베푸니 행복이 곧바로 돌아온다·응용력 상상력이 살아나고 초조불안 했던 것이 없어지며 투쟁정신이 강해진다.

자유직업으로서 할 소리 다하면서 삶 하니 옆 사람까지 속이 시원하며 사업으로는 육영·기술·제조업으로 성공하나 거부는 못되며 별칭이 박사로서 아는 것도 많으나 지성과 상식을 겸비한 사람이라 원대한 꿈을 가지고 한발 한발 전진하면 미래가 보인다.

식상운이 나쁘게 작용할 때는 내가 도와주고 욕먹으며 맥 빠지고 힘 빠지고 지출이 많아지고 주머니가 펑크요·관재·송사·반항·깽판에 매사가 역행이요 배신당하며 좋은 일이 없고·자기가 판 함정에 빠지고·자기무덤 자기가 파고·내 것 주고 배신이라 대가성이 전혀 없으며·시작은 좋은데 결과는 부실하다. 부하나 아랫사람으로부터 배신당하고 자식 원망에 속을 썩이며 무모한 행동을 자행한다·흥이라는 개념이 생기면서 초조·불안·공포에 떨고 내가 생하는 것은 말조심이라 부하가 배신하고 잔꾀부리니 지출이 계속 늘어난다. 투자하면 허탈상태에 빠지고 투자해보았자 한강에 돌 던지기요 노력은 해도 하느님도 나를 배신하며 수입이 두절이라 세상이 거꾸로 돌아가고 있는가 보다. 꽃은 무성한데 열매는 없는 것과 같고 모든 일이 역행이라 반항심이 발생하여 입에서는 욕만 나온다. 술 마시면 한탄신세하며 불평불만에 막말하면서 행동으로 돌아서고·스님은 신도가 안 오며·사고가 났다하면 나의 소식이요·선생은 학생이 속을 썩인다·가는 곳마다 노동자요 사회가 술렁거리며 혼란스런 분위기를 조성하고·배신당하여 자살기도 하여보며·내가 설 땅이 없어지면서 하느님도 무심하다는 말이 연속이라 나의 자신을 잃어가는 것이 가물가물하다.

상사에 반항하다 쫓겨나고 부하의 잘못을 책임져야 하며 상상력에 꿈은 원대하나 희생해 보았자 미래는 안 보인다.

허세부리고 말을 함부로 하며 농담이 심하고·타인을 멸시하며 남의 걱정에 늙어가고·죽도록 노력하여도 그 공은 타인에게 돌아간다. 반항심에 시비가 잦고 하극상의 기질이 있으며 일확천금을 노리고 투기·밀수·도박·알코올중독에 수입보다 지출이 많으며 때로는 정이 많은 것이 흠이다. 재주는 많으나 끼니를 걱정해야 되겠고 심하면 배신·모략·사기성에 이중인격자요 임기응변은 잘하나 마음이 깊지를 못하여 속이 들여다보이고 있으니 허욕부리지 말고 매사에 수능함이 바로 살 수 있는 길이 될 것이다.

여명에 자손 낳고 이별하며 심즉 과부가 되고 동서득자(東西得子)에 자연유산이요 소실이나 재취명인데 자손 덕도 없으니 이를 두고 남편덕 없는 여자 자식 복도 없다 하였고 잘못하면 인정이 아닌 동정에 이끌려 동반자살 할까 두렵다·독수공방은 남편이 피상 되기 때문이며 유모·보모·기생·포주·식순이 등의 이름으로 불리는 팔자로 직업여성이 많은데 운명을 잘 계도하려면 교육계나 비서직에 입신함이 좋겠다. 인체 적으로 식상은 자손이요 자손과 관련된 것은 생식기·자궁·난소·유방이 되므로 식상이 빈한한 자는 자궁도 유방도 모두 빈약하여 자손 두기 어렵고 여기에 형충 파 등이 임하면 유종·유방암·자궁파열·자궁수술·자궁암·자궁 폐색증·자궁외 임신 등의 질환이 염려된다. 첨언한다면 식상의 과 다와 전후를 구분하여 여성들의 가장 중요한 곳까지를 예지할 수 있으니 연구하여 앞으로 궁합을 맞추는데 많은 참고 있기 바란다.

4. 재성(財星)

재성 또한 정재 편재를 합칭한 말이며 아극자로서 내가 다스리 며 일간으로부터는 다스림을 받아야 할 의무가 있다고 보아도 된 다. 보통 정재는 길하고 편재는 흉이라 할 수 있으나 역시 상대적 이기 때문에 정재도 태과하면 병이 되기에 편재보다 더욱 흉하고 편재도 필요하면 정재보다 나으니 재성의 과다와 일간의 강약을 알고 난 다음 길흉을 논하여야 된다.

식상으로부터는 생을 받고 관으로는 도기·설기되며 인수를 극 하고 견겁으로부터는 극(다스림)을 받는다.

재성에 사용하는 용어를 응용하여 보면 다음과 같다.

쉽게 생각한다·여성상위 시대·크다 많다·물품·여자·애인· 소실·아버지·횡재·욕심이 많은 것·갖고 싶어 하는 것·항상

이긴다는 것을 생각한다·먹는 것·포만·대가성을 바라는 것·명령하는 것·만족도·음식물·재물·돈·회계·멋있는 여자를 만나고 싶어한다·절약을 잘한다·내 마음대로 하고 싶어 하는 것·비품·물물교환·느리다·관리를 잘한다·통제를 잘한다·암산과 계산을 잘한다·욕심이 생긴다·안정을 바라는 것·뻔뻔해진다·거짓말을 본이 아니게 하게 된다. 남의 여자가 내 여자로 둔갑해 보인다. 통솔력·사업성기질·위장이 크다·미식가·남자에게는 색정

재성운이 좋게 작용할 때는 목적은 돈과 여자에게 있으니 목적 달성하여 만인위에 군림하고 무슨 일이든지 결실을 맺고자 하는 것은 대가성에 있으며 돈이 생기고 여자가 생기며 기분이 좋아 생기가 돌고 마음이 젊어지며 먹을 복 있고 가질 복 있으며 통솔력과 관리력이 특출하다. 가는 곳마다 입맛을 당기게 하고 가만있어도 환경이 나를 바쁘게 만들며 재산이 늘어나고 인기가 상승한다. 계산이 빨라지고 세력을 키우고 확장하며 돌아섰던 처가 찾아와 협조하고 도움을 주며 부귀가 겸전이다. 아버지의 재산이 유산으로 넘어오며 처의 내조가 한 층 좋아지고 묵은 돈 받으며 지나간 이야기하고 내가 통솔을 안 해도 부하가 잘 따라준다. 먹는 것마다 살찌며 패자가 승자가 되고 매사에 자신이 붙으며 건강이 좋아지고 아버지한테 인정받으며 사랑도 받는다. 나의 사랑은 처에게 돌아가고 처의 말 한마디에 재산이 불어나며 사업이란 것을 알게 되고 돈 앞에서는 만인이 굴복한다는 것을 알게 되며 나의 재주는 사업에 있으니 소원했던 꿈이 이루어진다. 시어머니 말씀이 헛된말이 없으며·시집식구가 나를 편안하게 해주고·시어머니 말씀은 나의 재산으로 직결된다·뼈에 사무쳤던 가난에서 벗어나고·돈벌이가 잘 되

니 스트레스가 해소되며 · 뇌물을 받아도 탈이 생기지 않고 · 총각은 혼인하고 매사에 자신이 있으며 · 기분이 매우 좋아 콧노래가 저절로 나오고 · 부친경사에 목적이 달성된다.

재성운이 나쁘게 작용할 때는 부도 · 이별 · 사고 · 송사 · 여자주의 · 먹는 것마다 걸리고 한 푼 들어오고 서푼 나간다 · 지출이 심하고 주객이 전도요 계산은 빠르나 혼자서 손해보며 뜬구름 잡으려 하나 하나를 얻으면 셋을 잃으니 부도가 난다. 욕심이 앞서 보이는 것이 없고 욕심 부린 것만큼 손해 보며 · 도실(盜失)에 실물에 배신당하고 뇌물에도 화가 따르며 · 처로 인하여 가정불화가 생기고 · 음식 · 여자 때문에 실패요 · 돈 떨어져 신발 떨어져 애인마저 다 떨어지며 · 손재가 중중하고 사기 당하며 · 상처(喪妻)에 이별이니 이보다 더 흉한 것이 또 어디에 있겠는가! 어린 시절에는 학업이 뒤처지는 것은 물론 심하면 중단하고 가정이 기울며 부모를 잃어버리니 의지하는 곳마저 없어진다 · 도와주고도 뒤집어쓰고 계산 착오가 되는 등 욕심이 가로막아 보이는 것이 없다 · 여자가 개입하면 실패가 되고 · 이긴다는 생각이 잘못이며 · 먹는 것마다 체하고 · 승자가 아니라 패자요 · 숫자가 둔갑해서 보이니 은행인은 금전사고가 나고 · 통솔력이 떨어지며 관리력도 떨어진다 · 돈이 들어올 줄 알았는데 새끼 쳐서 나가고 · 돈답게 써보지 못하고 패망하며 · 돈 앞에서는 변덕이 심하니 집에는 금송아지를 키운다 · 여자라고 하면 치마만 둘러도 좋아하고 시집이 사업가요 돈 앞에선 무엇이든지 꾸며댄다 · 먹는 데는 빠지지 않고 가는 곳마다 패망의 소식이니 내가 설 땅이 없으며 · 음식을 먹을 때 보기 흉한 짓은 혼자서 다하고 · 욕심으로 시작하여 욕심 때문에 패망한다.

돈이라 하는 것은 들어올 때는 아무 일이 생기지 않으나 돈이 나갈 때는 인마를 살상하는 것이니 주의가 필요하다.

5. 관성(官星)에 대한 응용법

관성(官星)은 극아자(克我者)로서 정관 편관을 총칭한 것이며 일간을 克하기 때문에 가장 두려워하고 있다.

보통 정관은 길하고 편관은 흉하다고 하고 있으나 여기에서도 신약하면 정관도 흉이 되고 신강하면 편관도 길이 되는 법이니 일간의 강과 약을 잘 구분하여야 되며 아울러 정관도 주중에 흉이 되면 살로서 작용하고 편관도 유용(有用)하면 권으로 화하여 길이 되는 것이다.

다음 편관을 일명 칠살 이라고도 하는데 이유는 일주를 기준 하여 일곱 번째가 되면서 인정사정없이 극신(克身)하기 때문이고 또 칠살보다 더 무서운 것은 귀라고 하는데 이와 같이 똑같은 관을 가지고서 호칭이 다르고 있는 것은 일간의 강약에 따라 구분되기 때문이다. 다시 말하여 신약일 때는 살이 되고 좀 더 약하면 귀(鬼)가 되는데 극신(克身)으로 나를 죽이기 때문에 살(殺)이라는 명칭이 생겼고 귀(鬼)는 귀신즉 살보다 더 무섭다는 의미에서 붙여진 것이다.

재성으로부터는 생을 받고 인수로는 도기·설기되며 식상으로부터는 克을 받고 견겁에게는 극을 한다.

관성에 사용하는 용어를 응용하여 보면 다음과 같다.

관직·명예·직급·직장·권력·행정관·법관·무관·군인·군속·경찰·형무관·사법권·별정직·임시직·관리를 당하는 것·황

천 팔요살·사고·관재·스케일이 크다·통제를 하고 있다·명분·
크다·명예·명령을 하는 것·큰 것을 노린다·당연하다고 여긴다·
억제를 하는 것·억울함·기대가 크다·매 맞고 산다·밀림을 당하
는 것·질서를 잘 지킨다·마음은 정직하다·돌아서면 잔소리를 잘
한다·두려워하는 것·병증·무서운 것·애인을 두고 싶어 하는
것·누명을 잘 쓴다·관리를 당하는 것·해볼만 하다고 여긴다.

관성운이 좋은 때는 감투를 좋아하고 권력이 그렇게 좋아 보인
다·명예를 얻고 자식이 공부 잘하며 일이 많아진다·행정 사법에
입문하고 이루지 못했던 것을 결실하고 꽃이 피어 열매를 맺으며
인기는 날로 상승한다·정치에도 입문이라 가문에 영광이요 관에
서 나를 불러주고 도와주며 상장 상패 받으니 도처에 경사라 인기
가 집중된다·듣는 말마다 승진이야기요·남편이 잘되고·명예를
얻고·선거에서 당선되고·그동안 이루지 못한 꿈을 한꺼번에 다
이루고·기관에 오르게 되며·권자에 오르니 뭔가를 알게 되고·
부귀가 겸전이라 부자간에 내리 벼슬이며·우리 조상이야기하며 4
대조의 도움이 크다 하겠다·남편의 말이 하늘과 같고 천운이라
생각하며·며느리가 집안을 일으키며·벼슬까지 시집에 선물이
라·애인 소개 받으며·취직하고·기관장과도 밀접한 관계이며·
가만히 있어도 오라는 곳이 많으며 경사가 거듭거듭 한다·가는
곳마다 대환영이라 예절 바른 행동에 주위에서 칭찬이요·생활의
행동은 우리 조상님한테서 풍겨오고·내가 귀감이 된다는 것은 사
회에 바탕이요·며느리의 감투가 내 마음을 찡하게 한다. 시누이의
사랑을 듬뿍 받는다.

관성의 운이 나쁠 때는 퇴직·좌천·누명·공갈·협박·득병·

신병 · 우울증 · 상신 · 관재 · 구속 · 배신 · 이혼 · 자손상심 · 부군상심 · 업무누적 · 감사 · 감찰 · 사찰 · 기업공개 · 허몽 · 요사.

　변화해보았자 같은 직종이요 골라보았자 같은 남자이며 자손에 변화가 있고 · 직장이 아니라 호랑이 같은 굴속이요 · 사업 확장에 누명쓰고 모략 당한다 · 막다른 골목으로 도망가는 운이고 악몽에 시달리며 요사스런 꿈을 꾸고 얼굴에 병색이 완연하다 · 여자는 백발백중 이혼수요 남자는 자손사고로 연결되며 · 대들보 부러지고 서리 맞고 화가 백가지로 일어난다. 귀가 얇고 남의 말을 잘 들으며 · 일해주고 누명쓰고 무리하다 감사 받으며 · 남편한테 터지고 친정 가서 화풀이한다 · 꿈이 많고 식은 땀 흘리며 · 일의 노예가 되고 · 천한 일만 골라서 한다 · 꿈은 크나 뜬구름이요 · 가는 곳마다 원수요 · 하는 일마다 후회가 막심하며 · 시집형제로 인하여 더욱 괴롭힘을 당하고 · 시누이 시집살이가 매운 고추보다 더 맵다 · 임시직으로 일하며 하루살이와 같은데 남이 들을 때는 별정직이다 · 한 몸에 두 지게를 지는 것과 같아 명암한 장 내놓을 만한 이름이 아니다.

㊶ 건강(健康)과 질병(疾病)

인간의 건강은 오복 중에서도 가장 으뜸으로 차지하고 있으며 실지로 본인이 병들어 보지 않고서는 환자의 마음을 알 길이 없지만 또한 안다하여도 현재 병중이 아니기 때문에 곧잘 망각하는 것이 인간의 마음인지도 모른다. 역학적으로 나타난 체질에 대한 깊은 연구로 치료는 물론 예방의학에 힘써 주기 바란다.

보편적으로 신왕한 자는 건강하나 신약한 자는 잔질이 많고 춘·하절에 출생인과 木火가 많은 자는 몸이 따뜻하고 추·동절에 출생인과 金水가 많은 자는 몸이 차가운 것이 상례이나 주중의 木·火·土·金·水 오행 중 어느 것이든 태과불급(太過不及)은 모두가 병이 되고 있으니 구별한다면

木은 간담(肝膽), 火는 심장(心臟) 소장(小腸)·심포(心胞)

土는 비위(脾胃), 金은 폐(肺) 대장(大腸)

水는 신장(腎臟)과 방광(膀胱)에 이상이 생긴다.

질병에는 선천적인 것과 후천적으로 발생하는 두 가지의 형태로 구분할 수 있는데 또 유전적인 것과 운의 영향에 의하여 발병되었다가 그 운이 지나가면서 자연적으로 치료되는 것도 있으며 운기에 의하여 건강이 좌우된다는 것은 공기 속에도 오행이 모두 있기는 하나 火年에는 火氣가, 金年에는 金氣가 가장 많이 지배함으로 환경에 지배를 많이 받는다는 것이다. 병을 얻는 데는 주택의 입지 조건도 중요한 몫을 하고 있으니 가령 집안에 습기가 많고 내실의 면적에 비해 가구가 너무 많다든가 또는 일조량이 부족하게 되면 자연 식구들의 건강에 병고가 떠날 사이 없게 된다. 오염된 수질

및 대기도 마찬가지이니 체내에 축적된 더러운 것은 질병뿐만 아니라 정신에 미치는 영향이 너무나도 커서 종내는 자기위주의 생활은 물론 성격마저 난폭하여지는 것도 공해에서 기인되고 있음이라 생각만 하여도 두려움이 앞설 뿐이다.

다음은 오행별로 인체에 소속된 부위를 기록하니 참고.

木 : 간담·두뇌·신경·인후·촉각·수족·모발·풍질·결핵·
    경화·임파선·갑상선·혼

火 : 심장·소장·심포·삼초·시력·정신·안면·설·혈압·
    체온·열병·시각·흉부·산(散)

土 : 비·위·기육·복부·요(腰)·협(脅)·습진·口·미각·
    완(腕)·당뇨·결석·암·진(唇)·허경·순(脣)

金 : 폐·대장·기관지·골격·피부·치아·혈질·비·취각·
    조혈·치질·맹장·장질부사·생리통·해수·천식

水 : 신장·방광·신기·이(耳)·청각·비뇨기·생식기·
    타액(침)·수분·한냉

1. 건강체질

身旺하고 運이 좋을 때

※ 참고

건강하다 하여 모든 구조가 정상이라는 것은 아니며 다만 약하나 그 자체가 두드러지게 나타나고 있지 않는 것뿐이다. 따라서 병이 없는 사람은 한사람도 없다고 하여도 과언은 아닐 것이다.

실 예

辛　丁　丙　己
丑　酉　寅　卯

정월로 실령이나 득지, 득세로 신왕에 丙火가 寅卯합 木局에 장
생하니 따뜻하게 조후가 잘 되여 건강하다.

2. 정신질환(간질병)

① 재살 태왕자

辛　丙　丙　甲
卯　申　子　寅

재살태왕한 중 재성 귀문관살에 寅申충이 있는데 아버지가 사망
한 후부터 후천적으로 한때 간질로 고생을 하였으나 현재는 완치
되어 정상생활을 하고 있는 남자의 사주다.

② 　　乙　乙　丙　甲

酉　巳　子　午

신약에 상관태왕하고 子酉파가 있어 15세 때 조실부모하고
2008년 戊子년에 연탄가스로 자살한 남자의 사주다.

③ 　　甲　辛　甲　癸

午　巳　子　亥

제살태과격으로 14세 때 대운이 바뀌면서 巳戌로 귀문관살이 들어와 자기의 아버지를 죽인 남자의 사주다.

3. 시력장애(視力障碍) 안과(眼科)

시력장애에 있어서도 분류하여 보면 심하면 맹인·청맹·야맹·색맹·색약·사시·음양안(陰陽眼)·사백안(四白眼)·삼백안(三白眼)·원시·근시·난시·백내장 등으로 구분된다. 木·火·土일주(日主) 재살태왕에 심약자와 주중 丁巳가 金水에 피상되면 맹인이 되기 쉽고 水 일주 지지 火局은 야맹(夜盲)에 청맹(靑盲)이요 火가 刑이나 空亡이 되면 색맹에 색약이며 火刑에 양인살이 겸비면 사시(斜視)가 된다. 日主 기준 하여 左右의 火가 음양이 다르거나 불균형이면 음양안이요, 木이 많으면 원시(遠視)요, 火가 부족은 근시(近視)요,

火 부족에 刑살이 있고 金水가 太旺하면 난시(亂視)며,

火 日主 火 태왕은 백내장(白內障)이 있게 된다.

※ 日主 木 태왕은 녹내장이 있게 된다.

火가 피상 되는 운에 시력이 약하여지고 또 안질수술 있으며 火가 살아나면 시력도 회복된다. 주중 火가 허약하면 해당된 육친도 시력장해요 火가 필요한 사주는 쌍꺼풀 수술이 좋고 기신(忌神)일 때는 해(害)가 오며 눈에 살기(殺氣)가 있을 때에는 안경으로 감추고 火가 필요하면 안경을 쓸 것.

4. 이비인후과(耳鼻咽喉科) 질환

金水木이 太旺한 자,

해설

　오행으로 金은 비(鼻), 水는 귀(耳), 木은 인후에 각각 해당하고 있어 주중의 金水木이 허약하면 귀, 코, 인후가 약하게 되어있고 다시 형살이나 沖이 있으면 더욱더 허약하여지므로 病이 발생하게 된다. 또 지나치게 태왕한 것도 역시 병이 되는데 특히 木왕자는 신경만 많이 썼다하면 편도선이 부어오르는 등의 증상이 나타나며 인후증이나 임파선, 결핵, 간경화, 간암 등에도 주의하여야 한다.

　金에 刑沖이 임하면 취각(臭覺)에 장애가 있거나 축농증 등 이 발생하며 코가 左나 右로 굽어 있다.

　水에 刑沖이 임하고 허약하여 있으면 이명증 등 귀에 질환이 있고 주중 습이 많으면 귀속이 깨끗하지를 못하며 귓바퀴가 적고 청각에 장애가 있다.

甲　戊　癸　丁

子　申　卯　亥

　水木이 왕하고 관성 귀문관살이 있어 편도선이 잘 붓고 취각도 좋지 못하며 해살(害殺)이 있어 이명증에 귀속도 깨끗하지 못하다.

5. 치과질환

신약사주에 주중 천간 辛金이 허약하고 재차 沖刑이 된 자

己　癸　辛　乙
未　未　巳　巳

지지 火局으로 월상에 辛金이 피상되고 급각살을 둘이나 놓아 불균형으로 삶 하다가 의치로서 살고 있다.

※ 참고

金 일주에 득국인 자는 치아 하나는 튼튼하고 食傷이 많은 자 입모습이 나와 있으며 입모습이 나온 자 말을 함부로 하여 구설이 따르고 사랑니(齒)는 필요가 없다고는 하나 지장이 없는 한 제거할 필요는 없다. 치아는 가급적 골라야 좋고 앞의 치아가 불균형하면 부부금슬(夫婦琴瑟)에 이상이 생기고 송곳니를 가진 자는 독한 마음이 있으며 입이 작으면 소심하고 입이 크면 대범하다.

6. 기관지(氣管支) 및 폐질환(肺疾患-흉부내과)

① 주중 金이 허약하고 피상될 때

乙　庚　辛　甲
酉　午　未　戌

火局에 金이 피상되고 있어 기관지가 약하고 빈혈과 혈압이 있다.

※ 참고

주중에 금이 허약하고 형살과 급각살이 동반한 자는 모두 뼈에 병이 되고 골수염(骨髓炎)등도 염려되며 운에서 金이 피상 될 때 발병한다.

7. 심장(心臟) 및 혈압질환(血壓疾患)

주중火가 심히 약하거나 화기태왕한 자

己	壬	癸	丁
酉	辰	卯	酉

火가 허약한중 년월에서 丁癸로 沖하여 있고 지지에서 卯酉로 금목상전하고 있는데 일지 괴강으로 비만체구에 병이 된다.

※ 참고

火가 약하여 오는 병은 저혈압·혈액순환장애·심장판막증·협심증 등이 많고 火일주가 아니라도 일주가 지나치게 허약하고 겨울생이면 저혈압증세가 있으며 火氣가 태왕하면 고혈압 또는 심장확장증·울화병 등이 있게 된다. 여명에 심장판막증은 아기 낳고 죽기 쉬우며 남녀를 불문하고 지나친 비만은 성생활에 불만이 많을 뿐더러 심하면 이혼하게 된다.

8. 간질환(肝疾患)

水木이 응결(凝結)하거나 목이 심히 습한 자

庚　壬　壬　壬

子　寅　寅　寅

壬水 일주에 木이 심히 습하여 있던 중 운에서 지방간으로 시작하여 간경화로 고생하다가 간암으로 전이 되어 29세 나이로 세상을 떠났다.

※ 참고

운에서 木이 피상되거나 응결되면 더욱 심하게 악화되고 운중의 木이 너무 습하여도 역시 지방간 등의 질환이 있으며 木이 刑·沖·破·害가 되거나 고장운 등 운에서 와도 간 질환이 있게 된다.

9. 내과질환(內科疾患-위장병(胃腸病)

① 土일주가 허약하거나 주중에 재가 없는 자

乙　己　己　丁

丑　未　酉　卯

재가없어 소화기능이 약하고 위산과다로 위병으로 고생하며 일주가 너무나 약하니 소식하며 살아가야 하겠다.

木이 왕하여 오는 위장병은 木은 산(酸)이요 신경이 되므로 위산과다나 신경성 위장병이 된다.

金왕은 土生金이니 위하수(胃下垂)증이 되며

水가 왕하면 토류로 위벽이 상하니 위궤양 환자가 되고

火土가 旺하고 재가 없으면 火生土하니 胃가 생조(生助)를 너무
나 많이 받아 운동을 안 하니 위 무력증이요

土가 沖刑을 받으면 위(胃)수술에 위경련이 있고

土가 삼형살이면 위암을 주의하고

주중 천간 土나 재성이 죽어 있으면 요통이 심하다.

추명하건데 주중 火氣가 왕하면 건조하여 타액이 부족하고 주중
에 재가 없으면 타액이 부족하니 소화에 지장이 있고 변비가 있으
며 심하면 치질환자가 된다. 치질이 심하면 행동반경이 줄어드니
재물에도 미치는 영향이 크다는 것을 명심하여 건강을 유지하는데
힘써야 할 것이다.

② 소아마비질환

壬　癸　己　乙

戌　未　丑　巳

2살 때 丙午 丁未년까지 원진·귀문관살로 근육마비 즉 소아마
비를 앓았었다.

※ 참고

財多者도 위장병이 있는데 이유는 財는 음식으로 폭식을 하면
당뇨가 되기 쉽고 빈한하므로 시간을 맞춰 식사를 하지 못하기 때

문이다. 土 일주 관계없이 재성이 없는 자는 소화능력이 부족하여
잘 체하고 土가 허약한 자 위병은 물론 차나 배 멀미가 심하며 운
에서 土가 沖刑을 받으면 위경련 무력증 또는 수술 받아 볼 수 있
다. 운중의 天干이 원명의 재를 피상 시켜도 위장병이 있으며 위
(胃)는 오장육부의 근간이 되고 있으니 가급적이면 위는 상하게
하지 말 것이다.

10. 피부비뇨기과(皮膚泌尿器科) 질환

① 金水가 허약하거나 水가 없고 주중에 火土 왕한 자

　(야뇨증 · 피부허약)

水氣가 허하게 되어 水에 소속되는 비뇨기과에 해당하는 질환 즉
신장 · 방광 · 요관 · 고환 · 부고환 · 생식기 등에 질환이 발생한다.
특히 여기에 해당하는 자 土가 많거나 木이 형살로 구성되어 있으
면 담즙의 불균형으로 결석으로 고생하고 또 水 즉 신장 방광계통
의 자율신경이 약하여져 제대로 임무수행을 못하기 때문에 야뇨증
환자가 될 수밖에 없다.

② 화류병(花柳病) 또는 곤랑도화(滾浪桃花) 놓은 자 성병

壬	癸	戊	乙
子	卯	子	丑

발기장애와 桃花 · 刑에 냉(冷)하여 루병(漏病)에 성병으로 고생
하였다.

③ 인수가 많으면 포경자다

丙　庚　癸　壬
戌　辰　卯　戌

木局으로 인수태왕, 辰戌土 태왕으로 포경이다.
※ 참고

포경자는 조루증을 동반하고 있으니 꼭 수술 받아야 하고, 火日主 木火 太旺者는 조루증이요, 일간 허약자나 재성을 합하지 않고 형충파로 형성되면 조루증이다. 陰 일주 지지가 陽이거나 陽 일주 지지가 양은 생식기 일품이요, 일주 강에 재성을 합 한자 또한 성욕이 강하다.

11. 자궁질환(子宮疾患)
① 일주 약에 상식이 태왕한 자

乙　丙　戊　己
未　戌　辰　卯

다봉(多逢) 土로 허약하여 있는 중 沖刑이 임하고 있어 자연유산이 심하였고 무자다.

② 食傷 허약에 刑沖한 자

己　戊　壬　丁
未　申　寅　巳

食神과 寅巳申으로 刑沖을 받아 자궁이 약하고 수술을 받아 보았다.

※ 참고 여명에서

① 食傷은 자손·자궁·유방·음부 등으로 같이 보고 있다.

② 유방이 예쁘면 귀자에 자손덕 있고 부군의 사랑 받으나

③ 유방과의 사이가 멀면 남편과 떨어져 있는 날이 많거나 아니면 이별이요.

④ 유방이 나무나 크면 천명(賤命)이고 남의 자손 키워주며

⑤ 유방이 빈약하면 자손이 늦고 자궁 발달이 늦으며

⑥ 위로 있으면 자손이 병자(病者)가 있고

⑦ 아래로 처져 있으면 남의 자손 키워주며

⑧ 유방의 발달에 따라 생식기도 비례한다고 보면 된다.

⑨ 食傷이 과다하면 자궁(子宮)이 지나치게 크고

⑩ 食傷이 약하면 자궁이 약하여 작고 무력하다.

⑪ 食傷이 년월에 있으면 자궁이 깊고 뒤로 있으며

⑫ 食傷이 일시에 있으면 앞으로 있고

⑬ 日時로 국을 잘 이루고 있으면 정상위치가 되며

⑭ 時主 天干으로 있으면 너무나 위로 있고

⑮ 食傷이 없거나 있어도 무근이면 자궁발달이 안되어 있다.

⑯ 印綬와 식상이 균형을 이루고 있으면 수축작용이 좋고

⑰ 食傷 도화자도 성에 대한 유혹이 많으며

⑱ 식상이 귀문관살을 놓은 자 신약은 불감증이고 신왕은 변태성 이다.

⑲ 신태약(身太弱)한 자 불감증에 가깝고

⑳ 신왕운(身旺運)에 성감이 살아난다.

㉑ 水氣 태왕에 관성과식상(食傷)이 합을 하고 있으면 독신녀 되 기 어렵다.

㉒ 도화에 암합(暗合) 官한 자는 색을 마음속으로 밝힌다.

㉓ 도화 관운(官運)도 몰랐던 성감이 살아나게 되어 있다.

㉔ 식신제살격(食神制殺格)은 官이 병(病)이 되므로 불감증이요 또는 변태행위라 한다.

㉕ 제살태과자(制殺太過者)는 관(官)이 필요함으로 사랑 없이는 못살고

㉖ 食傷 태왕자나 없는 자는 예쁜이 수술로 교정할 것이며

㉗ 괴강(魁罡) 일주에 신왕자 중성에 가깝고

㉘ 여자의 입은 생식기와 직결되어 있으며

㉙ 입 주위에 점이 있으면 음부 주위에도 점이 있다.

12. 수족(手足)이상 및 풍질(風疾)

① 급각살이나 단교관살을 놓은 자

辛　辛　己　甲

卯　未　巳　午

官殺 및 火氣 태왕에 급각살이 중중하고 건조하여 다리를 절고 있다. 단 습이 많으면 류마치스 관절염이 된다.

② 수목응결에 냉한 자

$$癸\quad 壬\quad 乙\quad 癸$$
$$卯\quad 子\quad 卯\quad 亥$$

급각살 단교관살에 수목응결로 子卯刑까지 하고 있어 다리를 절고 풍질로 고생하고 있다.

※ 참고
女命은 산후풍이 있으니 산후 조리 잘하고 골절·낙상·추락사 등도 주의할 것이며 운의 영향도 대비하여 결론을 내릴 것.

13. 두통질환
간에 이상이 있을 때-두정(頭頂)에 통증자
위장에 이상이 있을 때-전두통
방광에 이상이 있을 때-후두통
비위허약으로 인한 습담, 편두통인 자(띠를 두른 형상)
혈허자, 눈썹의 위가 두통인 자
기허자, 눈썹 끝이 두통인 자
심허자는 마비 증상처럼 두통이 온다.
약물중독은 만성두통

㉒ 직업관계(職業關係)

현 세대는 직업이 수도 없이 많고 또 세분화되어 있으며 앞으로도 계속 많은 직종이 생겨날 것은 기정사실이나 이것도 알고 보면오행과 육친의 범위는 벗어나지 못하고 있다.

인간이 60평생을 살아가는 동안 한가지의 직업에 만족하여 지켜온 자가 있는가 하면 또 헤아릴 수 없이 많은 직업의 변화 속에허송세월만 보내는 이도 있고 하고 싶어 하는 직업이 있는가 하면하기 싫으나 어쩔 수 없이 주위의 사정에 의하여 가져야 하는 직업도 있으니 이유야 어떻든 모두가 운명인 것이다. 또 직업에는 선천적인 것과 후천적인 것으로 구별할 수 있는데 선천적인 것은 본명에 나타난 상황을 가지고 론(論)하게 되니 과학의 첨단을 걷고있는 현실에서 직종 즉 적성분류의 방식이 지능지수에 의하여 많이 활용되고 있으나 이는 두뇌활용에만 국한될 뿐 건강 능력 또는후천적으로 발생하는 것에 대하여서는 하나도 반영되고 있지 않고있어 운명적으로 생활환경에 부딪쳐 다급한대로 직업을 찾다 보니적성에는 미치지 못하고 있는 것이다.

따라서 범국민적인 시책으로 이 역학의 원리를 이용하여 어렸을때부터 각 개인의 적성을 알아내어 적성에 맞는 교육에 임한다면현재처럼 대학까지 나와서도 내가 무엇을 하여야 할 것인지 조차몰라 방황하는 폐단은 없을뿐더러 오히려 교육 년한(年限)을 축소시킬 수 있는 지름길이 될 터이니 이것이 곧 국익과 더불어 부강한 나라가 되게 하는데 결정적인 역할을 하게 될 것은 재론의 여지가 없을 것이다. 학력보다는 적성으로 각자가 타고난 소질을 개발하는데 주력하여 삶을 추구하고 그 속에서 행복을 찾아야지 그렇지 못한다면 궤도를 이탈한 차와 같아 되는 일이 없을 뿐더러 주위 사람까지도 피해를 주게 되는 것이다.

☆ 다음 사주에 의한 적성 분류는

① 일주의 오행과 월지와 대비하고

② 주중의 왕자도 선택이 되나 주중 허약자는 길게 못가고

③ 사주의 필요한 것이 직업이 되는데

④ 용신의 희신자(喜神者)도 직업이 되며

⑤ 용신의 구신자(仇神者)는 직업병이 염려되고

⑥ 운을 극하는 방향으로 갈려고 하며

⑦ 陰보다는 陽을 선택함이 바람직하나 陰을 선택하려 하고

⑧ 지지보다는 天干이 바람직하다.

⑨ 일간의 음양에 따라 선택이 달라진다.

⑩ 본인이 직업을 택하려고 하는 것은 月과 年이다.

　　그러나 財官을 따라 직업을 선택하는 것이 제일 좋다.

※ 다음 오행과 육친에 따른 적성을 기재하니 참고 바란다.

* 木

교육 · 의사 · 출판 · 문화 · 통신 · 목재 · 섬유 · 직물 · 육림 · 약초 · 화초 · 악기 · 기예 · 가구 · 목각 · 인장 · 문방 · 죽세공 · 의류 · 농장 · 건축 · 목공 · 건재 · 분식 · 이미용 · 편물 · 양복 · 그림 · 글씨 · 조경.

＊ 火

화공 · 유류 · 화학 · 전기 · 전자 · 항공 · 과학기술 · 화학섬유 · 약
품 · 언론 · 교육 · 미장원 · 피혁

＊ 土

농산물 · 부동산 · 토건 · 토산품 · 종교 · 철학 · 소개업 · 광산 · 농장

＊ 金

금속공학 철강 · 운송 · 조선 · 중공업 · 경공업 · 금은세공 · 제련 ·
기계공구 · 기술자 · 철물 · 군인 · 경찰 · 권병 · 기계조립

＊ 水

수산물 · 양식업 · 식품 · 주류 · 해운업 · 냉동업 · 빙과류 · 상하수
도 · 다방 · 유흥업 · 여관 · 수영장 · 법관 · 스케이트장 · 해저개발 ·
외무부 · 무역

＊ 인수

교육 · 학원 · 육영 · 문화 · 언론 · 출판 · 주택 · 의류 · 정치 · 통
역 · 번역 · 대서 · 서점 · 문방 · 행정 · 보석 · 타자 · 복사 · 예술 · 가
구 · 창고 · 서예 · 종교 · 골동품

＊ 견겁

동업 · 모방기술 · 상업 · 정보기술 · 대행업 · 대리운전

＊ 식상

육영 · 학원 · 기술 · 예능 · 가공 · 응용 · 생산 · 기계 · 교육 · 종

교·감독·밀수·도박·포주·유모·보모·기생·식모·모험심

  * 재성
  식품·음식물·경제·경영·재정·세무사·계리사·회계사·밀
수·부동산·알선업체·고리대금·전당포·경리·대리점·유흥음
식점·관리·기계

  * 관성
  행정관·별정직·직장·법관·군인·경찰·형무관·임시직·공
무원·봉급자

1. 교육계(教育界)

1) 학교관계(學校關係)
  도화나 재가 필요한 자 또는 있는 자는 여학교와 인연이 깊다·
운에서 인수가 지배하여도 공부하거나 교육계로 전직되며·월에
인수이거나 주중에 인수가 많으면 교육가 집안이며, 위치별로 응용
하여도 되고·인수국은 큰 학교 국립대학교요·金水 태왕은 야간
학교요·刑殺은 기술계 또는 공대·재는 상고 상대 등으로 추명하
면 된다.

  (1) 인문 사회 과학
  ① 경영학과(국제경영학부) → 천간 偏財에 역마
  ② 호텔관광 경영학과(상경) : 호텔레저 경영·전자상거래
      → 午·丁壬

③ 호텔조리식당 경영학과→식신귀인·재성

④ 국제무역 정보학과→편재역마·식신＋편인

⑤ 광고 홍보학과(상경) : 영상제작→丁庚

⑥ 영어과(외국어학부)→편인 역마

⑦ 중국학과→戊辰 土가 인수

⑧ 베트남학과→火가 편인

⑨ 경찰행정학과(법행정 경찰학부) : 법학·행정학·경찰행정학

　　→魁罡格·신왕관왕

⑩ 일본어학과 → 丙午火가 편인

⑪ 아동복지학과 → 신약에 식신이 발달한 자

⑫ 경영세무학부 : 디지털 경영학·세무학 전공→羊刃 재성

⑬ 한국어 문학부 : 국어 국문학·문예 창작학 → 정인격

⑭ 서양어 문학부 : 영어영문학·불어불문학·독어독문학

　　일어일문학·중국어중문학·노어노문학 → 金이 편인

⑮ 인문학부 : 사학·철학·문헌정보학 → 土 인수고장

⑯ 교육 윤리학부 : 윤리문화학·평생교육학→木火 정인격

⑰ 언론 광고학부 : 신문방송학·광고홍보학·심리학

　　　　　　　(커뮤니케이션학부)

　　　　　→ 식신제살·木火통명·식신용신

⑱ 유통통상학부 : 유통·국제무역·중국통상·물류관리

　　　　　→ 역마 재성 인수

⑲ 교육 과학부 : 아동학·청소년 지도학

　　　　　→ 식신이 발달한 자

⑳ 특수교육과 → 인수와 식상이 발달한 자

㉑ 경제 금융 보험학부 : 경제금융학 · 금융보험학→인수와 재성이 역마

㉒ 사회복지학과 → 식신

㉓ 정치 경제학부 : 정치외교학 · 경제학
　　→ 식신이 용신, 식신제살

㉔ 법학부 → 신왕에 관인상생

㉕ 역사학 → 土 인수고장

㉖ 회계 경영학과 → 재인(財印)이 합

㉗ 지리학과 → 丑戌 또는 辰戌丑未

㉘ 행정학과 → 관인상생, 정인

㉙ 무역학과 → 편재역마

㉚ 문헌정보학과 → 인수고장

㉛ 신학과 → 空亡 火土중탁(重濁), 인수가 많을 때

㉜ 아동복지학과 → 식신 또는 고장

(2) 관광학과
① 관광 영어과 → 편인역마가 재와 같이 있을 때
② 관광레저 스포츠과 → 魁罡格 · 羊刃과 귀인이 있을 때
③ 항공관광과 → 양일주 火가 편인
④ 호텔 관광 경영과 → 丁午나 편인이 재를 달고 있을 때
⑤ 호텔 조리제빵과 → 午가 있고 辰巳가 재가 될 때
⑥ 항공 운항과 → 편인에 火가 역마

(3) 이공계(공학) 자연과학

① 컴퓨터 정보학부 : 컴퓨터 · 정보처리학 · 경영정보학

　　→ 午酉戌이 있는 자

② 환경 생명학부 : 환경보건학 · 환경과학 · 생명과학

　　→ 戊癸 또는 丁壬을 놓고 신왕인 자

③ 식품 영양학과 : 조리과학 → 재성이 귀인인 자

④ 전자정보 통신공학부 : 전자공학 전공 · 정보통신공학 전공 →
午酉戌이 있는 자

⑤ 상업환경 시스템 공학부 : 산업정보시스템 · 지리정보시스템
　　→ 土金이 관성이 되거나 재가 될 경우

⑥ 건축학과 : 건축공학 전공 · 건축환경 설비학과

　　→ 甲己나 土와 木이 있을 때

⑦ 멀티미디어학과 → 火日主 편인, 火가 귀인이 될 때

⑧ 인터넷 컴퓨터학과 : 인터넷프로그램학 · 인터넷비즈니스학

　　→ 인수에 午酉戌이 있는 자

⑨ 기계공학과 → 土日主 巳申이 있는 자

⑩ 방송 산업학과 → 식신제살격 · 土金이 필요한 자

⑪ 패션 섬유 공학과 : 의상학 · 주택→인수가 귀인이 되는 자

⑫ 신소재 응용화학과 → 상관에 午酉戌이 있는 자

⑬ 수학 정보 통계학부 : 수학 · 정보통계학

　　→ 인수가 재성을 달고 있을 때

⑭ 물리 과학부 : 물리학 · 화학

　　→ 辛壬을 놓고 湯火局을 이룰 때

⑮ 생명과학부 : 분자생물학 · 생명응용과학 · 유리공예 초자

　　　　→ 丁壬을 놓고 인수와 食傷을 겸할 때

⑯ 디지털 인테리어 디자인학과

　　　　→ 火가 귀인이 되면서 인수가 될 때

⑰ 반도체·전기·자동차 공학부 → 丁申·午酉가 있는 자

⑱ 정보 보호학과 → 인수가 많은 자

⑲ 환경 원예학과 → 戊癸나 丁壬이 있을 때

⑳ 산림 과학과 → 丁壬이 관이 될 때

㉑ 자연 식물학과 → 丁壬에 乙木이 있을 때

㉒ 동물 자연학과 → 土가 살았을 때 또는 戊癸가 있을 때

㉓ 환경 조경학과 → 丁壬이 있는 자

㉔ 정보 과학과 → 官食이 합이 될 때

㉕ 생물학과 → 水木이 살아 있을 때

㉖ 화학과 → 湯火가 財官이 될 때

㉗ 전자 계산학과 → 午酉戌이 있고 財가 있을 때

㉘ 소비자 주거학과 → 인수와 식신이 겸한 자

㉙ 공업화학과 → 金이 있고 湯火가 있을 때

㉚ 정보 통신학과 → 印綬에 午酉戌을 놓은 자

㉛ 첨단 디지털공학부 : 컴퓨터·응용전기공학·전자공학·
　　광전자공학→인수와 食傷을 겸하고 午酉戌을 놓은 자

㉜ 컴퓨터 공학과 → 午酉戌을 놓은 자

㉝ 수리정보 과학부 → 印綬와 財가 겸할 때

㉞ 언어 창작학부 → 水火가 발달한 자

㉟ 제철 금속과 → 申酉가 발달한 자

㊱ 산업디자인과 → 金이 편인이 되면서 귀인이 될 때

㊲ 항만 경영과 → 水가 재성이 되면서 인수를 겸할 때

㊳ 문화재 보존학과 →土에 인수 고장이 있을 때

㊴ 의과대학 : 간호학과 · 의예과 · 물리치료학과

　　→ 천의에 편인인 자, 괴강격 羊刃

㊵ 자동차 계열 : 자동차 정비 · 검사전공 · 용접기술 · 자동차 디자
인전공 · 카메카트로닉스 전공 · 자동차 차체수리전공 · 자동차
기술 마케팅 전공 → 巳申이 있는 자

㊶ 건설관리 계열 : 지리정보 · 토목과(실험, 측량) · 건축과

　　→ 甲己가 있는 자

㊷ 소방안전관리 → 水火가 겸할 때

㊸ 열 냉동관리 → 水火에 湯火가 있는 자

㊹ 가정 : 국제호텔 쿠킹과 · 제과 데코레이션과(케이크 그림 창
작) · 패션디자인과 → 丁午를 놓은 자

㊺ 철도 시설 토목계열 : 철도건설 · 철도유지보수

　　→ 木이 있고 金이 역마

㊻ 철도 운수 경영과 : 철도운수 경영

　　→ 金이 있고 인수와 재가 겸하면서 역마일 때

(4) 예체능

① 시각정보 디자인학과 → 火가 귀인이 될 때

② 환경 조경학과 → 戊癸나 丁壬이 있는 자

③ 애니메이션학과 : 인수空亡에 戌土, 또는 식상空亡

④ 스포츠 산업학부 : 스포츠경영학 전공 · 운동건강관리학 전공
　　→ 羊刃이나 괴강격에 재성을 합한 자

⑤ 방송 연기학과 : 예술 → 日干에 귀인을 합한 자

⑥ 방송 음악과 → 식신空亡

⑦ 인테리어 디자인학과 : 디지털 디자인학과 → 인수귀인

⑧ 음악학과 : 피아노·오르간 → 乙日生, 木이 귀인

⑨ 미술학과 도자기·공예학과·만화학과 → 인수와 문창

⑩ 사진학과 : 丁庚이 필요한 자

⑪ 산업 디자인학과 : 시각디자인·환경디자인·광고디자인
　　→ 金이 인수귀인·火가 인수귀인

⑫ 체육·레포츠학과 → 羊刃·괴강·空亡이 있는 자

⑬ 포장 디자인·의상 디자인학과 → 인수귀인

⑭ 무용학과 : 한국무용·서양무용·현대무용·발레·재즈
　　→ 귀인이 있는 자

⑮ 연극학과 : 연기·디자인 및 기술·무대·조명·의상
　　→ 상관귀인

⑯ 영화학과 → 丁庚이 귀인관

⑰ 한국화·서양화과 → 인수와 귀인이 辰戌丑未

⑱ 사회체육학·체육과학·스포츠의학 → 괴강과 양인이 있고
인수가 있을 때

⑲ 국악과 : 현악…가야금·거문고·아쟁
　　　　관악…피리·대금·해금·바이올린·첼로·플롯
　　　　성악…정가·경서도창·판소리·가야금병창
　　　　타악… → 인수와 식상이 있고 천을귀인을 겸한 자

⑳ 유도학과 → 戊辰 庚辰日主

㉑ 태권도학과 → 木이 필요한자

㉒ 격기 지도학과 : 레슬링·씨름·복싱 → 괴강격

㉓ 동양 무예학과 : 검도·용무도·택견 → 木이 필요한자

㉔ 경호학과(남녀) : 유도·태권도·용무도·검도 → 괴강격

㉕ 사회체육학과 : 농구·테니스·탁구·골프·볼링·
에어로빅·댄스스포츠·수영 → 水土木이 필요한 자

㉖ 체육학부 : 스포츠과학·스포츠미디어 → 괴강격에 인수귀인 자

(5) 의료보건학

① 보건행정학과 → 천의인수

② 치위생학과 → 辛金日主로 구성된 자

③ 간호과 → 羊刃 괴강이 3등급인 자

④ 임상병리학과 → 의과 2등급인 자

⑤ 방사선과 → 의과에 丁庚을 놓은 자

⑥ 작업치료과 → 羊刃이 官

⑦ 의료공학과 → 천의(天醫)가 刑殺

⑧ 보건위생과(보건환경학과) → 天醫가 丁壬

⑨ 보건행정과 → 天醫가 인수

⑩ 피부미용과 → 羊刃 괴강이 3등급

⑪ 안경광학과 : 광학기술 → 巳申이 官

⑫ 치 기공과 → 辛金이 刑殺

⑬ 물리치료학과 → 天醫가 無 인수

⑭ 병원행정학과 → 天醫가 인수

⑮ 재활공학과 → 天醫 刑殺

⑯ 건강식품개발과 → 天醫 재성, 식신귀인

⑰ 한약자원개발과 → 秋木 인수와 식신

(6) 약학대학

① 약학과 → 丁壬이 있는 자(약초)

② 한약학과 → 신왕에 추목(秋木)

③ 한의예과(한의과대학) → 秋木이 있는 자

(7) 의과대학

① 외과의사 → 괴강격과 寅申巳亥가 天醫

② 내과의사 → 辰戌丑未가 天醫

③ 산부인과의사 → 食神이 天醫

④ 이비인후과 → 金水木이 天醫

⑤ 치과 → 辛金日主 天醫

⑥ 신경정신과 → 木火日主가 天醫

⑦ 소아과 → 食神이 子午卯酉가 天醫

⑧ 안과 → 火 官이 天醫(丙火가 필요한 자)

⑨ 방사선과 → 丁庚이 天醫

⑩ 임상병리과 → 인수와 식신이 겸 天醫

⑪ 물리치료학과 : 재활과 → 天醫가 無印綬

(8) 사범대학

① 교육학과 → 식신격

② 특수 교육과 → 식신 刑殺

③ 유아 교육과 → 식신이 子午卯酉

④ 수학 교육과 → 식신이 재성

⑤ 컴퓨터 교육과 → 午酉戌이 식상

⑥ 특수체육 교육과 → 괴강이 식신

(9) 인문

① 국어 교육과 → 木이나 인수

② 영어 교육과 → 편인 인수와 식상이 합한 자

③ 불어 교육과 → 편인이 土金

④ 일어 교육과 → 편인이 丙火

⑤ 교육학과 → 식신이 종(從)

※ 자연 : 수학교육과, 자연 교육과

(10) 서울대학

① 신왕관왕(身旺官旺)·신왕재왕(身旺財旺)·신왕식상왕

② 運이 좋아야 한다.

③ 청격(淸格)이어야 한다.

④ 金水가 필요한 자

⑤ 술(術)로 살지 않고 학(學)으로만 살려고 한다.
　본명(本命)에 무인(無印)자는 학교와 인연이 없다.

☆ 연세대 → 土金 金水 해당되고 중격(中格)인 자
　인수와 식상이 잘 구비되어 있으면 오로지 책벌레

☆ 고려대 → 水木火 중격 2등급

☆ 서강대 → 金水자 3등급

☆ 동국대 → 木土金이 겸한 자·화개·천문·종교

火土중탁(重濁)・금수쌍청(金水雙清)

木火 水木 木土 용신 자

金이 용신인 자는 인연불가

2등급은 단국대로 가라

☆ 경희대 : 한의가 주종을 이루고 있다

→ 木火공존, 木이 필요한 자

2등급은 경원대다.

☆ 중앙대 → 火土 용신자－金水 用神은 불가

☆ 명지대 → 木火・火土가 필요한 자

☆ 국민대 → 木火土・土金인 자－격이 낮음

☆ 건국대 → 木火土인 자

☆ 세종대 → 木火土인 자－火가 없으면 윤리도덕이 없다.

☆ 이화대 → 上格・木火・水木용신자－金 용신은 절대불가

☆ 숙명대 → 中格・水木火・水火 용신 자

☆ 서울여자대학 → 金水필요자・木火자－無 官자는 적응하기

어렵다

서울대에 비하여 하격

이상은 학교 이름자를 자원에 기준하였고 格局과 학교의 격국이
일치하면 학교생활에 적응이 잘되며 공부도 잘 된다.

☆ 전문대학 → 운이 나쁘고 인수가 없는 자

일지 삼합은 지방대학 또는 전학 전근

☆ 재수생 → 신약에 월봉재성(月俸財星－재운에는 성적이

떨어진다)

※ 시험 보는 날 참고할 사항

인수날 : 아는 문제만 나온다.

비견·겁 : 컨닝 당하는 날이다. 경쟁이 심하다.

식상날 : 쉽게 생각하다가 실수하기 쉽다.

　　　　덤벙거리다가 실수하기 쉽다.

재날 : 아무것도 안 보인다.

　　　아는 문제도 생각이 안 난다.

　　　예상했던 점수에서 5~10점 깎아 내린다.

관날 : 正官 침착하게 시험을 잘 본다.

　　　시간 맞추다가 실수하기 쉽다.

살날 : 초조불안 沖이나 刑이면 시험을 망친다.

☆ 日辰하고 틀어질 때 잡아주는 방법→일진과 沖 이 되면
　합으로 맞춘다.

예) 子日生에 午日날은 亥나 戌이 부적

☆ 시험 당일

인수가 용신인 자는 어머니가 시험장에 따라가야 한다. 財가 용신인 자는 부친이나 삼촌이 시험장에 따라가야 한다. 학생한테는 신경 쓰이지 않게 하라. 시험 당일 날 음식은 누구를 막론하고 가볍게 먹어라. 아침부터 기분망치는 일을 보아서는 안 된다. 안정이 피요할 때는 학생한테는 청심환이 약이고 부적이다.

(11) 참고 금융관계

① 같은 은행원이라 하여도 사주가 좋거나 식상(食傷)이 잘 구비
   되어 있으면 한국은행

② 水木은 조흥은행과 인연이 있으며 법조계와 관련이 깊다.

③ 하나은행은 金水요

④ 외환은행 또는 외국지점 외환부 근무는 역마지살재일 때이며
   水가 인연이 된다.

⑤ 산업은행은 土金水가 되고

⑥ 국민은행은 火土水와 인연 있으며

⑦ 제일은행은 金水요

⑧ 중소기업은행은 土金이며

⑨ 한미은행은 金木이 되며

⑩ 중앙지점은 土가 있어야 한다.

⑪ 광주은행은 火土가 인연이고

⑫ 국민은행은 서민과 직결되므로 水木土가 인연이 된다.

⑬ 수협은 金水가 있어야 제격이다.

(12) 참고 병원관계

의약도 크게 분류하면 학의(學醫), 관의(官醫), 행의(行醫)로 구
분되는데 학의(學醫)는 의대교수나 의학 연구직 등이며 관의(官醫)
는 국립병원·시립병원·도립병원·개인병원에 이르기까지 봉급생
활로 종사하는 직이라 할 수 있고, 행의(行醫)는 자기 병·의원을
개원한 자라 할 수 있는데 보편적으로 신약자나 불운 또는 청격자
는 학의(學醫)나 관의(官醫)에서 많이 보고 신왕에 운이 좋으면

개업의(開業醫)로서 성공한다.

☆ 다음은 오행과 육친에 의거한 전문분야를 알아본다.

① 정신신경과……木日主-木 火 다봉에 귀문관살을 놓은 자

② 외과……金日主-金多 · 刑殺 · 羊刃殺 · 신왕자

③ 내과……火 土 다봉(多逢)자

④ 안과……木 火 다봉(多逢)자

⑤ 치과……辛金日主-辛金이 필요한 자

⑥ 산부인과……재성에 식신 상관을 놓은 자

⑦ 소아과……식상을 놓은 자

⑧ 피부비뇨기과……金水 다봉자

⑨ 이비인후과……金水木 다봉(多逢)자

⑩ X선과……木火다봉(多逢)자

⑪ 마취과……金水다봉(多逢)자

⑫ 약사……水木多에 탕화살(湯火殺)을 놓은 자

⑬ 한의사……水木火 다봉(多逢)자

⑭ 법의학……水日主

⓸ 인연법

① 인연은 일단 배우자궁을 먼저 보고 파악한다.(正 偏 羊刃 관계)
② 신왕에는 재관띠가 좋고 신약에는 인수 비견겁띠가 좋다.
③ 신왕하면 재관이 우선인데 주중에 없으면 암장에서 투출하여 오는 띠를 말한다.(여자가 신왕이면 관의 삼합띠)
④ 도화띠가 재성이면 연애해서 만난다.(예 : 庚午日柱에 卯)
⑤ 신약이면 주중에 없는 오행의 띠에 보호를 받는다.
⑥ 재성의 삼합띠인데 사주 주중에 빠져 있는 띠(여자는 관성의 삼합띠)가 인연자
⑦ 時에 재나 관이 투출된 것(예 : 乙亥日 辛亥時는 닭띠)
⑧ 배필은 암장에 財나 官이 天干에 투출하는 띠가 인연된다.
　　예) 남자 乙未生이 己亥日이면 亥中壬水 재가 되는 천간의 壬 띠가 인연된다.(壬辰, 壬寅 등등)
⑨ 배필은 암장에 財나 官이 天干에 투출하는 운에 만나진다.
⑩ 주중에 없는 오행의 띠가 인연자(보충이 됨)
⑪ 처의 사주에 남편의 재에 해당하는 오행(水일주 남자면 火)이 없으면 냉정살, 재혼살, 불화살이 된다.
⑫ 협(주중에 1개가 끼어든 것)도 인연자로 보며 연애할 때 나타난다.(寅이 夾이면 甲이 天干에 투출하는 甲년에 만난다. 그러나 寅이 주중에 있으면 그런 소리 안함)
⑬ 일지 삼합은 가정화목(辛巳일주 巳酉丑 : 남녀의 일주비교)
⑭ 년지 삼합은 사회활동(乙未生이면 亥卯未생)

⑮ 坤命의 일지에 正字(예 : 辛巳日柱면 正官)가 붙으면 남편은 하나로 끝나나 偏字가 되면 兩(2명 이상)으로 간다.

⑯ 年支와 日支가 삼합이면 빠져있는 띠가 인연자다.

⑰ 처궁과 합이 들면 일처로 끝나나 아니면 2처, 3처로 간다.

⑱ 재성이 하나밖에 없으면 일처로 끝난다.

⑲ 편재를 설기하는 띠를 만나면 바람기가 없어진다.

⑳ 자손궁에 겁재살은 낙태, 유산살에 해당하는데 식신이 강하면 무난하다.

㉑ 여자가 생시 空亡은 자손보기 힘들다. 그러나 남자의 사주에 여자의 식신 재관이 있으면 아들을 낳는다.

㉒ 空亡은 沖이 되는 오행이나 같은 오행이 올 때 매워진다.
(예 : 亥가 空亡이면 巳나 亥년)

㉓ 관이 약하면 관띠를 만나면 직업을 보완시켜 준다.

㉔ 인연의 띠라도 천간에 비견겁 또는 편관살이 있으면 마음이 안 간다.

㉕ 도화 띠를 만났을 때 도화를 설기시키는 오행이 많으면 바람을 안 피운다.(예 : 卯가 도화면 火띠)

㉖ 火가 官인데 주중에 土가 많아도 남자가 바람을 안 피운다.(설기되므로)

㊹ 사주(四柱)에서 본 도화론(桃花論)

남자를 양(陽)이라 하고 여자를 음(陰)이라 한다.

태양을 양(陽)이라 하고 달을 음(陰)이라 한다.

남자 태양은 1달은 30일 1년은 365일이며

여자 달은 1달은 27.6일 1년은 354일이다.

子午卯酉는 도화라고는 하지만 성(性)신경이 살아나는 것 또는 유혹을 말한다.

天干은 나타나고 · 자랑 · 돌출 · 숨김이 없다 · 의심이 많다.

음양구별 · 크기의 변화 · 높다 · 앞서가는 것 · 표현의 능력이며

지지(地支)는 기다리는 것 · 능력 · 몸동작 · 체력 · 지구력

모양새 · 길이와 깊이 이다.

암장(暗藏)은 감추는 것 · 작은 것 · 자랑할 것이 없는 것 ·

비밀로 하는 것 · 능력의 한계가 있는 것이다.

관성(官星)을 陽이라 하고 재성(財星)을 陰이라 한다.

인수는 받는 것, 식신(食神) 상관(傷官)은 주는 것,

비견겁(比肩劫)은 노는 것이다.

관성(官星) 남자가 천을귀인은 잘생기니 미남이라 한다.

재성(財星) 여자가 천을귀인은 미인이라 한다.

천간에 육친이 둘이상이면 많다고 한다. 많은 것은 의심도 되고 길게 가는 것도 되나 경쟁에도 속하니 급하고 다급하므로 조루에 해당하고 빼앗길까 바 근심걱정이 앞선다.

① 木은 길고 단단하며 모발에는 생머리와 긴 머리에 해당된다.

② 火는 위로 올라가는 성질이라 금방사라지니 조루요 생김새는 뾰쪽하고

③ 土는 중앙이라 각종 오행을 만남에 따라 달라지지만 둥글고 예쁘다.

④ 金은 단단하고 오래가며 깨끗하고 길이가 짧다. 단 모발이 죽어간다.

⑤ 水는 부드럽고 길며 휘어진다. 모발이 살아난다.

⑥ 天干이 죽고 사는 것은 지지에 의해 생사가 좌우된다.

⑦ 甲丙戊庚壬은 양(陽)이라 하니 굵고 통통하고 크다.

⑧ 乙丁己辛癸는 음(陰)이라 하니 가늘고 작으나 지지가 양이면 다르다.

⑨ 인수(印綬)는 받는 것·크다·많다·시간이 여유가 있다·기다리는 것.

⑩ 비견(比肩)은 노는 것·즐기는 것.

⑪ 식상(食傷)은 주는 것·베푸는 것·급한 것.

⑫ 재성(財星)은 비밀로 하는 것·깊은 곳·통로·마음속 깊이 간직한 것.

⑬ 관성(官星)은 급한 것·조급하다·바라는 것.

⑭ 곤랑도화(滾浪桃花)란 天干이 合이 되고 地支가 형살(刑殺)인 것을 말하는데 이것은 상상적으로 성교를 하는 것이며 어떤 대상자를 만나면 이렇게 저렇게 하는 방식에 대한 자기의 생각에 젖어있는 것을 말하는데 행위는 잘되지 않는다.

　　예) 己卯月에 甲子 일주(日柱)면 甲己合 子卯刑이 된다.

⑮ 火가 많으면 男女를 막론하고 조루증이라 한다.

⑯ 여자가 火가 없으면 흥분되는 것이 늦고 애무가 잘 안 된다.

⑰ 여자가 관살이 없으면 무력증이라 하여 애교가 없다.

⑱ 여자가 관살이 있으면서 火가 있으면 사랑에 애착이 강하고 오르가즘을 잘 느낀다.

⑲ 여자가 財가 많으면 허리가 가늘고 성기능이 발달되어 있으며 남자의 성기를 깊숙이 넣어 주기를 바라고 자유자재로 행동 하려고 한다.

⑳ 여자가 식상(食傷)이 많으면 자궁이 돌출된다.

㉑ 여자의 사주에 食傷이 辰戌인 자 자궁 부위에 살집은 좋으나 골반은 짝짝이다.

㉒ 여자가 인수가 많으면 자궁입구가 크고 살집이 많아서 子宮 입구가 두툼하고 남편의 성기가 커야 인연자가 된다.

㉓ 여자가 식상(食傷)이 많으면 자궁무력증이니 시간을 길게 하기를 바란다.

㉔ 여자의 사주에 식상(食傷)이 없는 것도 또한 무력증이다.

㉕ 여자가 財星이 있으면 자궁 속 깊이 넣어주기를 바란다.

㉖ 여자의 사주에 인수(印綬)가 형살(刑殺)은 남편의 성기에 링이나 방울을 달아 아내에게 자랑하여 본다.

㉗ 여자의 사주에 印綬가 해살(害殺)이 있으면 자궁 입구가 닫혔거나 처음에 들어가기가 힘드니 숫처녀와 같다.

㉘ 여자의 사주에 印綬가 원진살은 성교를 하고나서도 기분이 나쁘다.

㉙ 여자의 사주에 印綬란 자궁의 뚜껑과 같으며 食傷은 그 자궁 속에 있는 것이므로 印綬와 食傷이 슴을 하면 꽉 조이거나 풀

거나하는 행동이 부드럽게 행해진다. 印綬가 많은 자는 年月과 日時로 구분하고 食傷앞에 印綬와 害殺은 子宮 부위의 근육이 되므로 입구가 닫혔다라고 한다.

㉚ 印綬와 食傷이 합한 자 자궁이 남자 성기를 잡는 힘이 좋으나 특히 土日柱 巳申 형살(刑殺)은 긴자고 자궁이라 하여 웬만한 남자는 한두 번만 조이면 모두가 사정이 돼 버리는데 남자가 財를 합한 자는 더욱 좋아한다.

㉛ 여자의 사주에 印綬가 귀문관살은 애무도 잘되고 남자 성기를 넣기 전부터 흥분이 잘된다.

㉜ 여자의 사주에 印綬가 日時에 있으면 자궁입구가 크고 年月에 있으면 자궁속이 크다.

㉝ 여자가 비견겁(比肩劫)은 각종오행에 따라 달라지는데 인수는 크기를 바라면서 시간을 길게 하고 비견겁은 성교행위를 변화시키면서 하기를 바라며 비교법도 잘 쓴다.

㉞ 食傷은 말을 하면서 성교하기를 바라고

㉟ 재성은 깊숙이 넣어주기를 바란다.

㊱ 관살혼잡은 여러 남자와 성교를 하는 것이 소원이다.

㊲ 여자의 식상은 내가 낳는 아기와 같으므로 유방·자궁과 비유를 하는데 식상이 天干에 있으면 유방을 보고 지지에 식상이 있으면 자궁으로 보는데 때에 따라서는 天干도 자궁으로 보며 식상이 天干으로 있으면 자궁이 위로 올라오고 日時에 있으면 정 위치와 앞으로 붙어 있으며 깊이는 짧고 年月에 있으면 뒤로 붙어 있다. 年月의 天干에 식상이 있으면 자궁속이 깊고 뒤로 붙어 있으며 후치라 하고 年月이 지지로만 食傷이 있으면

깊다고 한다.

㊳ 여자의 食傷이 天干에서 沖을 하고 지지가 刑殺이면 유방암이라 하고 食傷이 지지에서 沖을 하고 있으면 충격을 받게 되므로 자궁이 약하다고 보면 된다. 또한 여자의 자궁은 陰陽이 출입하는 곳으로 陽은 해로 동쪽이고 陰은 달로 서쪽에 속하니 寅申沖 卯酉沖은 동서가 서로 상충하는 것이 되어 자궁벽이 엷어져 약하다는 것이다. 또 寅申沖을 일식이라 하고 卯酉沖을 월식이라 하는데 특히 寅申沖이 있으면 자궁암을 조심해야 되고 沖하는 天干이 일간을 克할 때는 자궁 폐색증, 심하면 자궁 불구까지 될 수 있다.

㊴ 여자사주에 食傷이 해살(害殺)은 자궁속의 속살이 꽉 차있는 느낌으로 남자의 성기를 밀어내는 이치와 같아 자궁이 작고 처녀인 것 같은 느낌을 받는다.

㊵ 여자의 사주에 식상이 空亡인 자 자궁속이 비어 있은 것과 같으므로 자궁이 너무 크다는 느낌을 받는다.

㊶ 여자의 사주에 寅申沖이나 卯酉沖이 있거나 食傷이 沖을 당하고 있으면 유두가 작은데 양이면 좀 더 크고 음이면 더 작다.

㊷ 유방의 생김새는 식상에 따라 달라지지만 인수와 식상이 합을 하면 젖가슴이 크고 처지지 않으나 인수가 없으면서 식상을 沖하면 밑으로 처진다.

㊸ 식상이 재성을 합하면 유방이 처지고 식상을 沖하면 유방이 작은데 인수와 합을 하고 있을 때의 식상의 沖은 다르다.

㊹ 식상이 空亡은 유두가 함몰되어 있다.

㊺ 여자가 관성이 좋으면 남자의 사랑살이라 하고 관성과 식상을

합한 자 유방하나 좋아 남자의 성과 사랑살을 겸하게 된다.

㊻ 여자의 사주에 상관이 陽이면서 時에 있으면 자궁이 볼록하면서 톡 튀어나온다. 식신이 변하여 상관이 되어도 같다.

예) 己巳일 酉時

㊼ 여자 사주에 식상이 月과 時에서 합을 하고 있으면 유방이 가슴의 중앙부위로 몰리고 年과 時로 합하면 좌우로 좁혀지며 식상이 좋으면 자랑할 만하다.

㊽ 여자 사주에 식상은 각 오행과 음양에 따라 조금씩 다른데 陽은 크고 풍만하고 陰은 작고 단단하며 몽실몽실하다.

㊾ 여자 사주에 식상이 天干에 있고 지지에 뿌리를 못하면 처녀 때는 유방이 통통하나 아기를 낳으면 홀쭉해져 버린다. 식상이 지지에만 있고 天干에서 잡아주지 못하면 처져버린다.

㊿ 여자의 사주에 火가 없으면 오르가즘을 느끼는데 시간이 많이 걸린다.

51 여자 사주에 天干의 재관이 죽어있으면 남자가 되는 일이 없고 사업도 안 된다.

52 여자의 사주에 식상이 없으면 무력증이 되어 자궁에 힘이 없으니 남자가 좋아하지 않는다.

53 여자의 사주에 水가 없으면 자궁의 분비물이 적게 나온다는 것이다.

54 여자의 사주에 목이 없으면 모발이 적다는 것이다.

55 水日主 여자는 식상이 木이므로 자궁주위에 모발이 많다는 것이다. 癸水日主는 잔털이 많고 壬水日主는 모발이 굵고 길다.

56 火土日主는 자궁에 모(毛)가 적을 수밖에 없다.

57 여자의 자궁에 모(毛)는 木을 보고 火에 의해 결정된다.

58 습을 지닌 여자라면 모발이 잘 자라나 건조한 자궁이라면 모
(毛)가 적을 수밖에 없다.

59 여자 사주의 天干에 재성이 죽으면 시집의 재산이 점점 줄어든
다. 재성이 죽은 사람은 사업보다는 봉급위주로 살아가는 것이
현명하다.

60 여자의 사주에 天干이나 時支에 비견겁(일명겁살)을 놓은 자는
자식을 잃게 되거나 유산을 하게 된다.

61 여자의 사주에 식상이 죽어있으면 병든 자식이나 못난 자식 또
는 죽은 자식이라 말한다.

62 여자의 사주에 관성이 죽어있으면 남자를 바꾸거나 살면서 죽
거나 못난 남자 또는 능력 없는 남자라 말한다.

63 여자의 사주에 인수가 죽어있으면 인덕이 없고 학업중단은 물
론 받을 복이 중단 된다는 뜻이다. 어머니가 못나고 자랑 할
것이 없으며 어머니가 단명 한다는 뜻도 된다. 그래서 편인은
계모·보모라 한다.

64 모양새는 日支와 관련이 있는데 地支에 陽을 달았거나 水와 木
이 있으면 길이가 길다 라고 말한다.
신왕(身旺)하면 힘이 있고 신약(身弱)하면 약하다.

65 남자의 사주에 日主가 空亡인자는 무력한데 40대가 넘으면 힘
이 없어진다.

66 木日主 亥水는 단단하고 길기는 하지만 부목(浮木)이 된다.

67 火日主에 亥水는 丁亥日主가 되니 길이가 길고 예쁘다.
丁酉 일주는 짧고 단단하며 조루에 해당된다.

269

(68) 土日主는 己亥日主가 가장 길고 크며 잘 생긴다.

(69) 金日主 중에도 辛亥日主가 단단하고 길다.

(70) 水日主 중에는 癸亥와 壬寅이 있는데 癸亥는 水가 부드러워 힘이 없고 壬寅은 木중에 火가 들어 있으므로 크고 길기는 하지만 火가 들어가면 시간이 짧아진다는 것이다.

(71) 사주에 火가 많으면 지구력이 없고 조루에 해당된다.

(72) 火土日主가 月支에 火가 양인자는 조루 중에 조루다.

(73) 남자의 食傷은 여자의 子宮입구가 되므로 食傷이 陽이면 성기 머리가 크고 刑殺은 링을 달고 食傷밑에 財를 달면 여자 자궁 깊숙이 들어간다.

(74) 지구력이란 여자의 자궁 속에서 시간이 길다는 것을 말하는데 남자의 四柱에서 財星을 合하면 지구력이 있고 신왕하면 더욱 시간이 오래가고 신약에 沖을 하면 시간이 짧다.

(75) 食傷이 沖을 해도 시간이 짧고 재성을 沖해도 시간이 짧은데 재성을 합하고 있는 데 또다시 충을 하는 것은 다르다.
財星을 沖하면 여자를 자주 바꾼다는 의미도 되나 자궁 속 깊숙이 들어가면 정액이 빨리 나오는 것도 된다.

(76) 남자의 사주에 天干의 재가 죽으면 여자가 몸이 아프게 되는데 재는 여자의 자궁 속을 말하므로 자궁속이 악취나 냉 또는 깨끗하지가 못하며 여자가 단명하는 것 등 각 오행의 특성에 따라 나타나는 것이 다양하다.
죽은 재성이 水土는 악취가 아주 심하고, 木이면 몸이 콕콕 쑤시고, 金은 뼈마디까지 쑤시고 아프며 또한 피부도 나빠지고, 火는 피부가 변한다. 그리고 모두가 악취가 나는 것이 특징이며 심한 사람은 신장투석까지 갈 수 있으니 성생활을 자재하는 것이 도움이 된다.

(77) 남자가 관살이 많으면 재살태왕(財殺太旺)과 같으므로 여자에게 매 맞고 사는데 이유는 자궁 속에 넣으면 힘이 없어 성관계를 못한다는 뜻이다.

(78) 남자가 비견겁이 있고 그 밑에 재를 달고 합하면 남의 애인을 훔쳐 성관계하기를 즐거워하며 좋아한다.

(79) 남자에게 재는 일명 도화에 속하는데 또 재는 정액생산과 같으므로 재가 많으면 정액생산이 잘되고 재가 없거나 암장에 있거나 암장에서 沖을 당하고 있으면 정액생산이 늦다는 증거가 된다. 고로 재가 많고 官이 적으면 여자한테 사랑을 받지만 財가 적고 관살이 많으면 여자에게 매 맞고 산다는 것이다.

(80) 남자 사주에 재성이 원진살(怨嗔殺)이나 破殺·害殺은 성관계를 하고 나면 여자가 싫어하는데 刑殺은 성관계를 하고 나서 여자에게 엄포의 말을 잘한다.

(81) 남자 사주가 水木이 응결된 자는 성기능 무능력이라 한다.

(82) 남자 사주가 食傷이 적고 財가 많은 자 성관계 한번 하고 나면 여자가 죽자 살자 달라붙고 옷사주며 선물 사준다.

(83) 남자의 사주에 印綬가 많으면 성기 껍데기 살이 많으니 포경수술하는 것이 좋다.

(84) 남자사주에 食傷이 많으면 반포경이 된다.

(85) 남자사주에 식상이 甲丙戊庚壬 陽은 끝이 통통하나 乙丁己辛癸인 陰은 가늘다.

(86) 남자사주에 食傷이 급각살(急脚殺)이나 단교관살(斷橋關殺)은

약간의 조루에 해당한다.

(87) 암장속에 財星이나 官星은 말 못할 인연자가 있게 된다.

(88) 여자가 官星이 고란살(孤鸞殺)은 그 남자 때문에 고민이 많다.

(89) 여자사주에 관고는 남자무덤이므로 나이층하가 많다.

남자사주에 재고는 여자무덤이니 과부 또는 병든 여자다.

(90) 사주에 오행이 변화할때 변하지 않는 것이 있는데 天干에는 陽인 庚金과 陰인 己土가 있고 地支에는 子午卯酉가 있는데 이것 또한 陽이 둘 陰이 둘이다. 변하지 않는다는 것은 인색한 것과 확실하다는 것으로 분류되며 내가 주는 것은 인색하나 행동에는 확실하다는 증거다.

고로 성관계를 할 때는 확실하게 하려고 하고 자주 하려고 하지 않는 것은 인색하다는 것으로 본다.

(91) 남자가 財星이 吉星인자 여자하고 성관계 하고 나면 사업이 잘되나 흉성인 자는 패가망신 한다.

(92) 여자가 官星이 吉星인자는 사랑받으나 凶星인 자는 매 맞고 산다.

(93) 羊刃을 놓은 자 애무도 없이 여자의 자궁 속에 빨리 넣으려 한다.

(94) 여자의 사주에 인수가 도화는 자궁입구가 예쁘다.

(95) 여자의 사주에 견겁 도화는 친구에게 자기 남자 보여주면 남자 빼앗긴다.

(96) 운에서 도화 운이 오면 性(성)신경이 살아난다.

(97) 여자의 사주에 食傷 운은 남편이 미워지고 권태증이 온다.

(98) 귀문관살은 변태증이 아니면 불감증이다.

(99) 여자사주에 財星속에 官星합은 돈 따라 사랑하여보고.

(100) 여자사주에 官食合은 성관계만 했다 하면 임신을 잘한다.

⑩ 여자사주에 官星이 年月日時 중 어디에 있느냐에 따라 남자를 선정하는 방식이 다르고

⑩ 여자 사주에 金日主 金多는 오르가즘을 모르고 산다.

⑩ 身太旺에 官星이 없고 食傷이 죽어 있으면 불감증이다.

※ 참고 연애관계-악처

① 악처는 모두가 日干 허약에서 원인이 발생하고 있기 때문에 운에서 日干이 강해지면 현처가 되었다가도 다시 운이 나빠 日干이 허약하여지면 악처가 된다.

② 여기에 해당하는 자 처에게 가권(家權)이 있고 처의 신세를 톡톡히 지며 처가 더 똑똑하고 생활력이 강하다.

③ 신약자(身弱者)는 여자한테 배신당하고 신왕자는 처 시집살이 시키며 처를 배신한다.

④ 견겁태왕은 처가 바람나고 의처증 환자요 재다신약 또한 의처증과 의심을 받는다.

⑤ 재성합거나 도화도 의처증이 있다.

⑥ 일지도화 또한 부부 중 한사람이 풍류가 있으며 운에서 도화가 와도 같다.

⑦ 악처에 해당하는 자 이별이 틀림없으며 음독이 많다.

⑧ 악처(惡妻)는 본인이 못나서 악처가 된다.

※ 참고 부부 이별관계

① 관성허약자는 官성이 沖·刑 또는 수제되는 상관 해에 이별하고

② 관살 및 재살태왕자는 재운·관운에 이별이요

③ 식상태왕자는 식상운이나 관운에 이별하며

④ 견겁태왕자는 견겁운이나 식상운에 별부(別夫)되고

⑤ 인수태왕자는 견겁운이나 인수운에 이별하며

⑥ 본명이 간극지충·간충지충일 때 天干 관성에 일지 合이 되는 해 이별

⑦ 상관운은 부군이 미워지고 서글퍼지며

⑧ 견겁운에 탈부(奪夫)나 아니면 남의 남편에게 매 맞으며

⑨ 관살태왕자 이성기피증이요 생전에 시집 여러 번 갔고

⑩ 관살혼잡은 기생·직장의 꽃이요·위협 혼인·강간·정부를 두고

⑪ 명암부집(明暗夫執)은 정통도주요

⑫ 식상태왕은 자식 낳고 이별하며

⑬ 관식동림(官食同臨)은 부정포태(不情胞胎)요

⑭ 편관사주는 혼전동거에 재취팔자가 되고

⑮ 관식투전(官食鬪戰)은 남편한테 매 맞고

⑯ 년주 관성은 노랑(老郞)이요

⑰ 時支 관성이나 도화는 유랑에다 말년에 바람피우고

⑱ 日支 편관자 부군부실인데 중말년에 이별이요

⑲ 고란살(孤鸞殺)은 독수공방이요

⑳ 신왕에 無官은 火土중탁·金水쌍청은 독신·수녀·승려 되며

㉑ 관쇠 신왕자는 콧대가 높고 마음에 드는 남자가 없으며 혼인이 늦고

㉒ 관운에 여드름 나고 남성이 따르며 혼인하고

㉓ 견겁태왕은 남에 남편 빼앗아 보며

㉔ 식상태왕 견겁태왕은 속아서 혼인하고

㉕ 관식 沖破는 배부기자(背夫己子)요

㉖ 암장관합(暗藏官合)은 처가 의심을 받고

㉗ 재인이 투전(鬪戰)하면 시댁과 친정이 불합하며

㉘ 인수가 많으면 친모가 이혼시키며

㉙ 재다신약은 시모에게 매 맞으며 兩家가 모두 망한다.

㉚ 재살태왕은 시모(媤母)와 남편이 합세하여 학대하고

㉛ 상관태왕은 말한 번 잘못하고 이혼 당하며 부덕은 물론 재복도 없다.

㉜ 신태약은 남편한테 멸시 당하고 시집살이하게 된다.

㉝ 식상 재합에 귀인은 음식솜씨 하나 좋다.

㉞ 水 일주 관성 沖·刑은 부군이 곰보 되기 쉽고

㉟ 살성관합은 양공주가 되며

㊱ 역마 재관 합은 차중 연애요

㊲ 관인상생과 인수 도화는 스승에게 사랑 받고 연애하며

㊳ 상관운과 견겁운은 약혼했다 파혼하고

㊴ 정관 합다는 삼각관계에 인정이 많아 흠이요

㊵ 부부의 日干이 같으면 친구하다 사랑했으며

㊶ 재성속에 암 관합은 돈 때문에 사랑이요

㊷ 식상 속에 암 관합은 자손으로 인하여 애인이 생기며

㊸ 인수 속에 암 관합은 친정에 애인 두며 공부 중에 바람나고

㊹ 견겁 속에 암(暗) 관합은 친구 때문에 바람나며

㊺ 日干끼리 합은 연애결혼 하고

㊻ 일주끼리 간합 지합은 찰떡궁합이요

㊼ 日支 기준하여 상대의 일지가 도화되면 사랑을 느끼고

㊽ 관인(官印)이 일지 합은 친정부모 같이 살며(女命)

㊾ 곤랑도화나 관형은 부군이 성병 옮겨다 주며

㊿ 견겁운에는 사랑이 들통 나고

㉖ 관식이 동림은 연애하면 잉태한다.

㉗ 신태왕에 無 관성은 독신녀나 노처녀에 많으며

㉘ 경제가 발전할수록 유랑이 많고

㉙ 여명에 식상이 많으면 남편이 불쌍해서 살아주고

㉚ 火土 중탁자는 신앙생활이 정부(情夫)보다 좋고

㉛ 식상이 용신인자 자손에 집착하다 봉변당하며

㉜ 관성이 용신인자는 무엇보다도 사랑이 우선한다.

※ 오행으로 본 여자의 머리 미용

木은 생머리 긴 머리라 한다.   火는 파마라 한다.

土는 복고풍이라 한다.   金은 커트라 한다.

水는 염색이라 한다.

사주의 日時는 얼굴의 앞면과 옆면을 말하고 年月은 뒷면을 말한다.

예를 들면)

① 水木이 같이 있으면 생머리에 칼라 염색을 하면 좋다는 것이다.

② 木火가 같이 있으면 머리카락 끝부분에다 파마를 하여 주라는 것이다.

③ 火土가 같이 있으면 파마를 복고풍으로 하라는 것인데 日時에 있으면 앞면과 옆면 年月에 있으면 뒷면에 파마를 해서 위로 올리는 복고풍을 말한다.

④ 土金이 같이 있으면 복고풍으로 하되 짧게 하라는 것이다.

⑤ 金水가 같이 있으면 커트 머리에 염색을 하는데 약간의 포인트를 주라는 것이다.

※ 죽은 조상을 볼 때에도 같이 응용하여 보면 다음과 같다.

① 관성은 4대조 할아버지 할머니로 본다.

② 인수는 할아버지 할머니로 본다.

③ 비견은 5대조 할아버지 할머니로 본다.

④ 식상은 증조할아버지 할머니로 본다.

⑤ 재성은 당대인 아버지와 어머니로 본다.

◎ 인수는 부모도 보지만 할아버지 할머니도 보는데 부모가 살아계시면 할아버지 할머니를 인수로 보고 부모가 돌아가시면 부모부터 인수로 보는데 묘(墓)자리는 인수가 부모이며 또는 재성도 본다.

◎ 天干이 죽고 사는데 조상의 묘에 응용을 하여보면 다음과 같다.

예를 들어 天干의 재성이 죽어있는데 지지에 인수라고 하면 부모가 살아계시면 할아버지와 할머니묘소가 잘못된다라고 하면 된다. 또는 오행이 木이면 나무뿌리가 들어갔다라고 하고, 火이면 불구멍이므로 뼈가 적색으로 변하며, 土이면 습이 찼다고 보고, 金이면 돌이 들어있다 라고 하며, 水라면 물이 들어갔다라고 한다.

㊺ 사주 보는 법의 대원칙

① 天干은 천간끼리 生도하고 克도 할 수 있다.

② 天干은 지지를 生도 克도 할 수 없다. (형이상학적으로만)

③ 지지는 지지끼리 生克할 수 있고 天干을 生克할 수도 있다.

④ 天干은 地支에 의하여 생사가 좌우된다.

⑤ 天干과 地支는 한 기둥과 같다.

⑥ 大運도 原命의 한 기둥과 같고 대운을 기준하여 추리한다.

⑦ 지지가 刑·沖·破·害 흉살이면 天干도 역시 흉살로 변한다.
　유년은 대운의 환경관계이며 본명의 시간적 요소이다.

⑧ 天干과 地支가 다른 오행이면 행동과 생각이 따로 따로 움직인다.

⑨ 주중에서 제일 약하거나 많거나 하는 부분이 병이 생긴다.

⑩ 원명에서 천간이 지지에 의하여 피상 되었어도 운에 의하여(생
　왕 운) 다시 살아날 수 있다.

⑪ 대운이나 년운의 天干이 본명 사주의 天干에 제일 좋아하는 쪽으
　로 기울어지는데 길이면 길쪽으로, 흉이면 흉쪽으로 기울어진다.

⑫ 용신을 대비하여 대운의 작용은 吉과 凶만을 나타내며 무슨 대
　운인가는 육친과 대비하라.

⑬ 원명의 天干이 병사지에 있는데 다시 대운·유년에서 수제되면
　완전 피상 된다.

⑭ 天干이 흉신이라 하여도 地支가 길신이면 천간도 흉신이 아니
　라 길신으로 변한다.

⑮ 대운이 좋다고 하여 모두 부귀가 겸전하는 것은 아니니 원명과

의 중화 즉 균형관계를 잘 살피라.

⑯ 원명의 사주에 절지가 되거나 다른 오행인데 운의 天干에서 도와주지 않거나 다시 地支에 의하여 刑·沖·破·害가 있으면 그에 해당된 육친에게 사고가 발생된다.

⑰ 어떤 일이 발생되느냐는 원명 사주에 어느 기둥의 天干과 地支가 죽고 사는 가를 확인하면 된다.

⑱ 용신이 대운 유년에 의하여 병살되면 생명도 다한다.

⑲ 무엇으로 하는 것은 원인제공이므로 天干을 말한다.

⑳ 언제 하는 것은 시간적이므로 대운 유년을 말한다.

㉑ 어디서 하는 것은 형이하학적인 물체 즉 지지를 말한다.

㉒ 왜 하는 것은 환경적인 요소이므로 일주를 除外한 타주(他柱)를 말한다.

㉓ 어떻게 하는 것은 육친에 대한 물질과 정신을 겸해서 말한다.

㉔ 누가 하는 것은 육친을 말한다.

㉕ 12신살과 포태법은 일반 서민에게 잘 맞고 직위나 권위가 높을수록 격국용신으로 대비하고 국운으로 통변한다.

포태법은 天干에서 地支를 보는 법이고 12신살은 지지에서 天干을 보는 법이다. 그러나 地支도 함께 참고한다.

㉖ 年月과 대운·년운은 외부환경이요 日時는 내부환경이다.

㉗ 日時의 재관은 내 남편과 본처요 年月과 운은 외부남녀로 본다.

㉘ 사주의 기둥은 궁과 같으며 육친은 요인을 말한다.

㉙ 원명과 대운관계를 보고 대운과 유년관계를 보는데 이것 모두 원명과 대운, 대운과 유년, 원명과 유년을 함께 같이 추명 한다.

㊻ 격국의 분류

1. 격국의 의의(義意) 및 구성

격국이라는 것은 일주를 기준하며 주중을 대비하고 오행과 육친의 과다와 부족 그리고 일주의 강약 등을 살펴 사주 장본인의 능력 여부를 판정하고 나아가서는 합과 沖의 길신과 흉신은 물론 원류(原流)·통변(通辯)·청탁(淸濁)·조후(調候) 병약(病藥)·허실(虛實)·진가(眞假)·희기(喜忌)·은원(恩怨)·기반(羈絆)·화기(化氣)·변(變)·종(從) 등을 종합적으로 판단하여 최종적인 결론을 얻어 사주의 판국(判局)을 정하는 것을 격국이라고 한다. 따라서 격국은 하나의 사주를 추리하는데 간단하고도 명료하게 알아 볼 수 있도록 구획을 정리하는데도 목적이 있으며 또 이 격국에 의하여 부귀(富貴)·빈천(貧賤)·건강(健康)·수명(壽命)·육친의 변화 등을 좀 더 자세하게 알고 오묘한 경지를 터득하는데 도움이 될 수 있을 것이다.

즉 다시 말하여 격국으로 추리하다보면 분명 충이기는 하나 충이 안 되는 경우가 있고 또 沖이나 刑이 없으면서도 沖이나 刑이 있는 사주보다도 더 불행한 삶을 살며 나아가서는 사자(死者)가 생자(生者)가 되고 생자가 사자(死者)가 되는 것 등은 이 격국을 모르고서는 알 길이 없다.

따라서 격국을 잘만 활용한다면 아무리 어려운 사주라 할지라도 추명하기가 쉽다는 것을 스스로 깨닫게 될 것이니 본 격국 공부에 성의를 다 하기 바란다.

격의 구성은 어려운 것 같으나 지금까지 공부하여온 육친에다 격
(格)자 하나만 붙여주면 되는 것이니 가령 인수가 있으면 인수격,
양인이 있으면 양인격, 정재가 있으면 정재격, 정관이 있으면 정관
격, 관살혼잡으로 구성되어 있으면 관살혼잡격 등으로 호칭하면 되
는 것이나 지금까지 공부한 것과의 차이점을 알아본다면 단순하게
격(格)자 하나만 붙여서 응용하는 것 같아도 육친 자체를 다양하게
응용하고 있으니 즉 하나의 육친을 가지고도 음양과 오행의 성질 또
는 성격과 질병 정신적인 면과 육체적인 면 그리고 앞에서 기술한
원류(原流)·통변(通辯)·청탁(淸濁)·조후(調候)·병약(病藥) 등을
아울러 추명하는 것이 다르고 있는 것이다. 우선 용어는 여러 가지
로 다양하게 구성되어 있으나 잘 살펴본다면 다른 것 같으면서도 모
두가 맥(脈)이 통하고 있으니 참고하기 바란다.

① 원류 : 일주를 기준하여 오행의 상생 상극을 살펴 어느 지점에
　　　　　서 시작하여 어느 곳으로 집결되고 흘러가고 있는가를
　　　　　살피는 것.

② 순국 : 년주가 월주를 生하고, 월주가 일주를 生하며, 일주가 시
　　　　　주를 生하는 것.

③ 역국 : 시주가 일주를 生하고, 일주가 월주를 生하며 월주가 년
　　　　　주를 生하고 있는 것.
　　　　　(세상살이를 거꾸로 살아가는 것을 말함.)

④ 통변 : 일주를 기준하여 사주의 흐름을 따라 전체적인 국면을
　　　　　살펴 통하고 변화하는 것을 구분하는 것.

⑤ 청탁 : 사주가 깨끗한지 부정한지를 구분하는 것.

⑥ 조후 : 계절적인 감각으로 추운지 더운지 습한지 건조한지 서늘

한지 따뜻한지를 구분하는 것이다.

⑦ 병약 : 주중에 과다한 자는 병이되고 그 병을 중화 시키는 것이
약인데 이와 같이 사주를 병과 약으로 구분하는 것이다.
또 병약에서는 일주지병과 용신지병이 있는데 일주지병
은 전자를 말하고 용신지병은 용신을 극하는 것을 말하
고 그 병을 제거하는 자 용신지약이라고 한다.

⑧ 허실 : 지나치게 약한 것은 허(虛)요, 태왕한 것은 실(實)이 된다.

⑨ 진가 : 단편적으로 종(從)하는 격에서 사용하는 용어인데 방해자
가 없는 종(從)은 진종(眞從)이라 하고, 從은 종이나 방해
자가 있을 때는 가종(假從)이라 하며 또 진상관격(眞傷官
格)에서 상관이 태왕하고 일주가 약하면 진상관, 일주 강
에 상관이 약하면 가상관(假傷官)이라고 구분하고 있다.

⑩ 희기 : 사주에 좋은 역할을 하는 것은 희신이며 사주에 나쁜 작
용을 하는 것은 기신(忌神)이 된다.

⑪ 은원 : 은신은 희신과 같으며 원신은 기신과 같으나 모두가 간접
적인 작용을 하고 있다.

⑫ 기반 : 기반(羈絆)은 철저하게 合이 되어 묶여서 본 임무를 상실
하는 것인데 天干 에서만 작용된다.

⑬ 화기 : 日干이 天干 합화 법에 의하여 변화 하는 것.

⑭ 변 : 변화를 말함이니 金이 변하여 水가 되고 水가 변하여 木이
되며 火가 변하여 金이 되는 등과 식상이 변하여 재가 되고
재가 변화하여 官이 되는 것 등을 살피는 것.

⑮ 종 : 종이라 함은 약한 자가 의지처가 없어 강왕한 세력에 따라
가는 것

2. 내격과 외격

격에는 내격과 외격으로 구분되는데…

내격에는 정인격·편인격·식신격·상관격·정재격·편재격·정관격·편관격으로 구분되나 인수격에서는 정인 편인으로 구분하지 않으며 비견은 건록격·비겁은 양인격으로 바꾸어 호칭하고 있는데 나는 정인격과 편인격 그리고 비겁격을 취(取)하고 있다.

외격은 또한 별격(別格)이라고도 하며 내격 이외의 격을 모두 외격이라고 하는데 크게 나누어서 종(從)하여 이루어지는 종재격·종살격·종아격·종인격·종왕격 등이 있고, 일간의 오행과 똑같은 것으로만 구성되는 곡직격·염상격·가색격·종혁격·윤하격과 또 일주자체의 길흉신, 그리고 명칭과 구성원에 대한 합당한 이름을 따라 붙여진 격명이 수다하여 혼동되기 쉬우나 우선 내격에 치중하면서 열심히 공부한다면 자연히 이치를 터득하여 외격에 대한 장단점을 스스로 파악하여 버릴 것은 버리고 취할 것은 취하는 능력이 생길 것이라고 나는 믿으며 종격만은 내격에 포함하여 공부하기로 한다.

3. 정격(定格)의 원칙

격을 정하는 데는 **첫째** 日干 대 월지장간 본기로써 정격하고, **둘째** 주중의 왕자도 격이 되며, **셋째** 용신도 격이 될 수 있다는 것이다.

일주와 月支 장간(藏干) 본기(本氣)를 **첫 번째로** 정격하여야 되는 이유는 월지가 주중의 사령(司令)임과 동시에 부모님의 자리가 되어 부모님의 유전인자와 또 성장과정에서 부모님의 영향은 어떠하며 선천적으로 나타난 모든 분야를 관찰하는데 우선이 되기 때문이다. **두 번째** 주중의 왕자도 격이 된다함은 주중은 환경으로써 후천적인 면을 살펴야 함과 동시에 월건의 선천적인 면과 대비하여 길흉을 논하여야 되기 때문이다. 용신도 격이 됨은 용신자체가 주중에서 제일먼저 수용이 되는 신(神)으로 일주를 중화조절 하는데 없어서는 안 될 가장 필요한 것임과 동시에 살아 있기 때문이다.

이와 같이 격을 정하는 데는 세 가지의 원칙이 가장 중요하며 사주에 따라 격국은 하나만 있는 것이 아니라 둘 또는 넷도 될 수 있는데 사주 본명을 사람으로 본다면 격국의 명칭은 그 사람을 대표하는 성명과도 같으며 격이 많을 때는 대표적인 것을 골라 정명(定名)하면 되나 이 대표적인 것도 꼭 吉이다 凶이다로 구분할 수 없으며 단편적으로 주중의 왕자가 가장 많이 선택되고 있는 것이다.

4. 격국 구성

1) 일간 대 월지 성격(成格)
비견은 건록, 비겁은 양인으로 대체되고 있지만 건록(建祿)이나 양인(羊刃)에 해당하고 있지 않을 때는 그대로 사용하여야 한다.

2) 일간 대 시주(時柱) 성격
시상 관성격 : 시주에 관성을 놓고 그 관성이 용신일 때
시상 일위귀격 : 시주에 편관을 놓고 그 편관이 용신일 때
시상 편재격 : 시주에 편재를 놓고 그 편재가 용신일 때
3) 일간 대 주중 전체 성격(成格)

① 종살격 : 지지 전 관살국 또는 재살국

관보다 무서운 자가 살(殺)이요 살(殺)보다 무서운 것이 귀(鬼)가 되는데 지지가 전 관살국이 되면 일주는 최약으로서 의지처가 없기 때문에 부득이 종을 하여야 되므로 종살격이라고도 하며 이렇게 되면 재국(財局)을 희(喜)하고 인수·견겁·식상을 忌(기)하며 귀(貴)가 우선이요 득국(三合)을 하여야 더욱 길명이 되나 또한 재성을 동반하는 것을 좋아한다.

② 종재격 : 지지 전 재국자

일주가 최약으로서 지지가 모두 재가 되어 재를 따라간다 하여 종재격이라 하고 한 점의 식상이나 관은 방해되지 않으며 재관운을 희(喜)하고 인수나 견겁운을 대기(大忌)한다.

③ 종아격 : 지지 전 식상자

지지가 전 식상으로 일주가 최약이 되어 식상으로 따라간다 하여 종아격(식상은 子孫으로 兒가됨)이라 하고 육영사업 또는 기예·신문·방송·교육에 특출하며 식상·재운에 길하고 인수 견겁·관운을 대기(大忌)한다.

④ 곡직격(曲直格) : 목일주 지지 전 목국자

木 일주 지지 전 木局을 놓고 있을 때

己　乙　丁　己
卯　亥　卯　未

목 일주 지지 전 木으로 구성되는데 본래가 木은 많으면 바르게

(直)·적으면 굽어(曲) 자라기 때문에 곡직격이라 하였고 득국을 요하며 水木火 운에 길하고 土金 운에 흉이요 의사·교육·법관·예능에 많다.

⑤ 염상격(炎上格) : 火 일주 지지 전 火局자

甲　丙　甲　丙
午　戌　午　寅

火가 많으면 염(炎)자가 되고 火氣는 상승하기 때문에 염상격(炎上格)이라 하였고 또 득국이라야 길명이요 재관운을 忌하며 교육가·전자공학에 해당되며 관찰력·투시력이 발달하였다.

⑥ 가색격(稼穡格) : 土 일주 지지 전 토왕자

癸　戊　庚　乙
丑　戌　辰　未

土는 흙으로서 전답에 비유되며 전답은 논밭으로 갈고 씨앗뿌려 수확을 하는데 이것을 말하여 가색(稼穡)이라고 하기 때문에 土 일주 지지 전 土는 가색격이 되나 조토(燥土)는 파격(破格)이요 재관운을 대기(大忌)하고 종교에 귀의하며 독신주의자가 많다.

⑦ 종혁격(從革格) : 金 일주 지지 전 금국자

己　辛　乙　乙
丑　酉　酉　丑

　金의 성격은 변혁이 되기에 金 일주 지지 전 金局은 종혁격이라 하며 득국을 요하고 재관운은 大忌요 군인·기계·금속공학 등에 인연이 있다.

　⑧ 윤하격(潤下格) : 水 일주 지지 전 水局자

戊　壬　丙　甲
申　子　子　辰

　물은 모이면 불어나고 불어나면 윤하지성(潤下之性) 이기에 水 일주 지지 전 水局은 윤하격이라 하고 득국을 요하며 재관운은 大忌요 법정·외교·종교 등에 입신한다.

　⑨ 복덕격 : 陰 일주 지지 전 巳酉丑 금국자
　陰 일주(乙丁己辛癸)가 지지 전 巳酉丑이면
　木 일주는 종살격　火 일주는 종재격
　土 일주는 종아격　金 일주는 종혁격
　水 일주는 종인격으로서 일단 성격이 됨은 물론 金은 결실로서 매사에 완전할 뿐더러 충파(沖破)없이 청격(淸格)·귀격(貴格)이 된 중 부자(富者)가 겸전하여 복덕격(福德格)이라 하였음
　⑩ 화기격 : 일간 합화의 오행이 지지 전 한 자
　화기는 변화하여 전혀 다른 오행이 되는 것으로 화기격(化氣格)

이라 하는데 세분하여 본다면

　　甲己 일주가 단일봉에 지지 전 土

　　乙庚 일주가 단일봉에 지지 전 金局한 자

　　丙辛 일주가 단일봉에 지지 전 水局한 자

　　丁壬 일주가 단일봉에 지지 전 木局한 자

　戊癸 일주가 단일봉에 지지 전 火局이여야 단순한 성격이 되며
단일봉이란 쟁합(爭合)과 투합(妬合)이 되지 말아야 하고 또 화기
격 이면서도 종재격, 종살격, 종아격, 종인격, 또는 가색격, 종혁
격을 겸비하고 있으며 대기(大忌)는 화기(化氣)를 방해하는 운이
고 합화한 오행을 도와주는 운은 길하며 특성은 외교가 유능하다.

　⑪ 현무당권격 : 水 일주가 지지 전 水局 또는 전 土일 때

　현무(玄武)는 壬癸水를 별칭한 것이며 당권이란 가장 강왕한 세
력을 말하는데 알고 보면 水 일주에 종재격이나 종살격을 지칭하
고 있다 또 종이면서도 당권이 됨은 종하였기에 다시 강왕한 자가
된다.

　⑫ 천원 일기격(一氣格) : 천간이 모두 동일할 때

　천원(天元)은 천간을 말하며 일기는 똑같은 것을 말하므로 가령
甲年 甲月 甲日 甲時처럼 천간이 똑같아야 하며 지지와는 무관하
나 실은 길흉의 작용은 지지에 의하여 좌우된다.

　⑬ 지지 일기격 : 지지가 모두 동일할 때

　천간과 같이 지지가 일기로 성립되어야 하니…

가령 子年 子月 子日 子時처럼 지지가 모두 같아야 하며 또
종재격, 종살격, 종아격 등이나 곡직격, 염상격, 가색격,
종혁격, 윤하격 등과도 중복이 되고 있다.

⑭ 간지 동체격 : 천간과 지지가 모두 동일할 때
  간은 천간, 지는 지지의 준말이며 동체(同體)는 똑같아야 하니
가령 甲戌年 甲戌月 甲戌日 甲戌時 처럼 년월일시가 똑같아야 하
며 또 이 격은 타격으로도 중복되고 있다.
  이러한 것을 모두 열거하여 보면

  甲甲甲甲   乙乙乙乙   丙丙丙丙   丁丁丁丁
  戌戌戌戌   酉酉酉酉   申申申申   未未未未

  戊戊戊戊   己己己己   庚庚庚庚   辛辛辛辛
  午午午午   巳巳巳巳   辰辰辰辰   卯卯卯卯

  壬壬壬壬   癸癸癸癸
  寅寅寅寅   亥亥亥亥   六十甲子中 10일밖에 없다.

◎ 정격에서 주의할 점
① 격국은 건왕(健旺)하여야 되고
② 沖이나 刑을 만나면 일단 파격(破格)이 되며
③ 월지(月支) 장간(藏干) 본기(本氣)로 정격(定格)하고
④ 주중의 왕자도 격이 되며
⑤ 주중의 용신도 격이 되고
⑥ 정격된 것도 변화할 수 있으며

⑦ 丙午 壬子 丁巳 癸亥月은 천간을 위주로 정격하고

⑧ 사위(四位) 순전격(純全格)은 파격이 아니며

⑨ 격명에서도 주(主)와 종(從)을 구분하고

⑩ 내격을 위주로 하여 정리할 것이며

⑪ 외격은 우선 참고만 하고

⑫ 격이 없는 사주는 없으며

⑬ 격은 그 사주의 대명사요

⑭ 격은 구획정리·통변·조후 등으로 살피는 것이 첩경이며

⑮ 부귀빈천 생사를 구분하는데 가장 중요하며

⑯ 인수격에서도 정인·편인격으로 구분하고 比肩·비겁격도 모두
적용시키고

⑰ 종격(從格)은 내격(內格)에 포함시켜 추명할 것

⑱ 평민 사주는 신살로만 보고 고관대작은 격국으로 보라.

㊼ 격국과 용신

1. 용신의 중요성

용신이란 그 사주에서 가장 유용(有用)이 되는 것을 말하는 것이니 사주에 있어서 생명선이요 핵(核)이며 또 일주가 중화를 하는데 가장 중요한 위치를 차지하고 있다.

첫째 건왕(建旺)함을 요하고 득국을 하여야 하며 지지보다는 천간으로 투출(透出)된 자가 우선하고 년월에 있으면 활동을 많이 하나 일시는 가정적이라고 할 수 있다.

그리고 용신은 일주를 위한 것이기 때문에 일주를 떠나서는 존재할 수 없을 뿐더러 용신 없는 사주는 없으며 또 용신은 주내에서 정하여야 되므로 주중에 없는 것을 가지고 왈가왈부해서도 안 된다.

이 용신은 사주구성에 따라 백건백이(百件百異)하고 천건천이(千件千異)함은 사실이나 유형별로 간추려 본다면 그리 어려울 것은 없을뿐더러 또한 용신을 정하기가 쉬운 명조(命造)가 있는가 하면 어려운 사주는 너무나 어려워 본 학문을 연구하는데 평생을 바쳤다 한 분도 오판을 할 수 있는 사주가 있는 것이니 용신공부를 게을리 해서도 안 된다. 또 사주는 똑 같으나 용신을 잘못 정하면 정반대의 추리가 되어 사자(死者)가 생자(生者)가 되고 생자가 사자가 되며, 패망이 성공으로 성공이 패망으로, 길신이 흉신으로 흉신이 길신으로 바뀌게 된다는 것을 명심하여 깊은 이해가 있기를 바란다.

따라서 용신을 정하기가 쉽고 건왕하여 있는 사주는 그만큼 운명도 매사에 확실하며 대하기가 쉬우나 반대로 용신을 선정하기가 어렵고 피상 되거나 허약하여 있으면 삶에 있어서도 까다롭고 어려우며 고생을 하게 되는 것이다.

그리고 그 중에서 가장 중요한 위치를 차지하고 있는 것이 용신이기도 하다.

지금까지는 관운에 승진하고 재운에는 취재(聚財)하며 인수운에는 귀인을 만난다고 공부하였으나 관운에 용신이 피상되면 승진하기는커녕 퇴직에 관재가 발생하고, 재운에 용신이 피상되면 돈을 벌기는커녕 부도나며, 인수에 용신이 피상되면 귀인이 아니라 원수(구신자 : 仇神者)가 되므로 앞으로는 무조건하고 용신을 도우는 자는 길신이요 용신을 상하게 하는 자는 흉신이 된다고 보아도 무방하다.

비유한다면 일주는 가구주요 격국은 가족의 구성원이며 용신은 전 가족을 대표하는 생명선이요 핵이 된다.

다시 정리 하여 보면,
① 용신은 일주를 중화시키는데 목적이 있으며
② 용신은 사주의 꽃이요 핵이며 가장 수용이 되는 길신이요
③ 사주의 전권을 위임받아 행세하며
④ 제 2의 육친의 대역을 하고
⑤ 용신없는 사주는 없으며 또 사주 내에서 정하여야 되고
⑥ 건왕과 득국을 요하고
⑦ 용신에 따라 길, 흉신이 달라지며

⑧ 용신이 살아나면 길운이 되고 피상 되면 흉운이 된다.

⑨ 무엇 때문에 하는 이유는 일간과 대운, 대운에서 원명 사주
   그리고 유년을 대비하되 일간에서 삼원법으로 추리하여 육친
   을 잘 살펴서 결론을 내릴 것이며

⑩ 용신이 대운과 세운에 의하여 병살되면 생명도 다한다.

2. 용신정법(用神定法)

용신만 제대로 잡을 줄 안다면 사주공부는 다했다고 할 수 있을
만큼 용신을 정하기가 매우 어려우나 이것도 좀 더 연구하면서 용
신정법의 순서에 따라 용신을 정한다면 그렇게 어려운 것은 아니
다. 용신을 정하는 데는 첫째로 간지(干支) 체성(體性)을 잘 터득
하여 일주의 강약을 완전하게 구분할 줄 알아야 그만큼 쉬워지지
만약 일주의 강약을 구분 못한다면 용신을 정하기가 어려우니 알
고 보면 기초공부가 소홀한데서 기인함이라 合과 沖을 다시 공부
하여야 되겠고 무엇보다도 사주의 흐름을 잘 파악하여 정확한 용
신을 잡는데 완전을 기하여야 되겠으며 또 그렇게 함으로서 정확
한 감명을 할 수 있는 것이다.

사주는 똑같으나 용신을 잘못 정하면 출발점은 동일한데 항로를
잘못 선정함으로써 엉뚱한 곳에 도착하는 것과 같다 하겠으니 주
의하기 바란다.

용신을 정하는 방법은 제일 먼저 일주를 기준하여 격국을 정하
고 난 다음 다시 일주의 강약을 구분하여 일주가 강하면 격이자
용신이 되고 일주가 약하면 일주를 도와주는 인수나 견겁이 용신
이 된다. 이유는 월령(月令)을 기준으로 성립된 격(格)은 어떠한

격이 되었든 좋은 격이 되므로 일주가 강하면 바로 그 격을 소유할 수 있어 필요하므로 바로 용신이 되며 일주가 약하면 강왕하여야 격을 일주의 소유로 하겠기에 일주를 도와주는 자가 용신이 되어야 하고 또 이렇게 함으로써 일주를 중화시키고 사주 전체가 균형을 이루게 되는데 주의할 것은 인수격·건록격·양인격은 본래가 신왕이 되므로 격이자 용신이 될 수 없고 다음 방법에 의하여 정하여야 한다.

첫째는 격을 정한 다음 일주 강약을 구분하고 일주가 강하면 제일 먼저 관살로 용신을 정하고, 관살이 없으면 재성으로, 재성도 없으면 식상으로 용신을 정하는데 이유는 신왕자는 수제(受制)를 당하여야 중화를 이루기 쉬울뿐더러 강자를 만나야 발전하기 때문이다.

둘째는 관성이나 재성이 없을 때 식상이 용신이 되는 것은 일주가 강할 때로서 똑똑한 자는 제일 먼저 관성을 필요로 하며 관성(명예)이 없을 때는 축재(蓄財)에 뜻을 둘 터이니 재성이 필요할 수밖에 없고 재성도 관성도 없으면 부귀를 떠난 희생으로써 본인의 뜻을 이룰 수밖에 없으며 또 강왕한 자의 일주를 설기시켜 일주의 균형을 이루는데 필요하기 때문이다. 다음 일주가 허약하면 아무리 좋은 격이라 할지라도 소용지물이 될 수 없을 뿐더러 그림속의 떡에 불과하므로 신왕하여야 주중의 육친과 균형을 이룰 수 있기 때문에 인수나 견겁이 용신이 되어야 한다.

주의할 것은 관살이나 식상으로 신약하면 인수가 우선인데 이유는 관살다봉(官殺多逢)은 살인상생(殺印相生)되고 식상이 태왕하면 인수가 克 식상(食傷)하면서 일주를 돕기 때문이며 관살이 많고 식상이 모자라면 克하는 식상을 우선으로 하나 식상과 관살이 병림되어 있으면서 최약일 때는 식상이 많으면 관살을 용신하고 관살이 많고 식상이 모자라면 식상을 용신하는데 가급적이면 관식(官食)이 투전되지 말아야 되고 균형을 이룰 때 비로소 의식은 물론 복록(福祿)이 구비되는 것이다.

재성이 많으면 견겁이 우선이나 견겁이 없으면 인수라도 용신을 정하여야 되는데 괴인(壞印)이 되기 때문에 그만큼 용신이 허약하여지는 것은 면하기 어렵고 또 지나치게 태강하여 재성·관성·식상이 구몰(俱沒)하거나 없을 때에는 자연 木 일주는 곡직격, 火 일주는 염상격, 土 일주는 가색격, 金 일주는 종혁격, 水 일주는 윤하격으로써 격이자 용신이 되며 재관 운을 싫어하고 최약으로써 의지처가 없다면 종을 하여야 되니 식상이 많으면 종아격, 재가 많으면 종재격, 관살이 많으면 종살격으로써 격이자 용신이 된다.

㊽ 용신의 종류

용신의 유형을 구별하여 본다면

격국용신(格局用神)　　　　**억부원리용신(抑扶原理用神)**

조후원리용신(調候原理用神)　**병약원리용신(病藥原理用神)**

통관원리용신(通關原理用神) 등 다섯 가지로 구분되고 있다. 각
용신의 특징을 살펴보면

① **격국용신(格局用神)**이란 일주를 기준하여 격국을 정하고 다시
　신강·신약을 구분한 다음 신주가 왕하면 격이자 용신이 되며
　신약하면 격을 소유하기 위하여 일간을 도와주는 인수나 견겁
　으로 용신을 정하되 인수격처럼 본래가 신왕격은 관성, 재성,
　식상 순으로 정하는데 판국을 정하고 용신을 잡기 때문에 사주
　를 추명하기가 쉬울뿐더러 또 사주를 한마디로 .대변하여 주고
　있기에 용신 중에서는 제일 우위로 하고 있다.

② **억부원리용신(抑扶原理用神)**은 격국 관계없이 일주가 강하면
　억제(抑制)하는 관성으로 관성이 없으면 다음은 재성으로 재성
　도 없으면 식상으로 용신을 정하고 일주가 약하면 부신(扶身)
　하는 인수나 견겁으로 용신을 정하는 것이다.

③ **조후용신이란** 한냉(寒冷)자는 습열(濕熱)로, 염열(炎熱)자는 수
　냉(水冷)으로, 조고자(燥枯者)는 윤습(潤濕)으로, 습하고 냉한
　자는 건조(乾-마를건, 燥-마를조)로서 중화시키는 것으로 용신
　을 정하는 것을 말한다. 주의할 것은 水火로만 국한되어 있지
　않다는 것을 명심하기 바란다.

④ **병약원리용신(病藥原理用神)**이란 주중에 많은 것이 병이 되고 그 병을 제거하는 것이 약(藥)이며 이 약을 바로 용신으로 정하는 것을 말하는데 앞에서 지적한 바와 같이 또 하나의 병은 용신을 克하는 용신의 병과 그 병을 제거(除去)하는 용신의 약을 혼동해서는 안 된다.

⑤ **통관원리용신(通關原理用神)**이란 막히는 것을 터주고 왕한 자를 분산시켜주며 상전(相戰)하고 있을 때 관통시켜주는 것을 말하는데 바로 이 통관을 시켜주는 자가 용신이 되는 것이다.

⑥ **행운지용신(行運之用神)**이 있으나 이것은 운이 좋을 때를 지칭한 말이다.

⑦ **일주지용신(日主之用神)**은 일주를 도와주는 인수나 견겁일 때 하는 말이고 육신지용신이란 일주와 직접적인 관계가 없는 식상, 재성, 관성이 용신이 될 때를 지칭(指稱)하고 있으나 중요한 것은 역시 용신을 정확하게 잡는데 있다.

1. 격국용신(格局用神)

壬　丁　癸　己

寅　丑　酉　丑

본명은 丁火 일주가 癸酉월로 편재격인데 己丑土 식신이 생재하고 또 丑酉로 합 金局되어 편재가 득왕하고 있는데 日主는 실령 실지로 신약하여 편재격을 다스리기 어렵고 소유하기 어려워 일주가 도움을 받아야 하는데 다행하게도 시지(時支) 寅木 인수가 일주를

도울 수 있어 용신이 되니 격명은 편재요 용신은 인수라 편재격에
인수 용신이라고 해야 되나 요약하여 편재용인격이라고 한다.

즉 편재용인격이란 횡재를 하고 싶으면 먼저 힘을 길러야 하고
욕심을 부리기 전에 수양을 쌓아야 하겠으며 부모의 유산을 받고
싶으면 빨리 성장하여야 하고 좋은 여자에게 장가들고 싶거든 열
심히 공부하여야 한다. 또한 처의 극성을 다스리려면 우선 본인이
똑똑하여야 하며 또 공부를 하는데 학마가 항시 따르고 있다는 것
을 알기 쉽게 정리하여 놓은 것이 바로 격국용신인 것이다.

2. 억부용신(抑扶用神)

乙　乙　乙　癸

酉　卯　卯　亥

이 사주는 乙木 일주가 득령 득세로써 신왕하여 억제를 요하는
데 다행하게도 일시지 酉金이 克木 일주 할 수 있으므로 金이 용
신이 된다. 그러나 주중 火가 없어 음지의 木으로 크게 기대할 수
없는 중 또 天干으로 견겁 한신이 당권(當權)하여 매사에 방해가
되고 있다.

3. 조후용신(調候用神)

乙　戊　丁　癸

卯　子　巳　巳

이 사주는 戊土 일주가 巳月로 火氣가 과다한데 癸巳년 丁巳월로 더욱더 심하여 水氣가 필요한중 일지 子가 水克火하여 더위를 식혀주고 있으니 조후가 잘되어 사주의 균형을 이루고 있으므로 재성을 용신한다. 건축업 일을 하다가 현재는 제주도에서 펜션 사업을 하고 있는 모씨의 사주다.

4. 병약용신(病藥用神)

乙　丙　戊　丁

未　子　申　亥

이 사주는 丙火 일주가 亥·申·子로 재살이 많아 金水가 병이 되고 있어 약은 木火土가 약인데 다행하게도 乙未時가 약이라 병과 약이 균형을 이루고 있어 건강 하다. 현재는 제주도에서 부동산업을 하고 있는 모 여자의 사주다.

5. 통관용신(通關用神)

戊　丙　甲　己

子　寅　子　亥

이 사주는 丙火 일주가 년 월 시에서 亥·子·子로 水氣가 태왕한중 다행하게도 일지 寅木과 월상 甲木이 있어 소통을 이루게 하므로 통관이 잘되고 있어 인수를 용신한다.

6. 종합용신(綜合用神)

甲　戊　己　丁
寅　戌　酉　丑

이 사주는 戊土 일주가 酉金 으로 본 상관격이나 酉丑 金局하고 酉戌 金局하여 신약이 된 중 일시로 寅戌 火局이 있어 戊土로 용신하니 상관 용 겁격이요 戊土 일주가 酉戌 金局에 가을 땅에 서리가 내리고 있는 중 寅戌화국으로 서리를 녹여주고 있어 강도조절을 잘 하여주고 있으므로 戊戌土는 용신지병이면서도 귀성이 되고 또 寅戌 火가 용신지약에다 인수국을 이루고 있는데 정인 丁火가 년상에 투출하고 있어 초년에는 공부가 잘 안 되니 운동만하다가 다시 운이 들면서 삼기(三奇)를 갖추고 있어 부귀가 따를 수 있고 억부용신으로는 신약자라 하더라도 억제자가 용신이라 火克金하는 寅戌 火局이 용신이요 酉月로 냉기가 차있고 金이 많아 火氣가 필요한데 寅戌 火局이 있어 조후용신이 되고 주중 왕자 金이 병인데 그 병을 제거하는 寅戌 火局이 용신이라 병약용신이며 또 酉丑 金局에 월상 己土 있어 천운지냉(天雲地令)으로 막혀있는 것을 寅戌 火局이 풀어주니 통관용신이 된다. 이와 같이 격국용신, 억부용신, 조후용신, 병약용신, 통관용신, 모두 할 것 없이 용신은 하나로 일치되고 있다는 것을 알았으리라고 보며 이중 본인 성격에 따라 빨리 이해가 되는 것을 택하여 용신을 잡는데 도움이 되게 하고 또 모두 대비하여 정확한 용신을 정하는데 참고하기 바란다.

※ 참고

① 지지로 용신이 정하여 질 때는 장간 본기로서 호칭하고.

② 장간 중에서 寅中 丙火, 申中 壬水, 巳中 丙火 庚金, 亥中 甲木, 未中 丁火, 丑中 癸水 辛金은 용신이 될 수 있다.

③ 사주가 균형을 이루기가 쉬우면 쉬운 만큼 좋은 명주가 되고 어려우면 어려울수록 삶 하기가 힘들다.

④ 식상이 용신일 때는 식상·재성운일 때 발하나 식신제살격에서는 견겁이 생 용신할 때도 있다.

⑤ 인수 용신에 신태약은 관성운에 생 용신으로 좋을 것 같으나 克 일간이 우선되므로 발전할 수 없고

⑥ 용신이 沖.刑 또는 피상·수제(受制)·입묘(入墓)·병사·절지에 임하면 불리하다.

⑦ 대운과 세운이 병행(並行)하여 용신을 피상시키면 생명까지 위험 받고

⑧ 대운과 세운이 용신을 도우면 최상의 길운이며

⑨ 대운과 세운을 대비하여 合沖 등을 모두 살펴 추명 할 것.

㊾ 인수격(印綬格)

1. 인수격의 구성과 응용

인수격하면 원칙으로는 정인격, 편인격으로 구분하여 추명하여야 되겠으나 통칭하여 인수격으로 준하여 공부하게 되는데 단 차이점이 있다면 정(正)은 정도요 편(偏)은 편도로써 정과 편이 상대적이라는 것에 주안점을 두고 해석하면 된다.

인수격의 구성은 월에 인수가 원칙이나 주중에서 인수 유기(有氣)와 그리고 인수가 용신일 때 인수격이라고 하며 또 건왕하여야 되고 沖·刑을 만나지 않아야 되는데 만약 만나면 파격으로서 한번 실패는 면할 길이 없다. 또 인수격은 본래 신왕이 되므로 재성이나 관성 또는 식상이 필요한데 반대로 신약이 될 때에는 인수나 견겁을 얻어 균형을 이루어야 비로소 길명이 된다.

다음 인수격은 재성을 가장 싫어하는데 이는 財克印으로서 괴인(壞印)이라 파격이 되기 때문이다.

오히려 인수 태왕에는 인수가 병이 되므로 제거 병하는 재성이 있어야 중화를 얻어 귀명이 될 수 있기 때문에 무조건하고 재성을 두려워하는 것도 아니며 관성을 만나면 인수의 인수로써 뿌리가 깊고 또 관인상생으로서 한없이 기쁘고 견겁을 억제(抑制)하여 일간을 보호하여 주나 인수가 태왕하면 관성이 무력하여서 기예나 종교·철학·평론가에 심취(深醉)하기 쉽다. 또 식상을 동반하면 수입과 지출이 균형을 이루어 좋은데 식상이 태과하면 도기(盜氣)요 모쇠자왕 또는 자왕모쇠(子旺母衰)로써 위타진력하므로 하루도 편안한 날이 없다 하겠다. 인수가 많고 식상이 부족하면 도식(盜

食)이요 상관상진에 모자멸자가 되므로 불가하며 인수격이나 신약할 때의 구분은 우선 관살다봉시는 살인상생시켜 일주를 위기에서 구출케 하고 원수를 은인으로·불행을 행복으로·어려운 것을 쉽게 만들 수 있는 바탕을 마련하여야 되는데 단 관성과 인수가 서로가 연결되어야 하며 무조건하고 관과 인수만 있으면 상생이라고 하여서는 안 된다.

다음 재성으로 신약하고 있으면 재극인(財克印)으로 격과 용신이 수제(受制)되므로 불가하나 본래가 득왕하고 있기에 방해는 될지언정 완전제거는 어려우니 그만큼 세상사가 순조롭지 못하다. 또 재성이 많으면 견겁이 우선이지만 득왕하면 본래는 빈틈이 없어야 하는데 허점이 너무나 많고 무거운 것 같으면서도 가볍고 일반상식은 많으나 깊지를 못한 것은 모두 식상이 병이 되어서 이니 무조건하고 인수에 의지하여 단점을 보완하여야 비로소 빛을 볼 수 있다.

다음 인수격에 견겁 태왕은 인수가 설기(泄氣)라 부모님의 사랑에 경쟁이 따르고 있으니 어찌 중화를 이루기가 쉽다고만 할 수 있겠는가 말이다.

인수격을 놓은 자는 일단 부모 유덕에 윗사람의 사랑이요 가정교육이 좋아 타의 모범이요 성정이 순박하고 인품이 준수하여 어디를 가나 환대를 받으나 청격으로서 금전과는 거리가 멀다. 학자요 선비로서 학문과 씨름하여 때로는 외고집에 매사를 본인 위주로 처리하는 단면이 있는가 하면 결정적인 면에서 망설임이 흠으로 나타나고 있다. 주의할 것은 패지(子午卯酉)에 해당하는 인수격과 인수태왕 그리고 신태약격은 제외된다.

인수격에 신왕하고 재성이 용신이면 생용신하는 식상운과 재성운 그리고 관성운에 발영인데 어떻게 생각하면 용신 재성이 재생 관하여 설기되므로 불리하다 하겠으나 재성용신의 본래의 목적은 관성이기 때문이고 또 재성·관성이 합심하여 일주의 균형을 쉽게 하며 견겁으로부터 재성을 보호하기 때문이다.

인수격에서의 용신은 **인수용인격, 인수용겁격, 인수용식상격, 인수용재격, 인수용관격**으로 구분되고 있는데

인수용인격은 격이자 용신이기 때문에 단순한 성격에 일방 통행이요 유년시절의 꿈이 변함 없이 항구하며 공직이나 교육계 행정계가 제일 적합한데 사업하면 탐재괴인(貪財壞印)이 되어 부모님을 잃을까 염려된다.

인수용겁격은 일선이 무너져 이선에 의지하여야 되므로 한번 실패는 면할 길 없으며 항상 이선을 쳐놓은 생활의 지혜와 용기가 필요하고 사업은 불가한데 형제와 친구 덕이 있다.

인수용식상격은 배워서 가르치는데 목적이 있으니 교육계 언론계·신문·방송계가 제일이며 희생이 갱생(更生)으로 항상 남을 위하여 노력 하여야 되고, 남명은 처덕이 있으나 자손 덕이 없고, 여명은 자손 덕은 있으나 부군 덕이 없다.

인수용재격은 공부의 목적이 취재(聚財)에 있으므로 겉으로는 깨끗한 척 하나 속으로는 탁하고 인색하여 처의 덕이 있으면서도 희생을 요구하고 금전에 집착하다 보니 자손과도 불합할까 염려된다.

인수용관격은 공부에 목적이 관(官-벼슬)에 있으므로 공직에서 꿈을 키워야 되겠고 명예를 우선하며 지나치게 청백함이 흠이다. 따라서 아무리 운이 좋다 하여도 사업하면 백전백패하니 금전에는 다소간의 어려움이 있어도 운명으로 알고 인내로써 극복하여 주기

바란다.

행정고시나 사법고시 · 외무고시는 관성이 없이는 어렵다. 그리고 인수격에 해당하면서도 종인격(從印格)은 다음 종격에서 다시 다루기로 한다.

2. 인수격의 응용

① 인수용인격(印綬用印格)

인수격에 관살 · 식상 · 재성이 많아 신약하고 있을 때

길운(吉運)

관성 : 생용신이나 신태약은 도리어 흉

인수 : 용신운

견겁 : 일간 득근 제거병용신(除去病用神)은 길

기운(忌運)

식상 : 용신절지 · 충 · 파

재성 : 용신피상 · 충 · 절지 · 용신지구신(用神之仇神)

예시)　　己　丁　甲　戊　　　남자

　　　　　酉　酉　寅　戌

庚　己　戊　丁　丙　乙

申　未　午　巳　辰　卯

정인용인격,　편재용인격,　土金이 병,　木火가 약,

핵 → 金　　개화결실격,　청격

이 사주는 丁火 일주가 甲寅 월로 인수격에 득령이라 신왕하여 보이나 실지 실세로써 신약이 되고 보니 선강 후약인데 월상에 甲木이 투출하고 천간 년·시로 설기되고 있고 酉酉 金局으로 편재격에 무한한 욕심이 생기나 일주가 약하여 소유하기 어려움으로 다시 인수 木을 취해야 되겠는데 甲寅 木과 寅戌 火局있어 중화를 이루기가 쉬움이 아름답다. 또 木火와 土金을 교량하여 볼 때 土金에 비하여 木火가 부족하므로 木火를 필요로 하며 火꽃은 적은데 金 열매가 과다하여 욕심이 지나칠까 염려된다. 초봄에 金이 많아 냉한하며 주중에 금왕에 상관이 병이요 신약하여 도와주어야 되겠고 또 금이 많아 막혀있는 火로 분산시켜야 되므로 木이 필요라 인수용 인격으로 격이자 용신이기에 변화가 없다. 인내력과 지구력이 모자라 결정적인 면에서 기회를 놓치고 순박하여 타인에게 악한 일을 할 수 없으니 우선 힘을 길러야 되겠고 최후의 목적인 재를 취득하려면 공부를 해야 하며 부모유덕에 명랑하고 예의는 바르나 돈에 눈이 어두워서는 안 되겠다.

乙卯 대운은 木生火는 옳으나 습목이 되어 원만치 못한 중 일지 酉金 재성 父가 卯酉沖으로 재인이 투전이라 부모가 다툴까 두려운데 부모와 함께 살기는 어렵겠고 丙辰 운은 丙火가 약한 丁火日主를 도울 것 같으나 지지 辰 습토에 회기(晦氣)되어 믿기 어려우니 평온하지 못하다가 丁巳 운에 寅巳刑으로 용신이 형살이 되고 巳酉 金局으로 합세하여 중병과 더불어 믿었던 丁巳火에 배신당하고 인문계가 아니라 이공계로 전환을 하니 믿는 도끼에 발등 찍히는 격이다. 1월 냉한이 극심으로 되는 일이 하나도 없다가 戊午 운에 들면서 일주 丁火가 午에 록근하고 寅午로 火局하여 용신지

병을 火克金으로 제거하고 온난과 더불어 柱中 왕자인 金재 위에 서게 되니 사주가 균형을 이루게 됨은 물론 출생이후 처음으로 상위권에 진입하니 생활에 있어서 전성기가 되며 己未 운은 용신 입묘에 甲己 합 되어 하루아침에 만권이 정지되고 庚申 운은 甲庚 寅申으로 용신을 뿌리째 뽑으니 중병이 되어 위험한 명이 된다.

② 인수용겁격(印綬用劫格)
인수격에 재가 많아 신약하고 견겁이 있을 때
길운(吉運)
  인수 : 생용신·괴인(壞印)시는 흉(천간위주)
  견겁 : 용신방조(用神幇助)
기운(忌運)
  식상 : 용신설기 (관을 제거할 때는 길)
  재성 : 용신 사·절
  관살 : 용신피상 (충·절)

丁　丁　辛　辛　　　여자
未　酉　卯　丑

丁丙乙甲癸壬
酉申未午巳辰
편인용겁격,　편재용겁격,　음팔통격,　탁격
金이 병　　　火가 약　　　허화무실격

이 사주는 丁火 일주가 卯中 乙木 본기로 본 편인격이나 卯酉沖

에 년월 천간 辛金재가 월지목을 제지하고 있어 우산지목(牛山之木)이요 재인(財印)이 투전(鬪戰)하여 부모불합은 물론 부모덕이 없고 공부마저도 도중하차 하였는데 다행하게도 丁未時로서 시상비겁을 의지하게 되므로 인수용겁격이 된다. 부모에게 의지를 못하고 형제나 친구를 의지하면서 살아가야 하나 친구를 너무 좋아하게 되면 금전에 실패가 따르지 않을까 염려된다. 丙申대운에 들면서 왕한 金이 돈이 될 것처럼 여겨졌으나 용신지병이 되어 도리어 어려움에 처하게 되고 혼자 삶을 개척하려 하니 외롭기 한이 없으며 꽃도 피기 전에 결실부터 하려다 보니 욕심이 앞서고 자만심이 흠이 되고 있다. 金이 태과하여 병이 되었고 2월 달에 서리가 눈처럼 많이 내렸으며 金이 많아 균형을 이루려면 木火가 필요하므로 木火運에 길하고 土金水 운에 악전고투(惡戰苦鬪)하게 되는데 초년 壬辰 癸巳運은 辰酉, 巳酉로 金局에 壬癸 水官이 合勢하여 재살태왕이 되며 생불여사(生不如死)요 사람구실 못할 것 같더니 甲午, 乙未 운에는 신왕하고 중화를 이루며 평안하게 삶 하였으나 無관성에 관운이 일찍 지나가버려 사랑이 모자람은 면할 길 없다. 丁酉 운은 丁火 비견으로 재물 때문에 험난한 길이 되는데 火 용신이 酉金에 병들기 때문이고 용신 死宮에 금다화식(金多火熄)으로 완전 패장이 되었는데 이와 같이 본명이 재다신약(財多身弱)인 빈자는 호운에서 잠시 부자가 되었다가 흉운이 되면서 다시 본래의 위치로 돌아가게 된다.

③ 인수용식상격(印綬用食傷格)
인수격에 견겁으로 신왕하고 식상이 있을 때.

길운(吉運)

　식상 : 용신방조(用神幫助)

　재성 : 용신지병제거・설기구확장・쟁재(爭財)는 불가

기운(忌運)

　견겁 : 생용신이나 겁재가 됨

　인수 : 용신피상・절지・도식(倒食)

　관살 : 용신병・사・절・충

丙　乙　癸　戊　　남자

戌　卯　亥　子

己　戊　丁　丙　乙　甲

巳　辰　卯　寅　丑　子

정인용상관격, 목화통명격, 개화발향격, 청격, 설중매화격

水 → 용신지병　　　　　土 → 용신지약

이 사주는 乙木 일주가 癸亥월에 출생하여 편인격인데 亥子로 水
局하여 튼튼하고 또 일지에 정록을 놓아 신왕하고 있다. 당연히 관
이 필요하나 무 관성에다 년상 戊土 재성도 戊癸 합거에 동토(凍土)
로 토류(土流)에 木이 많아 土가 무너지고 있어 불용되니 시상 丙火
가 필요한 중 다행히 시지 戌土가 卯戌로 火局하여 주므로 食神有氣
로 더욱 아름답다. 시상 丙火가 상한다 하여도 戌土가 충분한 대역
을 할 수 있으므로 이 사주를 더욱 돋보이게 하고 있으며 또 그만큼
매사에 여유가 있고 실패한다 하여도 바로 성공할 수 있으니 오뚝이

의 별명은 이를 두고 하는 말이다. 편인용상관격이요 木火통명으로서 火土 운에 발하고 金水 운에 흉하며 水는 용신지병이요 戊土는 용신지약이 된다. 또 동절기의 나무로 火가 필요하고 수입이 과다하여 지출처 火가 생명선이며 水生木, 木生火로 本命의 핵은 丙火에 집결되어 있어 水가 많아 병이라 火로 대용하여 왕자의설(旺者宜泄)로 火를 필요로 하니 날이면 날마다 희생하여 보는데 본명의 목적은 희생으로서 끝이 나야지 한 걸음 더 나아가 土財까지 욕심을 부린다면 청격이 탁격으로 변화하여 하천인이 될까 염려된다. 학자·연구직·의사·교수 등으로서 평생을 두고 헌신하겠으며 木火통명으로 박사요 후세까지도 길이길이 영광이 빛나게 되겠다.

火運에 발하게 되어 있는데 초년 甲子 乙丑 水運에 火 용신이 몰하여 독학으로 고생하였으나 丙寅 운부터 발하기 시작하여 庚午 운까지는 염려 없는데 辛未 운에 들면 丙辛合으로 묶이고 壬申 운은 丙壬沖에 귀문관살이 살인상생으로 도식(倒食)이요 또 노령이 되여 81세 戊申年을 만나면 丙火 용신의 뿌리까지 파괴되어 일생을 마친다고 본다. 그리고 초운 甲乙 木운은 습木에 음지라 도움이 되지 못함과 동시에 신태왕이 되어 비견이 당권으로 불운이 되고 戊辰 운에 辰土는 辰戊충 子辰 水局으로 용신이 피상 되기 때문에 흉이 되는데 생명에는 지장이 없겠다.

④ 인수용재격(印綬用財格)
인수격으로 신왕하고 無 관에 재가 있을 때
길운(吉運)
　식상 : 생용신·통관

재성 : 용신방조(用神幫助)
관살 : 용신보호 · 목적달성

기운(忌運)

견겁 : 용신피상 · 충 · 절지
인수 : 용신절지 · 신태왕

丙　乙　癸　癸　　　남자
戌　未　亥　亥

己　戊　丁　丙　乙　甲
巳　辰　卯　寅　丑　子

편인용재격,　상관용재격,　목화통명격
水木→ 병　火土→ 약　木→ 용신지병

이 사주는 乙木 일주가 癸亥 월에 년월지 亥水 있어 편인격에다 시상 丙火로 상관격이요 未戌土가 있어 정재격 · 편재격도 되나 정리를 하여 본다면 偏印格이 주가 되고 상관이나 정재격 · 편재격은 종이 되며 득령 실지 득세로 신왕이라 관을 필요로 하나 無 관성에 재성이 있어 인수용재격이요 木生火 火生土로 상관이 재 용신을 생하고 있어 상관용재격에도 해당하고 있는데 주의할 것은 조토(燥土)가 되어 生金(관성)이 안 되므로 관까지 욕심을 부려서는 절대로 안 된다. 또 水가 병이고 土가 약인데 水氣 태왕으로 냉한한 水를 土克水로 제거하니 억부용신이며 水왕으로 막혀있는 것을 土克水로 분산시키니 통관이 되므로 모두 土가 용신이라는 것을

알았으리라고 본다.(未戌刑은 旺者刑發)

　인수용재격으로 공부의 목적은 취재(聚財)에 있는데 상관용재격
이 뒷받침을 하고 있어 쉽게 돈 벌고 말만하면 돈이요 두뇌회전이
빠르고 수리에 밝다. 부목(浮木)에 지살이 있어 환경의 변화에 적
응을 잘하며 외국과의 무역으로 외화도 벌어들이고 대인관계가 좋
으니 밖에서는 천사라는 말까지 듣는다. 돈이 목적이고 우선하므로
가정에서는 돈은 벌어서 갖다 주지만 가정적이지는 못하며 조토가
되어 부동산에 투자를 하여야 그 재산 항구할 수 있다. 甲子, 乙丑
運은 음지의 나무로 변화하고 또 丑戌로 형파한 중 天干 甲乙木 견
겁이 방해(交友不實)라 되는 일이 하나도 없다가(기본 명주가 좋아
기본점수 70점은 됨) 丙寅 丁卯 운이 들면서 고목 봉춘으로 인기집
중에 조화가 비상하고 변화되기 시작하더니 성적이 대략 20점을 상
회하여 향상되고 세상을 개척하여 좋은 삶을 살아가겠다는 신념으
로 고생을 마다하지 않고 노력하고 변화하여 성공하게 되고(용신
土가 가정권에 들어있으니 처와 자식명의로 부동산을 구입하여야
만이 재산을 축적할 수 있다.) 戊辰 운은 辰亥 원진살에 辰戌沖으
로 처궁에 변화가 생기며 또 재가 충하니 부동산에 변화를 가지면
살아나지만 돈거래를 하면 패망하게 된다. 巳午未 운에는 생용신으
로 무난하다가 壬申 운을 만나니 丙火 통로를 丙壬 충으로 막고 申
亥 해살(害殺)에 세상이 보기 싫어지고 土 용신 설기되어 수명을
다하게 된다.

　⑤ 인수용관격(印綬用官格)
　인수격에 인수나 견겁으로 신왕하고 관이 있을 때

길운(吉運)

　재성 : 생용신

　관성 : 용신방조(用神幇助)

기운(忌運)

　상관 : 용신사궁으로 흉

　견겁 : 용신 충·절지

　인수 : 용신피상·용신설기(用神洩氣)

　　　　　甲　辛　癸　癸　　여자
　　　　　午　未　丑　酉

　　　　己　戊　丁　丙　乙　甲
　　　　未　午　巳　辰　卯　寅

인수용관격, 시상일위귀격, 청격, 신왕관왕격

金水 → 병　木火 → 약　水 → 용신병　土 → 용신지약

이 사주는 辛金 일주가 丑中 己土로 편인이 된 중 년지 酉金이 방조하므로 年月에서 득령 득세라 癸水 식신격의 가세로 金水가 냉한함과 동시에 金生水 설기로 일간이 허약할 것 같으나 관살이 있을 때 식상은 일간편이 되기 때문에 오히려 신왕으로 보아야 한다. 따라서 午未 火局이 필요하고 金水 냉한에 火로서 조후를 하여야 되겠고 金水가 병이라 火가 약이 되며 身旺이라 火로서 억제하여야 되니 午未 火局이 용신으로 시상일위귀격이 정명이며 水는 용신지병인데 土는 용신지약이 되고 있어 한층 더 빛나고 있다. 丑

未 충으로 파격이 될 것 같으나 인수이면서 고장이라 여러 종류의 책들을 독파하여 본인의 교양으로 삼으니 파격이 안 되고 또 丑土(土生金)에 입묘(入墓)하니 신약이라고 보아서도 안 되며 일지(日支)에 未 재고(財庫)를 동반하고 있어 부귀가 겸전이다. 辛金이 火局에 제련된 중 癸癸水로서 강도조절이 잘되며 진퇴를 잘하고 官의 지배를 받는 것이 아니라 관(法)을 다스리는 입장에 서게 되니 일국의 장이 틀림없는데 재성 木이 허약하고 있는 것은 면할 길이 없어 처의 건강이 걱정 된다. 甲寅 운은 寅午 火局에 水生木·木生火로 용신을 생하며 방조되고 재운이 되어 계산도 빠르고 두뇌회전이 좋아 타의 모범이요 재산도 점점 늘어나고 乙卯 운은 卯未木局이 生火하고 일지 합이 되어 계속 좋은 운인데 년지에 卯酉충하여 여자를 일찍 알게 되는 것이 흠이지만 오래 가지 못하며 그러나 용신을 돕고 있어 손해 될 것은 없으니 전화위복이 된다. 丙辰 운에 丙辛合 정관으로 좋을 듯싶으나 丙이 辰土에 회기(晦氣)된 중 辰酉 金局이요 癸癸水에 丙火가 극제(克制)되고 丑辰 파살(破殺)이 되어 피상이라 뜻대로 될 리 없고 丁巳運은 巳丑 金局에 丁癸 沖이 되어 火로서의 임무를 상실하므로 20여年을 악몽에서 헤매다가 戊午運에 들자 일간 관인상생이요 午未火局으로 용신을 방조(幇助)하고 戊癸합 土克水로 용신 병을 제거 완전하게 균형을 이루었고 또 흑운 제거로 온 누리가 서광으로 가득 차게 되었으니 일거양득에 일발여뢰로서 1국의 장관 자리까지 바라보게 되는데 己未 운까지는 계속 호운이 되겠으나 庚申 운을 만나면 용신 火가 병들고 金生水로 용신지병(水)이 거듭하여 용신지 구신(金)으로부터 힘을 얻어 용신이 피상하게 되므로 귀천하게 된다.

㊿ 건록격(建祿格)

1. 건록격의 응용

건록격의 구성요건은 월령에 정록을 놓음으로서 성립되며 刑이나 沖을 만나면 일단 파격이 되므로 싫어한다. 그리고 정록이라는 의미로는 대단히 좋으나 吉도 태과하면 병이 되는 것처럼 정록도 많으면 신태왕과 동시에 견겁으로 변화하기 때문에 財·官·印의 몰락이라 흉이 되는 것은 사실이나 신약에는 일주의 근이 되고 또 의지처로서 힘이 되어 주므로 없어서는 안 될 귀성인 것이다.

건록 자체로써 득령이 되고 있기 때문에 자연 신강이 되는 것은 틀림없으나 만약에 일주가 약하면 선강후약이 되어 매사에 용두사미가 된다. 용신을 정함에 있어서는 먼저 신강·신약을 구분하고 신강하면 첫째로 관용신, 둘째로 재용신, 셋째로 식상용신 하는데 신약하고 일주가 약하면 인수로, 인수가 없으면 비견 즉 건록자체가 용신이 된다. 그리고 건록격의 특징은 마음이 착하고 분수를 지킬 줄 알고 노력의 대가 이상은 바라지 않으며 국가 공무원도 되어 보는데 한번 정한 목표는 계획을 변경하지 않고 환경을 무시한 체 돌진하고 매사에 정확을 요한다. 어려서부터 건강하게 태어나 장남이나 장녀로 출생되어 형제로 인한 고심이 따르고 자수성가하는 것이 보통인데 격자체가 비견으로 구성되어 있기 때문에 쟁재여부를 잘 살필 것이며 신태왕시는 재관이 몰함으로 식상용신을 우선하고 항상 덕을 쌓고 겸손하게 살아가야 할 것이다.

건록용 인격은 격자체가 미진하여 인수의 도움을 받아야 하니 강자이면서도 약자요 부모님의 힘을 빌리고 공부하여야 되며 교육계나 예능계에 입신함이 제격이다.

  건록용 겁격은 격이자 용신이기에 환경의 변화는 금물이요 일주 자체가 용신과 같기에 지구력과 인내력 그리고 건강이 요구되고 있다.

  건록용 식상격은 격과 용신이 상생하고 있어 삶에는 순탄하다고 보겠으나 음덕을 베풀고 후배를 양성함에 진력을 다하여야겠으며 절대로 노력의 대가 이상이나 財를 탐해서는 안 된다.

  건록용 재격은 격과 용신이 상전이라 무엇보다도 식상이 통관 하여주기를 바라고 있으며 재복은 있으나 탈재(奪財)는 못 면하고 처덕은 좋으나 처궁에는 흠이 있으며 금전에 집착할까 염려된다.

  건록용 관격은 전형적인 직업인이요 준법정신이 좋고 비록 격과 상전하고 있다고는 하나 견겁태왕으로 병이 되고 있기에 흉이 될 수 없으며 가급적이면 신왕관왕이 되어야 길명이다.

2. 건록격의 응용

① 건록용인격(建祿用印格)

건록격에 관살 또는 식상으로 신약하고 인수가 있을 때

길운(吉運)

  印綬 : 용신방조(用神幇助)

  肩劫 : 일주 득근·용신병 제거시(病除去時) 길

  官殺 : 생용신이나 신약은 凶

기운(忌運)

  재성 : 용신피상

  상식 : 용신절지·충·파

乙 己 丙 壬　　여자
丑 酉 午 申

庚 辛 壬 癸 甲 乙
子 丑 寅 卯 辰 巳

건록용인격, 식신용인격, 전답철분과다격, 선청후탁격
金 → 병　　火 → 약　水 → 용신지병　土 → 용신지약

　이 사주는 己土 일주가 오월에 출생하여 비록 득령은 하였으나
실지 실세로 신약하여 있고 또 전답 己土에 申酉丑 金(철분)이 과
다하고 습냉하여 농사를 짓기가 어려우며 金이 많아 병이요 火가
약이며 오월 중에 金水 많아 냉한하니 火로서 온난을 득하여야 되
겠기에 건록용인격이라 격이자 용신으로 순수하나 시상의 乙木 관
을 욕심내면 허송세월하게 될 것이니 주의해야 되겠다.
　본 건록용인격으로 청격이나 식상이 혼잡에 일지 도화 있어 선
청 후탁격에 대운마저 재살로 행하고 있어 부도(婦道)에는 어긋나
는데 여명에 관운이 초년에 들어오면 어려서 시집을 가야 하는 것
과 같아 혼기에 들어와서는 혼인 상대자가 없어 늦어지게 되고 또
이성을 빨리 알아 못된 송아지 엉덩이에서 뿔난다는 속담과 같이
순리를 거역할까 염려되며 신의(信義)가 대단한데 火 용신을 따라
생활하여야 되겠다.
　대운 乙巳는 巳酉丑 金局에 巳申형살이니 공부는 이과가 되겠고
甲辰 운은 甲己 辰酉로 간합 지합이면서 정관이라 연애혼인 하겠
으나 辰酉 金局으로 용신 火가 설기되고 병사되어 좋은 인연이 될

317

수 없었다. 癸卯 운에 들자 干克 支沖이요 金木 상전으로 인정과
의리가 없어지더니 세운 辛酉 년에서 도화가 작용 종내 부도(婦道)
를 이탈하여 바람이 났는데 癸亥 년이 되면서 세운이 亥卯로 합관
국이요 日克 세군으로서 하극상의 심리가 작용하여 본인이 자청
이혼을 서두르겠으니 역시 타고난 운명은 어찌할 수 없는가 보다.
壬寅 運은 寅午 火局으로 용신을 도우니 火生土로 일주를 생하고
克金(病)이라 10년간은 안정은 하겠으나 여기에서 주의할 점은 운
의 天干 壬水가 寅木에 설기되고 丙壬沖 되어 剋 용신을 못한다는
것이다. 그리고 丙寅이나 甲寅·戊寅 운 보다는 뒤떨어지고 있는
것은 사실이며 辛丑運은 酉丑 金局에 火용신이 병사하고 金生水
로 水재성을 생하니 水가 水克火하여 용신도 죽어가고 있고 丙辛
합거라 낮이 밤으로 운기가 다하고 있어 병들기 시작하드니 庚子
운에는 子午沖 용신하여 69歲의 일기로 생명을 다하게 될 것이다.

② 건록용겁격(建祿用劫格)
건록격에 재살 또는 식상으로 신약하고 인수가 없고 견겁이 있
을 때.
길운(吉運)
　인수 : 생용신
　견겁 : 용신방조(用神幇助)
기운(忌運)
　상식 : 용신설기·병사·용병제거시는 길
　재성 : 용신병사·조살(助殺)·일간 허약
　관살 : 용신피상·충

```
庚  乙  己  庚  남자
辰  丑  卯  戌
```

```
乙 甲 癸 壬 辛 庚
酉 申 未 午 巳 辰
```

건록용겁격, 재살태왕격, 선강후약격, 土金이 병, 木火가 약

　이 사주는 乙木 일주가 卯月에 출생하여 건록격이요 득령으로서 본래 신왕이지만 실지 실세로서 신약이 되고 보니 선강후약에 선청후탁(財殺多)이며 왕한 土金에 비하여 木火가 부족하고 2월중 나무가 土金이 많아(철분이 많은 전답이다.) 서늘하여 木火가 필요하며 음지나무에 土金이 많아 병이라 木火가 약인데 火가 없으니 木견겁으로 용신한다. 월상 己土따라 하는 장사는 힘들겠고 乙庚합이 있어 노래방 사업이 잘 맞으며 재산축적은 부동산이 적당하겠다. 신왕이 변해서 신약이 되므로 선강후약하니 뒤가 무르고 재성이 많아 욕심은 생기나 큰 재물은 약하다고 본다.

　본심을 떠나 욕심(慾心)이 지나쳐서 病이 되었고 매사에 자신은 있으나 신약이 되어 결실을 못하는데 도처에 여자가 있어 마(魔)가 되고 있다.

　③ 건록용식상격(建祿用食傷格)
　건록격으로 신왕하고 식상이 있을 때
　길운(吉運)
　　식상 : 용신방조(用神幇助)

```
```

재성 : 설기구확장·쟁재(爭財)시는 불가

기운(忌運)

　　인수 : 용신피상·도식(倒食)

　　관살 : 용신 병·사

　　견겁 : 생용신이나 신태왕은 불가

　　　　癸　壬　丁　庚　　남자
　　　　卯　子　亥　辰

　　　　癸　壬　辛　庚　己　戊
　　　　巳　辰　卯　寅　丑　子

　　건록용상관격, 수기태왕격, 탁격
　　金水가 병, 木火가 약.

　이 사주는 壬水 일주가 10월에 출생하여 건록격이 된 중 득령 득지로 신강이 되고 보니 재관이 필요한데 주중 辰土관은 子辰水 국으로 변하였고 월상 丁火재는 절지에 극을 받으면서 사(死)지에 있어 사용할 수가 없는에 다행히 시지 卯木이 있어 상관을 용신으로 정하니 건록용상관격이라 한다.

　용신 木이 亥月에 득령하여 튼튼한 중 또 卯亥合 木局·子卯형 살·辰亥 원진살로 본 명주는 겉은 건왕한 데 속은 시원하게 소통이 안 되고 있어 답답하며 또 매사에 일처리가 시원하지 못하다. 亥水는 신왕에 본 기신이나 이와 같을 때는 때로는 길신이 되므로 흉해위길 (凶亥爲吉)이요 욕심 같아서는 월상 丁火로 용신할 수도 있으나 절지에 병사궁으로 용신하기가 어려운데 종내는 木火 운에 길하고 金水 운에 흉하다. 戊子·己丑운에는 흉신이 당권하여 고전하며 세월을 보내다가 庚寅운에 들면서 부터는 천간은 흉신이지만 지지는 길신으로 金生水 水生木으로 균형을 이루기에 두뇌회전도 빠르고 발전함이 있으나 辛卯운 부터는 예년 같지가 않겠고 壬辰운에는 급각살에 水木응결이 되어 건강문제로 인해 고생하며 살아가게 된다.

④ 건록용재격(建祿用財格)
건록격으로 신왕하고 無관에 재가 있을 때.
길운(吉運)
   식상 : 생용신
   재성 : 용신방조(用神幇助)
   관성 : 제거병 용신·목적달성
기운(忌運)
   견겁 : 克 용신·충·파
   인수 : 용신절지·신태왕

丁　丙　丁　戊　　남자
酉　午　巳　寅

癸　壬　辛　庚　己　戊
亥　戌　酉　申　未　午

건록용재격, 개화결실격, 탁격, 火가 병, 金이 약

이 사주는 丙火 일주가 巳月로 건록격인데 巳午 寅午로 화기가 충천하여 염상격이 아닌가 하고 생각하기 쉬우나 월 시지가 巳酉로 金局 재성이 살고 있어 성립되지 않으며 寅巳로 刑 하여 파격이 될 것 같으나 화기(火氣)로 합세하기 때문에 파격은 면하나 화기(火氣)가 포악하여 인마를 살상할까 염려된다.

火 왕절에 신왕하여 본래 수기(水氣)가 필요하나 없어 金局으로 대용하니 건록용재격이며 巳火는 비겁이면서도 재국으로 변신할 수 있어 길이 되는데 火氣가 지배하면 火로 金氣가 지배하면 金으로 변화하는 것이 巳火이기도 하다. 또 견겁이 재성으로 변화하는 것은 辰土와 巳火밖에 없고 비록 金재가 용신이긴 하나 목적은 水에 있으며 火는 火克金하기 때문에 일주지병도 되고 용신지병도 되며 丁火는 한신(閑神)이요 酉金은 길신이고 丑辰土는 희신이며 水는 용신지약이다.

그리고 견겁태왕이라 하여 쟁재라고 보기 쉬우나 지지에서는 성립되지 않으며 火꽃은 왕성한데 金 결실이 부족하므로 세력에 비하여 적은 것으로 만족해야하며 寅巳刑이 있어 탁격이다. 왕한 태양의 열기도 酉時(석양)가 되어 조후에 도움을 주고 木火에 비하여 土, 金, 水가 부족하므로 土, 金, 水 운을 만나야 균형을 득하여 발전을 기대할 수 있다.

견겁태왕으로 신왕하여 매사에 자신은 있으나 탈재는 면할 길 없으며 火氣는 태왕하여 명랑하고 솔직하는 것까지는 좋으나 말이 많고 계획을 사전에 발설하며 자기 노출이 심하여 항상 손해를 보고 처덕은 좋으나 처궁은 부실하고 자손궁도 부실한데 운행 庚申, 辛酉에 財局으로 용신을 도와주니 丙丁 일주 투금(透金)이면 십중구부(十中九富)에 해당하여 혼인하면서부터 일발여뢰(一發如雷)로 부자가 되었다.

⑤ 건록용관격(建祿用官格)

건록격으로 신왕하고 官이 있을 때

길운(吉運)

  재성 : 생 용신

  관살 : 용신방조(用神幇助)

기운(忌運)

  인수 : 용신 병·사·신태왕·용병제거시는 길

  식상 : 용신피상

  견겁 : 용신 절·충·파

				남자
壬	丁	丙	丁	
子	丑	午	未	

庚	辛	壬	癸	甲	乙
子	丑	寅	卯	辰	巳

건록용관격, 신왕관왕격, 시상일위귀격, 한천감우격,

갈마음수격,   火→병   水→약

이 사주는 丁火 일주가 5월생으로 건록이 된 중 午未 火局에 天干으로 丙丁火 투출하여 신왕이라 의당 관성이 필요한데 다행하게도 일 시지로 子丑 水局에 壬水 투출하여 아름답게 자리하고 있어 건록용관격이요 신왕관왕격에 일시지로 용신이 연결되어 종내는 시상일위귀격으로 명명(命名) 되며 귀명이 분명하고 칠년대한(七

年大旱) 단비를 만나고 있는 것처럼 만물을 자생하고 있으니 어디를 가든 기쁨을 주고 환대를 받으며 수화기제로써 완전한 사주이다. 흠이 있다면 월상 丙火 한신이 너무나 강하여 시기 모략에 항시 경쟁자가 따르며 또 같은 동기생이 승진하여야만 본인의 차례가 돌아오니 이름 하여 대기만성형인데 운 또한 늦게 들어 이를 더욱 뒷받침하고 있다. 또 시상 壬水관이 투출하고 子丑合 水局에 관국을 이루게 되어 명예가 따르고 재복은 없을 것 같으나 丑이 재고라 부귀가 겸전하였고 견겁태왕하니 자연 탈재는 면할 길 없으며 명예를 우선하고 관(官)자손에 대한 정성은 그 누구도 따를 자 없을 것이다.

乙巳 운은 巳丑 金局에 생용신하고 있어 가산이 일어나고 융성해지며 영리하고 인수가 뒷받침하므로 일독지십(一讀知十)이요 甲辰 운은 子辰 水局으로 직접 용신을 도와 길이 되나 입묘(入墓)가 될까 염려스러우니 매사를 속전속결하여야 되겠고 癸卯 운은 未土 용신지병을 木克土로 제거하며 丁癸沖으로 한신을 충거하니 길운이 되나 壬寅 운은 寅午가 火局으로 중병이요 水 용신이 절하여 되는 일이 없다가 辛丑 庚子運 20여년은 사주가 완전 균형을 이루게 되어 고급관료로 진배용안(進拜龍顔)한 사주다.

🗐 양인격(羊刃格)

1. 양인격의 응용

양인격은 양일주가 월에 양인을 만남으로서 성립되며 甲일 卯월, 丙일 午월, 戊일 午월, 庚일 酉월, 壬일 子월에 출생됨을 말하고 있는데 단 戊 일주가 오월에 대하여서는 午中 己土로 양인격이 성립되므로 午는 인수격으로 보아야 옳으며 따라서 양일주의 지지 비겁이 양인이 되며 戊일 未월로도 양인격은 성립되고 또 지지뿐만 아니라 월 천간의 비겁이 유기하고 있어도 양인격은 성립된다. 그리고 일지 羊刃은 日刃格이라고 하여 月刃과 같이 동일하게 취급하고 있으며 日支에 羊刃을 놓고 있는 것은 육십갑자 중에서 丙午일, 戊午일, 壬子일로 3일밖에 없고 음일주의 羊刃인 丁未일, 己未일, 癸丑일도 응용되고 있다. 양인은 비겁으로서 재를 피상하고 편관과는 암합하며 인수는 설기에 병사하고 식상을 생조(生助)하는데 관살은 절(絶)하고 있으며 또 양인을 충하는 자 비인이라고 하여 飛刃이 있으면 羊刃의 위세는 그만큼 삭감되나 성격은 더욱 급해진다. 또 월에 양인을 놓은 자 실지 실세를 하더라도 신약이라고 보지 않으며 두뇌 회전이 빠르고 이해력이 뛰어나다.

양인격의 본질을 살펴본다면 부모의 자리에 재를 극하는 비겁을 놓고 있어 부모덕에 장남이나 장녀요 조달남아(早達男兒)로서 한 가정의 기둥이 되어야 하겠고 탈재가 많으며 형제에 대한 고심이 떠날 사이가 없다. 심성은 고강하여 임전무퇴(臨戰無退)요 구렛나루 수염에 물러설 줄 모르며 오직 전진밖에 모르므로 성격은 높이 사줄만하나 사망시에는 횡액이 두렵다. 신태왕시는 재관이 몰하므로 잔인하여지고 완력을 쓰며 본인 위주이고 처자궁이 부실인데 건강하나는 염려 없다. 여명도 남편궁은 아름답지 못하며 독신주의가 많고 직업으로는 군인·경찰·법관·의사·형무관·운동 등에 해당하며 수술을 받아본다. 양인으로만 태왕시는 양인무격(羊刃無格 또는 多者無者)이라 하여 고기장사·고용인·백정·화장터 근무(死刑場)에 신체불구·상지(傷指—손가락이 잘라짐)等에 해당한다. 또한 양인은 병기요 편관은 장수(軍人)로써 상연 관계가 되어 양인이 있는 곳에는 편관이 있어야 하고 편관이 있는 곳엔 꼭 양인이 있어야 서로가 돕게 되어 있다. 다시 말하여 양인즉 총과 칼이 있는 곳에 사용자인 장수가 없으면 국가를 방위하는 보검이 아니라 인마를 살상하는 흉기가 되며 편관즉 장수가 있는 곳에 양인(총과 칼)이 없다면 위험은 고사하고 헐벗고 있는 것과 같아 양인과 편관은 서로가 공존을 바라며 또 그렇게 하므로써 그 빛은 항구하다 할 것이다.

양인용인격은 격과 용신이 상생은 하고 있으나 격 즉 그릇이 약하므로 주위의 도움을 많이 받아야 하겠기에 항시 적을 만들지 말아야 하며 먼 훗날을 위하여 인내로서 극복하고 얼굴에 비하여 마음씨 하나 유순하니 공부를 하는 것이 생명이다.

양인용겁격(羊刃用羊刃格)은 격이자 용신이기에 단순한 성격에 매사를 가볍게 보다가 당하며 주위에 흔들리지 말고 주체를 튼튼하게 함이 급선무다.

양인용식상격은 격이 용신을 돕고 있어 본래가 강자라 선천적으로 태어난 건강에 지모를 갖추었으니 만인의 모범이 되도록 노력만 한다면 이것이 곧 희생이 갱생으로 되겠다.

양인용재격은 격과 용신이 다투고 있다고는 하나 신왕으로서 통솔력, 타개력, 정복력을 갖추고 있고 금전에 대한 집착이 대단한데 강제성을 피하는 것이 사는 길이다.

양인용관격은 뛰는 놈이 나는 놈을 만나 전화위복이 되고 있으니 항시 적에게도 감사하는 마음을 가지고 대하여 줄 것이며 명예를 우선하고 혼인한 후에 더욱 발전한다.

① 양인용인격(羊刃用印格)

양인격에 재성과 식상으로 신약하고 인수가 있을 때,

길운(吉運)

　인수 : 용신방조(用神幇助)

　견겁 : 제거병(除去病)이면 吉

　관살 : 생용신이나 신태왕은 흉

기운(忌運)

　식상 : 용신절·충·파

　재성 : 용신피상·탐재괴인(貪財壞印)

癸　戊　丙　丁　　남자

亥　申　午　酉

庚　辛　壬　癸　甲　乙

子　丑　寅　卯　辰　巳

양인용인격, 상관혼잡격, 정재격, 金水가 병, 火土가 약

이 사주는 戊土 일주가 5월생으로 본 양인격이나 주중에 金이 많아 신약하여 인수가 필요하므로 양인용인격이요 金水가 많고 丙

午火 인수가 있어도 상전하지 않고 있어 비교적 아름다운데 대운이 남남동으로 용신을 돕고 있어 순풍에 돛을 단 듯 목적지를 향하여 전진할 수 있으므로 안심이 되고 있다. 이와 같이 격은 부실하나 운이 좋으면 큰 인물은 못되나 나름대로 삶에는 애로가 없으며 戊土 일주로 성격이 급한 중 해살이 있어 잠시 동안 지구력이 떨어짐이 흠이지만 문창귀인까지 놓고 있어 새로운 일에 대한 도전을 쉽게 한다. 본명의 목적은 취재에 있으나 보신이 우선이며 재성이 합하고 있으니 상업에 종사하는 것이 좋겠다.

② 양인용양인격(羊刃用羊刃格)

양인격에 재살 또는 상식으로 신약하고 인수가 없을 때

길운(吉運)

　인수 : 생 용신

　견겁 : 용신방조(用神幇助)

기운(忌運)

　식상 : 용신 설기(除去病時는吉)

　관살 : 용신 피상

　재성 : 용신 병·사

丙	庚	癸	甲	여자
戌	午	酉	午	

丁	戊	己	庚	辛	壬
卯	辰	巳	午	未	申

양인용겁격, 시상일위귀격, 탁격, 土金이 약, 木火가 병

이 사주는 庚金 일주가 8월에 출생하여 양인격인데 년일시로 午午戌이 火局이요 또 시상으로 丙火 편관이 당권하고 있어 火多金小로 금방이라도 소용될까 염려라. 그러나 다행하게도 月支 羊刃 酉金에 時上 丙火 偏官이 丙辛으로 合하여 克일주를 망각하게 되므로 살인상정이요 매씨합살로서 오히려 귀하며 따라서 비겁 즉 용신이 됨과 동시에 본명이 출세하는 데는 매씨의 희생이 뒤따르게 되어 있으니 보이지 않은 매씨의 공덕을 잊어서는 안 되겠다. 또 庚金은 본래 丙火에 손상되나 손상되지 않은 것은 총칼과 권력이 함께 함이라 장군이 권총을 차고 보좌관이 보호하는 것과 같아 양인격에서는 높은 평가를 할 수 있는 점이라고 보며 이것 또한 내가 직업을 잘 가지면 환경이 나를 돕는 것이지 내가 환경을 돕는 것이 아니라는 점이다.

8월 庚金이 火가 많아 당장이라도 녹아내려질 것 같으나 월상에 癸水가 있어 제련된 金의 강도조절을 잘하고 있어 진퇴는 물론 목소리까지 아름다운데 甲庚이 충하고 있는 것이 흠이다. 귀한 사주라 戊辰 운중 壬辰년에 높은 직책에 승진하겠고 丁卯 운중 癸卯년에 卯酉沖 용신하여 건강이 악화되어 고생을 하게 되리라고 본다.

본명에서 주의할 것은 金弱에 火旺으로 전류가 태왕하여 전선이 녹아내리고 퓨즈가 터져 한꺼번에 암흑세계가 되는 것처럼 혈압으로 급사가 염려되니 방심하지 말고 사전에 모든 준비를 갖추어 놓아야 하고 또 본인이 못났다고 한탄만 하지 말고 본명처럼 酉金이 용병술만 좋다면 필시 적장도 사로잡을 수 있다는 것을 배워야 되겠고 또 최후의 목적은 官에 있으며 핵도 丙火官에 집결되고 있다.

③ 양인용식상격(羊刃用食傷格)

양인격에 신왕하고 재관이 없으면서 식상이 있을 때.

길운(吉運)

　식상 : 용신방조(用神幇助)

　재성 : 설기구확장

기운(忌運)

　인수 : 용신 피상·도식(倒食)

　관살 : 용신 병·사

　견겁 : 일주태왕

　　　丙　甲　乙　癸　　　남자
　　　寅　子　卯　未

　　己　庚　辛　壬　癸　甲
　　酉　戌　亥　子　丑　寅

양인용식신격, 목화통명격, 火土가 약, 水木이 병

　이 사주는 甲木 일주가 乙卯 월에 출생하여 양인격을 이루고 있는 중 卯未 木局에 癸水 子水가 生木 일주라 득령·득지·득세로 최강하여 재관을 요구하고 있으나 년지 未土 재는 燥土에 卯未 木局으로 변화하여 쓰지 못하고 時上 丙火가 득장생하여 식신용신하니 시상일위식신격이다. 어려운 환경에 태어났어도 장남 역할을 다해주고 있으며 세상살이가 어려움이 있어도 자신만은 운명을 개척해서 보람되게 살아가려고 하는 팔자로 운에서 뜻대로 뒷받침이 되지 않고 있지만 교육계나 의과로 나아감이 마땅하다고 본다. 다행하게도 시주 (時柱)가 丙寅시라 2월 나무가 물에 젖어 있다가 寅時가 되니 습기 가 걷히고 단단해지기는 하지만 노력한 만큼 환경이 나를 따라주지 않으니 참으로 답답하구나. 왕자의설의 이치로 양인용식신격으로 火 土운에 발하고 金水 운에 패망하게 되어 있다.

丙火에 핵이 집결되어 그 지모와 계략이 특출하여 영웅호걸이라 할 수 있으며 행운 壬子·癸丑에 克火 용신으로 불리하나 주중에 견 겁이 많아 水生木 木生火로 통관이 잘 되어 무난하였는데 辛亥 대운 에 들자 신왕에 양인이 합세군 하였고 亥水가 용신을 寅亥로 파한 중 辛酉년에 또다시 丙辛합 寅酉 원질살에 용신 丙火가 병사궁이 되 어 광명이 몰이라 진로가 막히고 건강까지도 위험하다 하겠다.

④ 양인용재격(羊刃用財格)
양인격에 신왕하고 無 관에 재가 있을 때.
길운(吉運)
　식상 : 생 용신
　재성 : 용신방조(用神幇助)
　관살 : 용병제거시(用病除去時) 길
기운(忌運)
　견겁 : 용신 피상
　인수 : 용신 절·충

丙 壬 戊 庚　　남자
午 寅 子 辰

甲 癸 壬 辛 庚 己
午 巳 辰 卯 寅 丑

양인용재격, 식신용재격, 신왕재왕격, 시상편재격
한자득로격, 암자득명격, 金水가 병, 木火土가 약

이 사주는 壬水 일주가 子월로 양인격을 이루었고 辰子水局에 庚
金이 년상으로 투출되어 生水하므로 원류가 풍부하여 어떠한 가뭄에
도 마르지 않으며 또 그만큼 매사에 자신 있고 여유가 있으며 도량
이 넓고 참모로서 무궁무진한 지혜가 있다.

월상의 戊土로 지지 子水를 土克水로 막아서 사용하려 하였으나
土流에 동토(凍土)가 되어 계산착오라, 양인이 천간 丙재성을 충하
고 지지가 子午충으로 午재성을 충하니 경영을 하게 되면 돌출적
인 추진으로 인한 판단 착오로 한두 번의 사업 실패는 면할 길이
없겠다. 년지 辰土관이 급각살이라 직업이나 학생은 진로에 문제가
있겠고, 庚寅 대운에 편인과 식신이라 두뇌회전과 이해력 발달로
더 일층 공부가 향상되겠으며, 壬辰 대운에는 子辰 水局이요 급각
살에 견겁태왕으로 형제나 친구 또는 여자로 인하여 재물손실이
있거나 사업실패가 따르겠고, 癸巳·甲午대운에 들면서부터는 동업
또는 합자로 재물을 축적하게 되겠다.

오행구전격으로 환경에 적응을 잘하고 이치를 깨달아 매사에 충
실하고 보니 金生水 水生木 木生火까지는 실패 없이 잘 나아가나 火

生土로 확장을 하였을 경우는 실패가 뒤따르게 되는데 이유는 천간 戊土 관성이 子水에 토류 되었기 때문이다.

그리고 식신생재는 생산업에서 종업원이 돈을 벌어주는 것이지 역마가 있다고 해서 무역업이 되는 것은 아니며 역마는 수출업까지 담당하는 것으로 보면 된다. 그리고 제일 중요한 것은 종업원이며 종업원이 나에게 돈을 벌어주는 사주라는 것을 명심한다면 회사는 승승장구하게 될 것이다.

또 수화상전은 하고 있으나 이를 예방함은 처를 얻음과 동시에 한자(寒者)가 어둠을 등지고 밝음을 향하고 안맹자가 하루아침에 개안하는 것과 같아 금상첨화요 따라서 처자 유덕에 현처귀자가 분명하고 최후의 격명은 시상편재격으로 金水가 병이고 木火가 약이 되고 있다. 寅木은 水가 가는 통로로서 없어서는 안 될 중요한 자리를 차지하고 있고 식신 생재로서 재의 근원이라 돈은 쓰면 쓸수록 생기며 희생이 갱생이요 쉽게 돈이 모인다. 만인에 귀감은 되고 있으나 재왕이면서도 巨富가 되지는 못하겠고 부자 소리는 듣는다. 양인위의 戊土官에 집착하여 군경에 입신하면 실패가 뒤따른다.

⑤ 양인용관격(羊刃用官格)
양인격에 신왕하고 관살이 있을 때
길운(吉運)
　재성 : 생 용신
　관살 : 용신방조
기운(忌運)
　상식 : 용신 피상

견겁 : 용신 절 및 충

인수 : 용신 병·사·제거병시(除去病時)는 길

丙　庚　癸　己　　남자

戌　午　酉　丑

丁　戊　己　庚　辛　壬

卯　辰　巳　午　未　申

양인용관격, 신왕관왕격, 시상일위귀격, 청귀격

金水가 병,　木火가 약

　이 사주는 庚金 일주가 8월로 양인격이 된 중 酉丑 金局에 월상
癸水가 합세라 신왕하여 火 관성이 필요한데 시상 丙火가 일시지 午
戌 火局으로 합하여 신왕관왕이요 시상일위 귀격에 沖刑살이 없고
보니 매우 아름답고 청귀한 사주나 재가 없고 金 왕으로 지나치게
완벽함이 서운하다. 金旺 火旺으로 완금장철이 용광로 불을 만나
잘 제련되어 큰 그릇이 되고 있는 것과 같고 또 金 보석이 火 빛에
반사되어 눈이 부시도록 빛나고 있으며 金旺 굵은 동선에 火旺 강력
한 전류 가 흐르고 있는 것과 같아 송전선이 되고 보니 필시 일국의
기간산업에 기여할 수 있는 인물이다. 丙庚星으로 음성하나 좋고 인
품 또한 좋아 법정계에 입신하게 되는데 본명은 신왕관왕으로 시상
일위 귀격에 해당하므로 관제를 당하지 않고 법을 다스리는 입장에
서게 되는 것이 천격과 다른 점이다. 월상 癸水는 강도조절이요 年
上 己土는 학마와도 같고 용신설기도 틀림없으나 그래도 인수가 있

어서 계획성 있게 일을 처리하고 있으므로 병이라고 모두가 나쁜 것만은 아니니 이러한 것을 말하여 유병(有病)이면 방위귀(方爲貴)한데 득약(得藥)이라야 시위진(是爲眞)이라고 한다.

羊刃用官格에 편관이 丙庚星으로서 법조계가 잘 맞다.

(52) 식신격(食神格)

1. 식신격의 응용

식신격은 월지 장간 본기가 식신일 때와 주중의 식신유기 그리고 식신용신도 식신격으로 성립되는데 식신 본래가 편관 즉 칠살을 제어하고 정재를 생하고 있어 수성(壽星)이라는 별칭을 가지고 있으며 또 문창, 천주(天廚), 학당귀인 등의 좋은 길성과도 통하고 있어 1인 3역이라 따라서 "식신유기 (食神有氣)면 승재관(勝財官)이요"라는 말은 식신이 잘 발달되어 있으면 웬만한 재관보다 좋다는 것이다. 따라서 식신을 놓은 자 스스로 하고자 하는 것이기 때문에 희생이 갱생이요 두뇌가 좋아 다재다능하나 그 중에서도 추리력, 응용력, 예지력, 표현력이 풍부하여 이 격에서 박사가 많고 심성이 후중하며 매사를 정도로서 처리하고 수양이 잘되어 있어 항시 약자편에서 일하며 많은 음덕을 베풀고 있어 때로는 횡재가 따르고 있지만 무조건 하고 억압하면 투항하니 대화로서 설득하고 인정으로 통하면 본인의 손해를 알면서까지도 따르게 되어 있다.

칠살을 극제하므로 무서운 것이 없고 직업으로는 사회사업·육영·기예·교육·생산업 등에 적합하다. 본인보다는 수하인이 더 잘 되어 본인의 자손에는 인색하나 남의 자손에는 후중하며 처덕은 있으나 처궁은 부실한데 이유는 관살(나의 자손)이 식신(남의 자손)에 의하여 수제되고 또 식신은 생재하기 때문이다. 이와 같이 좋은 식신이라 하여도 신약하거나 식신이 태왕하면 상관과 같아 도기요 설기로서 종내는 패망의 길로 유도하고 또 제살태과(制殺

太過)로서 진법무민(盡法無民)이 되므로 석양에 무법자라 법의 심판 이전에 암살당하거나 횡사하게 된다. 도처에 생재라 여자관계가 번다함은 물론 허세 부리기 좋아하고 평생을 두고 남을 위하여 희생만 하다마니 똑같은 식신이라 하여도 일주의 강약에 따라 길흉이 달라지므로 일례(一例)에만 치우쳐 결론을 내리는 것은 극히 위험한 일이다. 식신격은 본래가 신왕을 요구하며 또 신왕하므로 그 조화가 무궁무진하다고 볼 수 있으나 여기에서 주의할 것은 신왕에 편인이 있으면 편인은 식신을 克하게 되므로 도식(天干 爲主)이라 하여 대기(大忌)한데 식신이 있고 다시 도식(倒食=인수)운을 만나면 모든 것이 업무 과로로 글자 그대로 밥그릇을 엎어 놓은 것과 같으니 생명까지도 위협을 받게 되는 것이다. 일주 강약에 관계없이 관살과 식상이 병립하여 있을 때에는 교량하여 관살이 많고 식상이 부족하면 식신제살격이라 하여 식상이 용신이 되고 반대로 식상이 왕하고 관살이 부족할 때는 제살태과격이라 하여 관성이 용신이 되는데 식신격을 위주로 공부하고 있기 때문에 식거선살거후격(食居先殺居後格)이 된다.

식신용인격은 가르치기 위하여 배우며 먼저 나가고 나중에 득이요 늦게까지 공부하며 인정보다는 본인이 노력하여야 되겠고 지출보다는 수입에 의존하여야 하며 지나친 지모(智謀)는 불가하다.

식신용겁격은 원류가 없으니 단순하고 일간과 더불어 식신격에 설기함으로 보이지 않는 곳에 지출이 많으며 항시 본인의 지나친 노출은 금물이요 약자라는 것을 깨달아 만용은 불가하며 좀 더 열심히 공부하여 수양을 쌓는 것만이 삶 할 수 있는 길이다.

식신용식신격은 목전에 이익보다는 항시 원대한 꿈을 가지고 생활하고 있으며 또 스스로 하고 싶어서 하는 일이니 만큼 희생이 갱생이요 쉽게 살아가고 있으나 머리가 좋아 박사가 많고 격이자 용신이 되며 성격이 단순하고 어린시절의 꿈이 영원하다.

식신용재격은 용신이 격을 생하고 있어 출신보다는 더욱 발전하며 매사가 순조로와 재주는 곰이 부리고 돈은 사람이 버는 것처럼 아랫사람을 잘 만나 성공한다.

식신용관격은 격과 용신이 상전하고 있어 주위가 산만하고 있으나 종내는 수습되므로 항시 위기 직전에서 환희를 맛보며 잘되면 충신이요 못되면 역적이 되는 일면이 있기도 하다.

① 식신용인격(食神用印格)

식신격에 신약하고 인수가 있을 때.

길운(吉運)

　인수 : 용신방조(用神幇助)

　견겁 : 일주득근·용·병·제거병시(除去病時)는 길

기운(忌運)

　관살 : 생 용신이나 신태약은 흉

　재성 : 용신 피상·탐재괴인(貪財壞印)

　식상 : 용신 절·충·파

	丙	己	辛	戊	남자
	寅	酉	酉	申	

丁	丙	乙	甲	癸	壬
卯	寅	丑	子	亥	戌

식신용인격, 전답철분과다격, 박토격, 지출과다격, 탁격

金水→병   火土→약

이 사주는 己土 일주가 辛酉 월에 출생하여 식신격인데 년지 申
金 월일지 酉金이 金局으로 식상혼잡이라 식신격이 건실하나 일주
는 설기가 심하고 실령·실지·득세로 신약이 되어 생해주는 인수
가 필요한 중 다행히 시상 丙火 인수가 지지 寅木에 득 장생하여
능히 火生土에 火克金 할 수 있음으로 丙火를 용신하니 식신용인
격이며 寅申沖과 원진살이 겸하여 탁격인 점이 유감이다. 지출 과
다격이라 밖에서는 한층 빛을 내나 내적으로는 寅酉 원진살이 있
어 일과 욕심으로 가득 차 있다. 심성이 착하여 항상 베풀며 살고
싶지만 수입은 적고 지출이 과다하니 뜻대로 되지 않아 마음을 비
우고 살려고 노력한다.

따라서 남방 운에 길하고 서북 운은 흉하며 직업은 병신(丙辛)
합이 있고 인수와 식신이 겸하고 있어 교육계가 적합하나 혹 기계
공학과로 지원을 하게 되면 잘못된 진로를 선정하게 된다.

또 본명은 金혼잡 태왕에 火土가 부족하며 土生金으로 지출이
과다라 시상 丙火로 수입원을 삼으니 火克金에 火生土 로 일거양
득(一擧兩得)이요 金이 많아 냉한(冷寒)하며 철분이 과다한 전답
으로 가색(稼穡)의 공을 이룰 수 없는 박토 (薄土)를 丙火로 보토
(補土)하여 옥답으로 변화한다. 음지의 전답이 양지의 전답이 되려
면 丙火 인수가 필요한데 丙火가 장생한 중 또다시 인수 운이 오
면 세상에 빛을 발할 수 있다고 본다. 그러나 이 사주가 직장을 다
니지 않고 장사를 한다면 평생 고생을 하겠으며 교육계로 전향하

여 후배양성에 정성을 다한다면 乙丑운까지는 고생은 하나 살아가는 데는 크게 지장은 없다고 본다. 중말년 이후부터 丙寅대운이 들어오면 승진도하고 생활도 넉넉해지리라고 믿는다.

② 식신용겁격(食神用劫格)

식신격에 신약하고 인수가 없고 견겁이 있을 때

길운(吉運)

　인수 : 생 용신

　견겁 : 용신방조(用神幇助)

기운(忌運)

　식상 : 용신 설기·제거병시(除去病時)는 길

　관살 : 용신 충·절

　재성 : 용신 병·사

| 丙 | 丁 | 癸 | 丁 | 남자 |
| 午 | 亥 | 丑 | 巳 | |

| 丁 | 戊 | 己 | 庚 | 辛 | 壬 |
| 未 | 申 | 酉 | 戌 | 亥 | 子 |

식신용겁격, 비겁혼잡격, 편관용겁격, 탁격

水→병　　火→약, 용신지약은 土

이 사주는 丁火 일주가 癸丑 월로 식신격인데 일지 亥水가 亥丑 水局으로 합세하고 있어 식신과 정편관이 태왕하고 있어 신약한데 다행하게도 時가 丙午시라 丙午 견겁으로 용신한다. 년지 巳火는 巳丑으로 왔다갔다 변절이 많고 일지 亥水는 亥子丑 同合으로 水官局을 이루고 있으며 水官이 태왕하여 土를 필요로 하나 土가 없어 火가 약이라 병을 한 번에 치료하지 못하고 재차 치료를 하려 하니 조금은 답답하다. 또 12월 꽃이 눈이 너무 많이 내려 낙화될 위기에 빠져 있는데 다행하게도 時 천간의 丙火가 있어 겹꽃이나마 보충하고 있으나 丙壬충으로 임무를 상실하고 年干 丁火는 丁癸충이 되어 도움이 되지 못하고 있다. 선약후강으로서 실령·실지로 신약하여 견겁의 힘을 얻으니 식신용겁격이 된다. 겉은 까다로워도 마음씨가 착해 자기만의 원칙과 보수적 기질과 책임감이 있어 일처리를 잘하고 시작과 끝이 분명하고 또한 식신을 놓아 도량도 넓은데 丁火의 이익을 기대하기는 어렵다. 직업으로는 백호대살 편관이라 작은 회사인데 충하고 있으니 철새처럼 회사를 자주 바꿀까 염려된다. 丁火의 꿈은 자기 자본으로 하는 사업인데 사업은 평생에 운이 없어 되지 않고 회사 근무가 적격이다.

그러나 己酉 대운이 들면서 재운과 관성 병을 퇴치하고 식신운이 들어오면 10년간은 작으나마 재물을 축적하는 운이 되겠고 丁未 대운은 사업 확장으로 재물의 손재가 따르겠으나 병은 치유되는 운이 되어 건강이 좋아지리라고 본다.

③ 식신용식신격(食神用食神格)
식신에 신왕하고 재관이 없을 때
길운(吉運)
　식상 : 용신방조(用神幇助)

재성 : 설기구확장

기운(忌運)

견겁 : 생 용신이나 신태왕으로 흉

인수 : 극 용신·도식(倒食)

관살 : 용신 병·사

$$乙\ 甲\ 丙\ 甲 \qquad 남자$$
$$亥\ 子\ 寅\ 子$$

$$壬\ 辛\ 庚\ 己\ 戊\ 丁$$
$$申\ 未\ 午\ 巳\ 辰\ 卯$$

식신용식신격, 목화통명격, 개화발향격, 건록격, 청격

공귀격, 火土→ 약 水木→ 병

이 사주는 甲木 일주가 1월로 본 건록격이나 월상에 丙火 식신이 투출하고 있어 식신격이 되고 있는데 이러한 경우를 두고 식신유기승재관(食神有氣勝財官)이라 한다.

1월 나무가 물위에 떠있는데 가지는 무성하고 희귀한 예쁜 꽃이 피어있어 세상사람 모두가 구경하러 몰려든다. 인품의 준수함에 감탄사가 절로 나오고 아무리 보아도 흠이라고는 찾아볼 수가 없고 너무나도 아름답다.

甲木이 丙寅월에 뿌리를 튼튼히 하고 있어 어떠한 바람에도 흔들리지 않겠으니 주체가 튼튼할 뿐더러 가는 곳마다 인기가 상승이라 세상이 바뀌어도 아랑곳하지 않고 水生木 木生火로서 木火통명이라 온 세상을 밝혀주므로 어두운 자에게는 광명이요 우매한

자에는 지혜를 고통을 받는 자에게는 안정을 주며 그 향기가 세상을 진동하고도 남으니 명진사해(名振四海)요 정직하고 송죽과 같은 마음이 타의 모범이 됨은 물론 일국의 재목으로도 등용되는데 공귀격이 겸비라 금상첨화가 분명하고 그 아름다움이 일의 순서를 알고 진퇴를 알며 삶의 기폭이 없음이 한층 더 돋보인다. 따라서 최강격으로 식신용식신격인데 능히 용신을 조종할 수 있어 따라가는 자가 아니라 통솔자요 충분히 자기개성을 살릴 수 있어 목전의 이익보다는 원대한 꿈을 가지고 정진하는데 丙火를 용신하고 보니 木에 경화를 해소시켜주므로 통관용신이요, 1월 중 새벽으로 한기가 극심함을 제거하여 주니 조후가 멋지게 성립되며, 주중 木왕이 병인데 火로서 설기 시키니 병약용신이 된다. 추리력·예지력·상상력·응용력이 풍부하여 앞서가는 인물이 되고 보니 세상에 부러울 것이 없고 어느 한 곳 흠잡을 데가 없겠다고 하겠으나 오복을 갖추기는 어려운 법이라 자손에는 근심이 따르는데 이는 본인이 자손의 몫까지 모두 차지하였기 때문이다.

동남운을 만나 세상 부러울 것 없이 살아가는데 壬申 대운 중에 壬申년을 만나면 중병에 도식이요 용신 충에 광명이 몰하여 눈을 뜨지 못하는 캄캄한 밤중이라 아무것도 보이지 가 않는 운이라 이때의 명이 정하여진 것이라 본다.

④ 식신용재격(食神用財格)
식신격에 신왕하고 官이 없고 재가 있을 때
길운(吉運)
　식상 : 생 용신

재성 : 용신방조(用神幇助)

기운(忌運)

　　관성 : 목적달성

　　견겁 : 극 용신

　　인수 : 용신 절·충·신태왕

　　　　丙　辛　癸　癸　　　남자
　　　　申　酉　亥　卯

　　丁　戊　己　庚　辛　壬
　　巳　午　未　申　酉　戌

식신용재격, 전록격, 木火→약, 土金→병, 목적은 火官

　이 사주는 庚金 일주가 10월 중에 癸亥로 식신격이 되는데 亥卯
로 木局이요 또 水生木으로 재국이 형성되어 아름답고 무한한 욕
심이 나는데 일주 또한 득지 득세로 신왕하여 능히 재국을 다스릴
수 있어 식신용재격으로서 재가 용신이 되고 있으나 사실은 金水
냉한으로서 火가 필요한데 丙火는 절지 병사궁으로 용신을 못하며
본명의 목적은 火官이라 아무리 돈을 많이 벌었다 해도 官 명예를
얻지 못한다면 목표한 바를 이루지 못했으므로 해야 할일을 다 못
한 것 같아 항시 마음 한구석은 허전하고 아쉽다.

　그러나 다행한 것은 亥卯 합 木局이 충분하게 재생관 할 수 있
으므로 언젠가는 꿈을 현실화 할 수 있도록 선천적으로 타고 났음
이라 한번 기대하여 볼만하다. 또 10월 중에 金이 많은 관계로 강

추위가 엄습하고 있고 亥卯 合 木局있어 강풍까지 몰아치고 있는데 재물이 눈앞에 보이기는 하나 견겁과 時干이 沖하고 년지와 일지가 卯酉沖으로 편재를 충하니 한 번의 실패는 면할 길이 없겠다. 또한 金生水 水生木으로 역국이라 하나 재물을 잘 모으고 격국도 튼튼하여 흠이 될 수 없다. 신왕재왕으로 부자가 되는 것은 분명한데 년지에 재가 있어 조상 덕으로 돈을 버는 것이니 선조봉사 잘 하여야 되겠다. 木火가 약이요 土金이 병이라 동남운에 길하고 水운은 식상으로 욕은 먹겠으나 취재는 하겠다.

壬戌 대운에서 庚申대운까지는 큰 진전은 없겠으며 己未대운에서부터는 亥卯未로 재성이 局을 이루고 대운에 己土 인수운이라 취재에 능하고 戊午 운까지 20년은 가장 좋은 운으로 승승장구하겠지만 丁巳운에 사업을 확장한다면 형살에 충이 걸려 용신이 충파되므로 관재와 노조로 인하여 패가망신할 수 있으니 주의하기 바란다.

⑤ 식신용관격(食神用官格)

식신격에 신왕하고 官이 있거나 또는 제살태과일 때

길운(吉運)

　재성 : 생용신

　관성 : 용신방조(用神幇助)

기운(忌運)

　식상 : 극 용신

　견겁 : 용신 절·충

　인수 : 용신병사나 제거병시(除去病時)는 길

壬 庚 辛 壬　　남자
午 戌 亥 子

丁 丙 乙 甲 癸 壬
巳 辰 卯 寅 丑 子

식신용관격, 제살태과격, 식거선살거후격
金水→병,　火土→약

이 사주는 庚金 일주가 辛亥월로 식신격인데 년월지 亥子 水가
당권하고 있는 중 일시로 午戌로 火局이라 金水 왕에 비하여 火土
가 부족하므로 균형을 이루는데 火土가 필요하여 식신용관격이 된
다. 혹은 戌土가 있어 신약하니까 인수 戌土가 용신이 아니겠는
가? 하고 반문할 수도 있는데 戌土는 土生金을 잘못하므로 일주를
도울 수가 없어 일주를 설기시키는 水를 극하는 火土를 용신한다.
식신이 있으면 관이 일주편이기 때문에 이를 식거선살거후격 또는
제살태과격이라 명명(命名)한다.

❸ 상관격(傷官格)

1. 상관격의 응용

상관격은 월지 장간 본기가 상관일 때와 주중에 상관이 있을 때 그리고 상관용신일 때 성립된다.

상관은 본래가 일주의 기를 도기(盜氣)하여 가기 때문에 신왕을 요하는데 그 중에서도 인수와 균형을 잘 이루고 있으면 인수가 克 상관하여 상관의 나쁜 작용을 배제하여 주므로 식신과 같은 위치에 서게 되어 길이 된다. 그러나 완전한 도기로서 신약이 될 때에는 정관을 피상 시키므로 상관격자는 겁이 없고 상사에게도 바른 말 잘하며 경계의 대상이요 도량이 넓은 것 같으면서도 좁고 타를 위하여 희생하면서도 계산이 앞서 꼭 그 대가를 요구하며 풍부한 상상력과 비상한 재주는 따를 자 없으나 유종(有終)의 미(美)가 어렵고 자만심이 강하여 타의 복종을 불허하며 위법행위는 물론 언어 부실에 농과 장난이 심한데 때로는 자기 무덤을 자기가 파고 말이 앞서며 남의 걱정에 늙어 간다.

또 상관은 편재를 생하기 때문에 헛된 욕심에 일확천금(一攫千金)을 꿈꾸고 있어 심하면 투기, 밀수, 도박 등에 빠져 종래는 재생살의 이치로 신세를 망치며 도화 없이도 바람이 나는데 꼭 부하나 딸과 같은 여자가 아니면 천(賤)한 여자만 골라 상대하고 자손궁 부실에 남의 자손 키워주며 심즉 자손과는 인연이 없다. 여명은 부군의 흠으로 상부(喪夫)가 아니면 첫 자식 낳고 이별하고 두 성씨의 자손을 두거나 남의 자손을 키워 주어야 하며 부군을 무시하고 정부(情夫)를 두게 되어 있으나 年下의 남자로 종내는 배신당하는데 때로는 남편이 불쌍해서 살아주기도 하며 부자(夫子)의 쟁투에 입장이 난처하다. 이 格에서 가장 두려운 것은 관살을 동반하여 관살과 상관이 서로 상쟁(相爭)하고 있으면(傷官見官爲禍百端) 화(禍)가 백가지로 발생하니 관재·송사·상신(傷身)·소란 등이 끊일 사이가 없으며 안으로는 골육상쟁이 끊임없이 일어난다. 또 인수가 태왕하면 상관이 지나치게 수제되어 상관상진(傷官傷盡)이 되어 설기처가 막혀 되는 일이 하나도 없는 중 또 다시 인수운을 만나면 생명까지도 다하게 되는데 이를 두고 원서에서는 파료상관 (破了傷官)에 손수원(損壽元)이라고 하였다. 월봉상관을 진상관(眞傷官)이라고 하는 것은 상관이 월령에 있으면 득왕한 것이 되어 진짜로 정관을 상한다 하여서이고 그 외 주중의 상관을 가상관(假傷官)이라고 하는데 상관이 실령을 하여 힘이 없기 때문에 정관을 가짜로 상한다 하여서이다. 또한 월지 상관도 주중에 대비하여 힘이 없어 약하면 가상관이 되므로 이러한 경우를 진상관이 변 가상관격이라 하고 또 타주의 상관이 실령을 하여 비록 가상관이 되고 있다고는 하나 득세로서 왕하면 충분히 정관을 상할 수 있으므로 진상관이 되는 것이니 이러한 경우를 가상관격이 변 진상관격이라고 한다.

다시 요약하면 상관태왕은 진상관격이요

상관쇠약은 가상관격이 될 수밖에 없고

또 일주 강왕은 가상관격

일주쇠약은 진상관격이 된다고 생각하여도 무방하다.

상관용인격이 중화를 이루고 있다면 식신격과 같아 출신은 평민이나 박사에 팔방미인으로서 청귀격이 되어 귀하게 살아가게 되는데 지나치게 신약하고 있으면 재주는 많지만 가난을 면치 못하겠으며 처음은 예뻐 보이나 볼수록 미워 보이고 한 송이 꽃으로서만 살다가 가게 되어 있으니 귀하게 살고 싶다면 공부를 하는데 전심 전력을 다하여야 하겠다.

상관용겁격은 신약하고 있어 보신이 우선이며 이미 부모덕은 없으므로 한탄하지 말고 빨리 기술을 습득하여 1인자가 되겠다는 목표로서 삶 하는 것이 최상책이다.

상관용식상격은 일주가 강하고 있으니 욕심 부리지 말고 희생의 정신으로서 삶 하여야 되겠고 교육계나 기획실 연구직 등에 종사함이 제격이며 신왕 식상왕은 박사요 이재(理財)에도 밝으나 식상의 생재유무를 살펴서 결론 내리고 남자는 자손, 여자는 남편궁이 아름답지 못함은 면할 길이 없다.

상관용재격은 본인의 능력을 최대한 발휘할 수 있으니 매사에 자신을 가지고 임하면 반드시 만인 위에 군림할 것이며 또 재복이 많아 생산업으로 성공하고 여자 덕까지는 주었으나 자손과는 인연이 없는 것이 흠이다.

상관용관격은 격과 용신이 상반되므로 삶 하는데 고생이 따르겠고 부하로 인하여 명예가 손상될까 염려되니 오직 하나의 목표를 정하였다면 좌우를 볼 것 없이 그 목표를 향하여 매진하기 바란다.

① 상관용인격(傷官用印格)

상관격으로 신약하고 인수가 있을 때

길운(吉運)

　　인수 : 용신방조(用神幇助)

견겁 : 일주 득근·용병제거시(用病除去時) 길

관살 : 생 용신이나 신태약은 흉

기운(忌運)

　재성 : 용신피상·괴인(壞印)

　식상 : 용신 절·충

$$壬 \quad 丁 \quad 壬 \quad 辛 \qquad 여자$$
$$寅 \quad 丑 \quad 辰 \quad 酉$$

$$戊 \quad 丁 \quad 丙 \quad 乙 \quad 甲 \quad 癸$$
$$戌 \quad 酉 \quad 申 \quad 未 \quad 午 \quad 巳$$

상관용인격, 진상관용인격, 지출과다격, 모쇠자왕격

木火→약,　　土金→병

이 사주는 丁火 일주가 3월중 辰土 본기 戊土로 상관격인데 월과 일지에 상관 식신이 있어 태왕하니 모쇠자왕이라 일간 丁火가 힘이 없던 중 시지 寅木있어 의지하고 보니 상관용인격이 된다. 火生土 土生金으로 지출이 과다하므로 木 수입에 의지하여 木克土로 지출을 막고 木生火해주니 火예의로 보신하는 것이 급선무요 土 자손이 왕하니 어머니 木이 도와주어야 하고 신약하여 경거망동에 언어가 부실함을 먼저 교정하여야 되겠기에 寅木 인수가 필요하다. 木火가 약이요 土金이 병으로서 木火 운에 발하고 甲午 乙未 대운에 天干으로 木운이 들어오니 균형이 잘 이루어져 공부도 잘하였고 현재는 직장에 충실하고 있다. 丙申대운은 동업하여 사업하는

운이 들어오는데 사업을 하면 돈은 벌지만 인수를 충하니 서류·
거래처·문서에 대한 주의가 필요하다.

② 상관용겁격(傷官用劫格)
상관격으로 신약하고 인수가 없고 견겁이 있을 때
길운(吉運)
　인수 : 생 용신
　견겁 : 용신방조(用神幇助)
기운(忌運)
　관살 : 용신 피상·충
　재성 : 용신 병·사·절
　식상 : 용신 설기나 제거병시(除去病時)는 길.

丁　甲　戊　癸　　　남자
卯　午　午　未

壬　癸　甲　乙　丙　丁
子　丑　寅　卯　辰　巳

상관용겁격, 진상관용겁격, 허화무실격, 지출과다격
한천불우격, 모쇠자왕격,　다자무자격, 목분비회격
水木→약,　火土→병

이 사주는 甲木 일주가 5월 생으로 본 상관격에 午未로 火局하고
丁火가 時上으로 투출하여 상관격으로 변화하였고 또 년지 未土가
목고(木庫)로서 고목이 된 중 5월나무가 날씨가 너무 더워 말라비

틀어지기 일보직전으로 곧 숨이 넘어갈 지경이니 지금 당장 水氣가 필요하나 년간 癸水는 몇 물방울의 물이라 수기가 너무 약해 있는데 다행히 시지 卯木이 년지 未土와 卯未로 木局이라 비겁을 용신하니 상관용겁격이요 상관이 태왕하여 진상관격이 된다. 木(나무)은 허약한데 꽃이 지나쳐 흠이 되었고 수입은 없는데 지출이 너무 많아 실속이 없고 火가 많아 木이 가뭄에 시달리고 있어 용신은 木이라 하나 실은 水운을 만나야만 발전을 기약할 수 있다. 본래 甲木 일주로 인정인데 상관이 많아 인정이 지나쳐 예의에 치우치고 있는 중 조후가 부실하여 편고(偏枯)하였고 두뇌는 좋으나 너무 지나쳐 본인의 꾀에 본인이 넘어가며 월상 戊土 재는 조토(燥土)라서 모래성을 쌓는 거와 같으니 있어도 병이라 부자는 기대하기 어려우므로 돈에 너무 집착하여서도 안 된다. 丙辰대운에는 대단히 불리할 것 같으나 辰이 습土라 공부도 잘하고 별 탈 없이 지나왔는데 乙卯 운을 만나면서부터 용신방조 운이라 하는 일마다 그런대로 되어 왔으나 癸丑·壬子 운을 만나니 기다렸던 水운(水剋火)으로 갈자음수(渴者飮水)격이 되어 발전하기 시작하더니 20년은 하는 일마다 순조롭게 잘 풀려 발전에 발전을 거듭할 것으로 본다.

③ 상관용상관격(傷官用傷官格)

상관격으로 신왕하고 재나 관이 죽어 있거나 없을 때

길운(吉運)

　식상 : 용신방조

　재성 : 용신보호·설기구확장

기운(忌運)

비겁 : 생용신이나 신왕으로 기(忌)·지지는 길
인수 : 극 용신·파료상관(破了傷官)
관살 : 용신 병·사

戊 壬 辛 辛　　여자
申 子 卯 丑

丁 丙 乙 甲 癸 壬
酉 申 未 午 巳 辰

상관용상관격,　　金水→병,　　木火→약

이 사주는 壬水 일주가 2월 卯중 乙木 본기로 상관격인데 득
지·득세로 신왕하여 재관이 우선이나 시상 戊土 官은 설기에 병
사궁이 되어 용신을 못하고 卯木으로 용신하니 상관용상관격이며
진상관격에 해당된다. 격이자 용신이 되어 성격이 단순하면서도 무
서운 것이 없어 윗사람에도 직언과 바른말 잘하고 지혜와 신의가
대단하나 여명이 되어 흠이다.

2월 장마에 칼바람까지 불고 있어 햇빛이 필요한데 해질 무렵까
지 비만 주룩주룩 내리고 있다. 다행한 것은 시상 戊土가 土克水하
여 비를 그치게 하고 구름으로 변화시키듯이 마음을 바꿔 세상을
주어진 대로 살지 않고 개척하여 정직하게 살려고 노력한다.

초년부터 운이 30년씩이나 좋은 운이 들고 보니 공부는 물론 대
인관계나 환경 적응 능력과 사교 또한 탁월하였고 丙申대운에는
천간에 丙壬충으로 재를 충하고 지지 인수운이 들어오니 돈에 대

한 보증이나 돈거래 때문에 손실이 있겠으며 丁酉 대운은 재와 합이 되니 사업을 하면 재물이 따르겠고 상관은 인수가 충하여 지출처를 막아주니 상당한 저축을 한다고 본다.

④ 상관용재격(傷官用財格)
상관격에 신왕하고 관이 없고 재가 있을 때
길운(吉運)
　식상 : 생 용신
　재성 : 용신방조(用神幫助)
기운(忌運)
　관살 : 용신보호 · 제거병시(除去病時)는 길
　견겁 : 용신피상
　인수 : 용신 병 · 사 · 절

辛	癸	丙	甲	남자
酉	酉	寅	子	

64	54	44	34	24	14	4
癸	壬	辛	庚	己	戊	丁
酉	申	未	午	巳	辰	卯

상관용재격, 인수용재격
핵은→丙火,　木火→약,　金水→병

이 사주는 癸水 일주가 寅중 甲木으로 상관격인데 신왕하여 金生水 水生木 木生火로 사주의 핵은 丙火로 집결 되었고 또 초춘에

金水 태왕으로 냉한이 극심이라 火財가 필요하여 상관용재격으로 성립된다.

水氣가 역류하고 있어 간혹 바른 직언을 잘하고 모함은 받으나 주중에 충파 없고 광명을 주고 있으니 종내는 모함한 자가 당하게 되어 있으며 등불이 뒤에 있어 뒷모습이 예쁜 것은 물론 좋은 일을 하고도 자랑하지 않는다. 財가 용신이라 어떠한 일이든 대가성이 있어야 하고 가정위주로 삶하며 인수가 도화라 옷맵시하나 일품이요 水 일주로 두뇌가 영리 한 중 水生木 木生火로서 한번 생각에 젖어들면 원대한 꿈에 타인보다 두수를 앞서고 있는데 삶에 있어서도 항시 일등을 하며 취재에도 능하다. 辛未운까지는 행동반경이 넓어 업무가 많으나 壬申 대운에 월주와 丙壬충 寅申충하면서 용신을 상하게 하여 출입로와 통로를 막고 있으니 금전문제가 발생하며 눈앞이 캄캄하니 세상사가 답답할 뿐이다.

⑤ 상관용관격(傷官用官格)
상관격에 신왕하고 관이 있거나 또는 제살태과격일 때
길운(吉運)
　재성 : 생 용신
　관살 : 용신방조(用神幇助)
기운(忌運)
　인수 : 제거용병은 길
　식상 : 극 용신
　견겁 : 용신 절·충·파

　　　　甲　辛　辛　丁　　　여자
　　　　午　未　亥　亥

丁　丙　乙　甲　癸　壬
巳　辰　卯　寅　丑　子

상관용관격, 제살태과격, 식거선살거후격
木火 → 약,　金水 → 병,

이 사주는 辛未 일주가 辛亥 월로 태어나 상관격이 된 중 亥亥
로 설기가 심하고 또 상관격이 지나쳐 병이 되는데 다행하게도 일
시 午未 火局으로 균형을 이루고 있다.(여기서 未土는 용신지병인
亥水를 土克水하면서 일간에 근을 하고 있다) 그리고 일간이 어느
한군데 뿌리를 못 하고 있을 때 식신과 관을 견주어 식신이 년월
에 있으면 관은 일간의 편이 되기 때문에 식거선살거후격 제살태
과격이 성립된다.

亥水 상관이 년월에 있는데 식신이 변하여 상관이 되기에 교우
관계가 탁월해지고 또한 환경에 대한 적응력도 활발하다.

辛未 일주라 의리가 있고 냉정하면서도 이지적인 미가 풍겨 나
오고 앉은 자리에 未土 화개살과 년월지에 亥水 천문성을 놓았으
니 종교를 가까이 하는 것이 좋겠다.

壬子 癸丑대운은 어린나이에 공부를 해야 하는데 공부가 잘 안
되겠고 甲寅운에 들어오면 寅午火局 · 寅未 귀문관살 · 寅亥가 합이
되니 뒤늦게 공부를 잘하여 책임 있는 직책까지 마다하지 않을 운
이다.

㊾ 정재격(正財格)

1. 정재격의 응용

정재격은 월지 장간 본기가 정재일 때와 주중에 정재가 있을 때 그리고 정재가 용신일 때 정재격으로 성립되며 일주 실령으로 일단은 신약이 되기 때문에 신왕을 요하고 있다. 신약이 대운에서 신왕이 되거나 재약(財弱)이 대운에서 재왕이 되어도 신왕재왕과 동일하게 취급되고 있으며 특히 관성을 동반하거나 식상을 동반하고 있으면 더욱 좋은 명주가 된다.

그리고 정재격에 신왕재왕격이 좋다함은 충분히 財生官 할 수 있어 관성이 없다 하여도 명예가 따르고 부모유덕에 통솔력과 자립정신 개척정신 등이 뒷받침하여 어려운 난관도 극복할 수 있을 뿐더러 부귀겸전에 현처귀자요 건강인으로서 오복을 갖추기 때문이다. 재성이 인수를 克하면 비록 괴인이라고는 하나 신왕재왕으로 재성이 필요할 때는 인수가 공부가 아니라 재성이 공부가 되므로 무관하며 또 식상의 설기처를 확장시켜줌과 동시에 生官하여 일주를 극제하게 하므로 중화를 이루는데 첩경이 되기 때문이다.

다음 여명에 신왕재왕하고 無 관성일 때 돈은 많으나 부군이 없다고 말하기 쉬운데 재왕은 항시 재생관할 수 있기 때문에 남편이 없다고 보아서는 안 된다. 또 이와 같은 명주는 시집에 온갖 정성을 다하니 자연 시집가면 시댁이 부자 되고 받을 복 있으며 음식솜씨 좋고 부군 출세시키며 자손은 귀자요 살림을 잘 하므로 어디를 가나 환대를 받는다. 주의할 것은 같은 재라 할지라도 燥土나 음재(陰財)

가 되어 생재를 못하면 해석이 달라지므로 재성의 습과 조, 양과음의 한(寒)과 열(熱) 여부를 보고 환경에 조화를 추론한다.

육친 중에서 재를 귀하게 여기고 있는 것은 의식주에서 음식에 해당하고 있을 뿐만 아니라 현시대가 경제의 시대요 또 재성은 生官하여 주므로 좋은 직책도 좋아하지만 또한 일주가 중화를 이루는데 가장 필요한 것이기 때문이다.

정재용인격은 격과 용신이 상전함은 물론 용신 실령으로 그만큼 생활하는데 지장을 받고 있으니 혹 처음에 성공하지 못하였더라도 포기하지 말고 계속 매진할 것이며 또 초년의 인생계획이 중도에서 궤도수정이 불가피한 것은 재에서 시작하여 인수로 꽃을 피워야 하기 때문이니 당황하지 말고 대처할 것이며 사업은 하지 말아야 하고 일주가 조금만 약하고 운이 좋으면 귀명이 될 수 있다.

정재용겁격은 타인을 너무 얕보지 말고 본인의 세력을 확장함이 살 수 있는 길이니 견겁 즉 형제나 친구를 의지하여 본인의 이득을 추구하여야 되므로 탐재하지 말고 항시 현실에 만족하면서 정진할 것이다.

정재용상식격은 용신이 격을 도우니 격과 용신이 상생이라고는 하나 본격에서 후퇴하였고 또 본 재성을 용신 못함은 재성이 피상되었음을 말해주고 있으므로 일도파산(一倒破産)은 면키 어려우며 따라서 부모님의 유산을 복귀하느라 정신이 없을 것이다.

정재용재격은 격이자 용신으로 콩 심은데 콩 나고 팥 심은데 팥 나고 있으니 매사에 정확하고 가정적이며 경제계에 입신이 첩경이다.

정재용관격은 격이 용신을 뒷받침하여 주므로 튼튼함은 물론 재관 이덕을 겸비라 귀격이 분명하며 또 격보다 용신이 앞서고 있어 출신 보다는 성공이요 정재격 중에서 제일 좋은 격국이 된다.

① 정재용인격(正財用印格)
정재격에 상식 또는 관살로서 신약하고 인수가 있을 때,

길운(吉運)
　인수 : 용신방조(用神幇助)
　견겁 : 용병제거(用病除去)
　관살 : 생 용신이나 신태약은 흉

기운(忌運)
　재성 : 克 용신
　식상 : 용신 절·충

辛　丙　丁　辛　　　남자
卯　辰　酉　丑

辛　壬　癸　甲　乙　丙
卯　辰　巳　午　未　申

정재용인격, 재다신약격, 허화무실격, 탁격,
木火→약　　土金水→병

이 사주는 丙火 일주가 丁酉월로 정재격인데 酉丑 辰酉로서 金局이 되고 年上·時上의 정재 辛金의 합세로 金이 태왕하고 있어 금다화식(金多火熄)으로 허화가 되고 있는 중 다행히 시지 卯木에 득장생하여 도움을 받고 있기는 하나 우산지목에 습목이 되어 생이 약하니 어려움이 많다.

왕한 정재를 다스리고자 하니 일주가 강왕하여야 되겠기에 木火가 필요하며 또 뒷집의 酉金 정재 처녀가 예쁘고 똑똑하여 장가들고자 하나 丙火가 약하고 어려서 성장할 때까지 보호해야 되겠기에 木火가 필요하고 金은 많고 木火는 적으니 중화를 이루는데 木火가 필요하므로 시지 卯木이 의지처가 된다. 주위에 돈은 많으나 다스릴 능력이 모자라니 욕심을 부리기 전에 수양(修養)이 필요하므로 木 인수로 공부를 함이 우선이다. 세상사를 배우는 입장에서 삶 하여야 되겠고 금광을 개발하기 전에 본인의 세력을 규합함이 우선으로 木이 필요라 정재용인격이 된다. 성격은 명랑하나 조급함이 실패의 근원이요 부모님의 유산만 잘 관리하여 주어도 삶에는 일단 성공이라고 할 수 있다. 운행중 木火에 발하고 土金水 운에 쇠퇴하며 丙申 운은 卯申으로 귀문관살에 정재가 양인이 되니 부모에게 중병이요 공부마저 잘 안되고 乙未 甲午운에는 차츰 안정을 되찾기 시작하였는데 이는 용신 입묘(入墓)라고는 하나 未中 丁火 즉 6월절의 보이지 않은 火氣가 뒷받침하여서이다. 癸巳 壬辰 운은 天干의 水가 흉으로 작용하고 지지는 巳酉丑 辰酉로 合局하여 병에 합세하므로 흉운이 된다.

② 정재용겁격(正財用劫格)

정재격에 신약하고 인수가 없으며 견겁이 있을 때

길운(吉運)

　인수 : 생 용신

　견겁 : 용신방조(用神幇助)

기운(忌運)

관살 : 극용신 · 절 · 충
재성 : 용신 병 · 사 · 신약
식상 : 용신 설기

己　乙　戊　辛　　남자
卯　酉　戌　酉

壬　癸　甲　乙　丙　丁
辰　巳　午　未　申　酉

정재용겁격, 재살태왕격, 탁격.　木火→약　土金→병

이 사주는 乙木 일주가 戊戌월에 출생하여 정재격이 되는데 酉
酉戌로 土金이 왕하여 정재격이 변하여 재살로 태왕하고 있는 중
일주가 실령 · 실지로 허약하여 완전한 재살태왕격이 되고 있어 木
火로 용신한다.

허약한 乙木 일주가 시지 卯木에 득근하고 있으나 6대 2로서 土
金이 많아 어떠한 운을 만나도 중화를 이루기는 어려운데 정재격
에 沖까지 합세하고 있어 파격이 되어 버렸다. 따라서 다재무재격
(多財無財格)으로 평생을 두고 고생하겠으며 금다목절(金多木折)
로 어데 가서 큰소리 한번 못치고 이불 속에서만 주먹 치고 화를
내며 집에는 금송아지를 키우며 쓸모없는 나무가 되어 버렸으니
한 인간으로서의 구실을 다하기가 참으로 어렵다 하겠다.

정재용겁격으로 木火에 길하고 土金 운을 忌하는데 運은 서방운
에서 乙未 대운부터 남방으로 향하고 있어 현재까지는 잘 벌고 기

대가 크다 하겠으나 癸巳 대운이 되면 지지가 용신운이라 좋을 것 같으나 巳火는 巳酉로 용신지병과 합세하니 기대하기 어렵겠고 하는 일마다 막힘이 많을 거라고 본다.

③ 정재용상관격(正財用傷官格)
정재격에 신왕하여 식상이 필요할 때

길운(吉運)
　식상 : 용신운
　재성 : 용신확장

기운(忌運)
　인수 : 극 용신·도식(倒食)
　관살 : 용신 병·사
　견겁 : 생 용신이나 별무(別無)

丙　乙　戊　己　　남자
子　卯　辰　卯

壬　癸　甲　乙　丙　丁
戌　亥　子　丑　寅　卯

정재용상관격, 전록격, 목화통명격, 木→병, 火→약

이 사주는 乙木 일주가 戊辰월로 본 정재격이나 卯卯辰 木局에 子辰 水局이라 월상 戊土 재는 근을 실하였고 또 木이 많아 땅이 무너지고 있는 형상이라 허토가 되어 격이자 용신이 될 수 없고 時上 丙火 상관으로 용신을 정하니 정재용상관격이 된다.

그러나 왕자의설(旺者宜泄)로는 가능하나 파격된 정재격을 부활하는데 목적이 있으므로 본명은 부모님이 물려준 재산을 없애고 다시 되찾는데 일생을 바치겠으나 용신 丙火가 너무나 허약하여 노력이 배나 요구되고 있다. 일지 전록격으로 마음씨는 착하나 년 주의 己卯 재가 절하고 卯木에 방해받아 일등은 어렵겠다. 용신 丙火가 절지에 있고 子卯刑에 戊土는 전실로 취하지 못하며 나무에 비하여 꽃이 너무나 적고 또 春 3월에 木이 많아 비바람이 심하니 평안할 날이 없다. 木이 병이요 火가 약으로 남방 운을 좋아하는데 운이 도와주지 않으니 중화를 이루기가 어려움이 서운하다. 그나마 丙寅 대운은 용신운으로 공부를 할려고 하고 성적도 나아지니 이 때 교육계로 투신한다면 다행인데 본명에 정편재가 혼합되어 있어서 장사라도 한다면 평생에 남방운이 들어오지 않으니 앞날을 장담할 수 없겠다. 현재 15살의 어린이의 사주다.

④ 정재용재격(正財用財格)
정재격으로 신왕하고 官이 없을 때
길운(吉運)
  식상 : 생용신
  재성 : 용신방조(用神幫助)
  관살 : 목적달성
기운(忌運)
  견겁 : 극용신 · 쟁재
  인수 : 용신 절 · 충

乙　庚　乙　癸　　남자
酉　申　卯　丑

己　庚　辛　壬　癸　甲
酉　戌　亥　子　丑　寅

정재용재격,　양인용재격,　전록용재격,　탁격
木火→약,　　土金→병

　이 사주는 庚金 일주가 乙卯월로 정재격인데 득지 득세라 신왕
(中强)하여 격이자 용신이 될 수 있음으로 정재용재격이 되며 귀
문관살에 卯酉충이 있어 탁격이 되고 土金이 태왕하니 목적은 火
官에 있으며 명예를 우선한다. 金 일주 金왕이라 때로는 과시도 잘
하는데 卯酉沖이 있어 성격이 조급하고 신경성으로 고생하며 火가
없어 쇳덩어리가 제련이 되지 않으니 사람 노릇 제대로 한 번 못
해 본다. 또한 꽃이 없는 열매가 되어 작은 것으로도 만족해야 되
니 가문 중에서 제일 못났지만 부모의 유산에 처궁은 부실하나 처
덕은 있어 결혼하고 고생은 하였으나 현재는 제자리를 찾아 발전
하기 시작하였다.
　己酉운에 卯酉충하고 己土 인수가 설기되고 卯酉충으로 용신재
가 피상당하니 서류나 문서·보증 등으로 인한 큰 손실이 있을 것
이라고 본다.

　⑤ 정재용관격(正財用官格)
　정재격이면서 신왕하고 官이 있을 때

길운(吉運)

　재성 : 생용신

　관살 : 용신방조(用神幇助)

기운(忌運)

　견겁 : 용신 절·충

　식상 : 용신 피상

　인수 : 용신 사궁이나 제거병(除去病)은 길

　　　　乙　庚　辛　丙　　　　남자
　　　　酉　辰　卯　午

　　　丁　丙　乙　甲　癸　壬
　　　酉　申　未　午　巳　辰

정재용관격, 신왕관왕격, 괴강용관격, 양인용관격

　　　　木火→약,　　土金→병

　이 사주는 庚金 일주가 卯중 乙木 본기로 정재격이 되며 실령은 분명한데 득지 득세를 하여 선약 후강으로 일주가 강하고 보니 2월 중 냉기가 심하여 火가 필요한 중 다행하게도 년주 丙午 火氣가 도움이 되고 있어 정재용관격이 되는데 庚金을 잘 제련시키지만 水가 없어 강도 조절에 흠이 되고 있다. 괴강에 양인을 놓고 있어 군인이 총을 메고 있는 형상이라 두령격에 해당되는데 결벽증이 있어 완벽을 기하나 水가 없으니 지혜가 모자란다. 겉은 냉정하게 보이고 집에서는 엄한데 밖에 나가니 더 부드러운 남자로 변신하고 재복과 권병은 주었기에 주위에서 볼 때는 장군감이라고 하나 실제는 따라주지 못하니 능력 부족이라 바라는 대로 다 성취하기는 힘들겠다.

신왕자는 억제자가 용신인데 다행히 丙午火 관이 투출하여 뿌리하고 있으니 제거병에 냉기를 충분히 해소할 수 있어 정재용관격이 되며 출신보다 더 높게 발전하고 재관이덕을 겸비로 투관하니 귀격이 되나 방해자 한신 辛金이 있어 진급하는데 방해는 따르겠다. 금융에 입신하게 된 것은 정재격의 덕택이라 할 수 있고 좋은 가문에 부모덕도 있다 하겠다. 丙申 운은 관이 절지가 되고 祿운에 도달하니 명예보다는 사업을 하려 하나 크게 성장하지 못하겠고 丁酉 운은 재성이 충을 당하고 관성이 도화를 달고 오니 명예와 명성은 찾겠으나 재물의 손해는 따르겠다.

어느 하나를 얻으면 또 하나는 잃게 되어 있으니 과한 욕심 부리다 모두 잃지 말고 순리대로 살아야만 화를 면하겠다.

㊺ 편재격(偏財格)

1. 편재격의 응용

편재격의 구성은 월지 장간 본기 편재와 주중에 편재가 있거나 그리고 편재가 용신일 때 성립되며 경제보다는 경영에 해당한다. 이 편재격도 일단 실령이라 신약이 되므로 신강을 요하는데 이는 신왕하여야 비로소 편재격을 다스릴 수 있기 때문이고 또 그렇다 하여 견겁태왕으로 군겁쟁재가 되어 편재가 파괴 되어서도 안 되며 또 재가 왕하고 일주가 허약하여도 재다신약이 되어 오히려 재의 다스림을 받아도 안 된다. 특히 재살이 혼합으로 재생살이 되면 인재치화(因財致禍)로서 흉이라 만약 여기에 해당하면 모두가 하천인이 되고 만다. 어떻든 가장 중요한 것은 중화 즉 균형을 요하며 신왕재왕격이라 하여 제일로 하고 있다.

재가 약하다 하여도 운에서 재를 도와주거나 일주가 조금 약하고 있을 때에 운에서 일주를 도와 중화만 이루어진다면 이 또한 신왕재왕격과 같이 부귀할 수 있으며 영웅호걸로서 환경을 지배하게 되는데 이는 육합(辰酉·寅亥)이나 삼합국에만 해당하고 있으니 주의하기 바란다.

편재는 처궁은 부실하나 처덕은 있고 식상을 동반하면 아랫사람 잘 만나 성공하며 또 쉽게 돈 벌고 쓰면 쓸수록 돈이 생겨오며 관을 동반하면 국가적인 차원에서 도움을 받고 엄한 가정에서 태어나 가정교육이 잘 되어 있으며 재가 용신일 때는 괴인이요 학마가 아니라 오히려 재가 인수 노릇을 하므로 공부 잘하고 남녀 공학에 특기는 암산이며 경제학 박사로서 가문을 빛내게 된다. 재다신약격이나 재살태왕격이 운에서조차 도움이 없다면 평생을 두고 빈한(貧寒)하게 살며 배고픔에는 이골이 났고 내 것을 가지고도 내 것이라고 주장할 수 없음이 정재격과 다를 바 없다고 하겠다.

정재는 월급으로 고정수입인데 편재는 정재와 달리 편되게 버는 돈으로 사업의 돈·검은 돈·횡재·큰 돈 등을 편법으로 취득하기 때문에 생각으로는 정재가 좋을지 모르나 실지로는 편재를 요구하고 있다. 다시 정리하여 보면 양일주는 편재 음일주는 정재가 더욱 좋은데 재성의 오행과 성질에 따라 각기 다르고 있으니 참고하기 바란다.

편재용인격은 격과 용신이 상전하고 있어 그만큼 삶에 애로가 많고 또 잘살고 싶으면 재를 떠나 공부를 하여야 하는데 사업하게 되면 탐재괴인이라 하루아침에 망한다.

편재용겁격은 재를 다스림이 우선이니 수신제가(修身齊家)에 주력하고 또 형제나 친구의 도움으로 출세하게 되어 있으니 무조건하고 손위는 형님 손아래는 아우 하는 식으로 처세하여야 한다.

편재용식상격은 용신이 격을 도와주어야 하므로 실패한 재산 복구하느라 정신없겠으나 뜻이 있는 곳에 길이 있으며 희생이 갱생으로 이어지니 노력한다면 반드시 성취할 수 있는데 주의할 것은 금전에 대한 애착을 버리는 것이 오히려 성공의 첩도가 된다.

편재용재격은 격이자 용신이므로 일편단심이요 부모유덕에 계산이 빠르고 정복력과 욕심이 대단하여 상대를 굴복시키지 않고서는 직성이 풀리지 않으며 또 돈 버는 데는 일가견이 있다.

편재용관격은 격과 용신이 협조가 잘 되어 있음은 물론 격보다 용

신이 앞서고 있음으로 항시 발전을 약속하고 있으며 출신보다 더욱
잘됨은 재관이덕을 얻었기 때문이요 또 본래는 사업에 뜻을 두었으나
관직에서 꽃을 피우게 되어 있다.

① 편재용인격(偏財用印格)

편재격이 신약하고 인수가 있을 때

길운(吉運)

　　인수 : 용신방조(用神幇助)

　　견겁 : 신왕 · 득근 · 제거용병(除去用病)

　　관살 : 생 용신이나 신태약은 흉

기운(忌運)

　　재성 : 용신피상 · 괴인

　　식상 : 용신충 · 파 · 절

己 戊 己 辛　　남자

未 午 亥 亥

癸 甲 乙 丙 丁 戊

巳 午 未 申 酉 戌

편재용인격, 한자득로격, 양인용인격, 청격

火土→약,　金水→병

이 사주는 戊土 일주가 己亥 월로 亥중 壬水가 편재격인데 亥亥
水局에 실령이고 水기가 당권하고 있어 득지 · 득세라 해도 약간의

신약으로 보아 인수를 용신하니 편재용인격이다.

　戊土 신약자를 火生土로 도와주니 억부용신이며 한냉자가 火 온난을 얻었으니 조후가 되고 水旺이 병인데 제거병하는 土약(藥)이 부족하여 火生土로 土약을 도우니 병약용신이 되며 水태왕으로 막혀 있는 것을 火生土하여 土克水로 분산시킴으로 통관용신이라 이와 같이 용신은 모두 하나로 귀일 되고 있는 것이다. 년월에 亥水 편재가 왕하고 있어 자연 신약이 된 중 다행히 시주에서 己未 土 비견겁이 자리하고 있어 제방을 더 튼튼하게 막아주고 있고 水는 돈이라 계산도 빠르고 정확한데 셀 틈이 없으니 돈 관리도 잘한다.

　남방운에 발전이 있는데 지금까지 고생하고 살다가 乙未 대운은 관과 비겁운으로 조금씩 발하는 운이라 하는 일이 순조롭고 亥未 가 木局으로 합을 하니 사업경영 수완이 좋아져서 일을 완벽하게 잘해내고 있다. 甲午 운까지는 별문제가 없이 계속 발전을 거듭하겠으나 癸巳 대운은 편재와 용신이 쌍충하고 戊癸 합이 되니 믿었던 도끼에 발등 찍히고 재물의 손실이 따르는데 巳亥沖으로 역마가 충이라 교통사고에다 몸까지 다칠까 염려되니 거듭 조심을 해야 될 것으로 본다. 현재 43세의 모씨의 사주다.

　② 편재용겁격(偏財用劫格)
　편재격에 재가 많아 신약하고 견겁이 있을 때
　길운(吉運)
　　인수 : 생 용신
　　견겁 : 용신방조(用神幇助)
　기운(忌運)

관살 : 용신 절·충·파

재성 : 용신 절·사·병

식상 : 용신 설기

乙 庚 庚 辛　　　남자
酉 寅 寅 卯

甲 乙 丙 丁 戊 己
申 酉 戌 亥 子 丑

편재용겁격, 재다신약격, 파격, 木火→병, 土金→약

이 사주는 庚金 일주가 寅중 甲木 본기로 편재격이나 卯酉충 乙辛충 寅酉 원진살로 파격에 해당되고 재가 많아 신약하고 있는 중 다행하게도 실령 실지 중에 시지 酉金으로 득세를 하고 있어 편재용겁격에 해당하고 있다. 겉으로는 냉정하게 보이나 속 마음씨는 온화하고 영리하며 결단력이 강한데 계획은 없어도 기억력이 좋고 목소리한번 우렁차다. 또 庚金 일주가 재살지에 앉아 좌불안석이고 庚庚辛이 천간에 자리하고 있어 의심이 있을 수밖에 없으며 또 乙辛 충이 있어 치아가 불균형이다. 庚寅 일주 원진살에 卯酉 충은 허리가 굽었거나 또는 허리가 약하거나 하여 성급하면 잘 다치는 것이 흠이다. 또 木多가 병으로 제거병 하는 金이 필요하니 土金 운에 발전하고 木火 운이 흉한데 주중에 水火가 없어 그릇은 되지 못하며 강도조절도 되지 않으니 진퇴도 모른다.

甲申 대운은 역마운이라 활동영역이 넓고 벌이는 조금하고 있으

나 甲庚충 寅申충으로 재가 충을 하고 있으니 사업은 잘되지 않겠고 이혼 운에 도달했으나 한해만 잘 넘기면 무난하게 여생을 즐길 수 있는 모씨의 사주다.

③ 편재용식신격(偏財用食神格)
편재격이나 견겁태왕으로 재관이 몰하면서 식상이 있을 때
길운(吉運)
　식상 : 용신방조(用神幇助)
　재성 : 용신보호
기운(忌運)
　인수 : 용신 피상·도식
　관살 : 용신 병·사
　견겁 : 생용신이나 신태왕은 흉

丁	甲	丙	癸	남자
卯	午	辰	卯	

庚	辛	壬	癸	甲	乙
戌	亥	子	丑	寅	卯

편재용식신격, 양인용식신격, 火土→약, 水木→병

이 사주는 甲木 일주가 辰 월로 辰중 戊土가 본기로 본 편재격이나 卯辰 목국으로 변화하여 편재격은 파괴되어 버렸고 오히려 卯辰 木局 비겁격에 해당하고 있는 중 득령·실지·득세와 일간이

신강이라 金이 필요하나 金官이 없어 월상 丙火로 용신하니 편재용식신격이 된다.

재가 비겁으로 변화하면 공부는 계산으로하고 인정이 과다하여 실속보다 남을 위해 봉사하며 시작은 잘하나 끝이 없으니 용두사미에 불과하고 관이 없어 장기적인 근무는 어렵겠고 자유직업이 잘 맞겠다. 丁癸 충은 인수와 상관이 다투고 있으니 수입과 지출이 불균형이요 午卯 파살은 부부궁과 자녀궁이라 자식 낳고 부부 금슬이 나빠지고 자녀에게 언어가 부실하다. 현재는 자기 장사를 하여 돈을 잘 벌고 있으나 55세 庚戌 대운은 원명과 辰戌충·甲庚충으로 성격은 급해지고 짜증과 스트레스가 연쇄폭발이라 되는 일이 없겠다.

이 사주는 명성와 재물을 따라가고 관이 없으니 명분과 명예와는 자연 거리가 멀며 희생이 갱생인데 대가성을 많이 론 한다.

건강으로는 호흡기계통이 약하고 미식가이기는 하나 폭식은 금물이요 탕화가 파살을 놓았으니 흉터는 분명한데 수술이 아니면 사고로 인한 상처가 있겠다.

특히 많은 재복은 주지 않았으니 욕심은 부리지 않음이 좋겠고 비겁이 파살이라 동료 간의 다툼살이 있으니 양보와 미덕이 필요한 사주라고 본다.

④ 편재용재격(偏財用財格)
편재격에 신왕하고 관이 없을 때
길운(吉運)
　식상 : 생 용신

재성 : 용신운

관살 : 목적달성

기운(忌運)

견겁 : 용신 피상

인수 : 신태왕은 용신절

乙 甲 戊 己　　여자

亥 寅 辰 卯

甲 癸 壬 辛 庚 己

戌 酉 申 未 午 巳

편재용재격, 전록격, 신왕재왕격, 火土→약, 水木→병

이 사주는 甲木 일주가 戊辰 월로 편재격인데 년주의 己土 정재가 합세하여 재성이 왕하고 있는 중 일주 또한 전록 통근에 시지 亥水와 寅亥로 합 木局이라 어떠한 바람에도 흔들리지 않겠으며 시상에 乙木이 자리하고 있어 산림을 이루고 있으니 가히 동량지재(棟梁之材)라 할 수 있는데 금상첨화로 왕한 재가 뒷받침하여 주니 더욱 더 아름답다.

신왕재왕은 분명하나 일주의 강약을 구분하건데 춘 삼월에 寅辰으로 木局이 형성되기 때문에 편재용재격이며 火土金 운이 좋고 水木 운에 패망한다. 잘못 추명하면 시상 乙木 비겁과 더불어 쟁재한다고 할 수 있으나 재성 역시 둘이 되며 각기 짝이 되어 있고 또 재왕으로 충분히 生官할 수 있으므로 쟁재라 하지 않는다.

그러나 일주가 甲寅으로 고란살에 無 관성이요 시상 乙木이 가세한 중 辛未대운에 乙辛沖하고 亥未·卯未로 木局이 되어 관이 절(絶)하고 있으니 부군에게 좋지 않고 또 고장 운이 되어 늙어가는 것은 어쩔 수가 없다 하겠다.

양일주에 木왕으로 남자 같은 성격이며 巳午未 남방운을 만나 초년고생 없이 잘 지냈으나 辛未運에 夫君 이별하였고 壬申 운은 寅申 충에 申辰水局으로 방황하다가 癸酉運에 들자 辰酉로 官局하면서 財官印삼기(三奇)가 구전하여 가정의 안정과 함께 행복한 삶을 누렸다.

⑤ 편재용관격(偏財用官格)
편재격에 신왕하고 官이 있을 때
길운(吉運)
  재성 : 생 용신
  관살 : 용신방조(用神幇助)
기운(忌運)
  식상 : 용신 피상
  견겁 : 용신 절·충
  인수 : 용신 병·사·신태왕

甲　丙　壬　甲　　남자
午　午　申　寅

戊　丁　丙　乙　甲　癸
寅　丑　子　亥　戌　酉

편재용관격, 신왕관왕격, 탁격, 金水→약, 木火→병

이 사주는 丙火 일주가 申中 庚金으로 본 편재격이나 水의 氣가 天干 壬水에 집중되어 있고 또 득장생하고 있어 관이 건실한 중 득지 득세로 신왕하여 편재용관격이요 따라서 본명의 핵은 壬水에 응집되고 있고 격보다 용신이 앞서고 있어 출신보다 발전한다. 7월달에 火氣가 많으니 신왕자 억제라 水克火로 水가 우선하며 火가 많아 병이니 水가 약으로 용신하는데 木火 태왕에 金水가 부족하니 균형을 이루는데도 金水가 필요하고 있다.

또한 재물을 앞세우나 돈 버는 목적은 벼슬에 있고 명예를 우선하는데 寅申충으로 재인이 투전이라 부모 불합은 물론이고 사업에 있어서는 쓴맛을 보고 난 다음에야 비로소 돈이 중하다는 것을 알게 되며 성공하게 된다. 또 火일주 남의 말을 잘 듣지도 않으며 믿지도 않으며 돈에 대한 의심이 많고 잘 쓰지 않으며 구두쇠처럼 재물 모으기를 좋아하는데 명예 앞에서는 아끼지 않는다. 현재는 사업을 하여 재물을 축적하고 있으나 丙子대운에 癸巳년은 관성이 三刑殺이라 명예에 쓴맛을 보며 관재까지 이어지고 있으니 돈이 있어도 법 앞에서는 어찌지 못한다는 것을 알 수 있다. 丁丑 대운에는 丁壬으로 官星이 합하고 상관운이라 정치에 입문하여 보고 명예를 위해서는 무엇이든 할 것으로 보며 戊寅 대운은 寅申충하고 寅午 火局하면서 재물에 지출이 따르고 명예가 손상되는 운이니 주의해야겠다.

㊽ 정관격(正官格)

1. 정관격의 응용

정관격은 월지 장간 본기가 정관일 때와 주중 정관이 있을 때 그리고 정관이 용신일 때 정관격은 성립되나 월을 중심으로 하여 논한다.

정관격을 놓은 자 일단은 일간이 극을 받기 때문에 허약하여지므로 신왕을 요구하는데 또 그렇다고 해서 신태왕에 관쇠도 좋지 않은 것이니 이유인즉 일주가 허약하면 아무리 좋은 정관이라 하여도 나의 소유물이 되지 못할뿐더러 심한 경우는 편관 즉 살로 변화하여 일간을 괴롭히고 또 일간이 태왕하면 관은 자연 허약하여져 임무를 다하지 못할뿐더러 이상은 크나 결실이 적고 잘못하면 관 자체가 몰하여 파격이 되기 때문이며 또 관살 태왕은 다자무자로 관쇠는 실지로 없는 것이 되어 모두 병이 되기 때문이다.

인수를 동반하면 관생인(官生印) 인생아(印生我)하여 관인상생(官印相生)으로서 일주가 자동적으로 균형을 이루기 때문에 최길로 하나 주의할 것은 재관인이 순서로 년주에서부터 일주까지 되어 있거나 년지에서 월지 일간으로 되어 있거나 월지 월간 일간으로 있음을 요구하는 것이지 무조건하고 모두를 길로 하는 것이 아니니 주의하기 바란다.

본래 정관격을 놓은 자 가문 좋고 가정교육이 잘 되어 있어 모든 일에 정도로서 임하며 타의 모범에 변화보다는 안정을 택하고 매사에 성실하며 책임감이 강하고 인품 또한 준수하여 보는 이로 하여금 믿음이 저절로 생기고 봉급생활을 우선하니 행정관으로 입신하는데 신왕관왕이라면 고시에 합격하여 출세길로 나아간다. 신왕관왕자는 관의 제약을 받는 것이 아니라 지배를 하지만 신왕관쇠자는 관이 너무나 약하여 오히려 관의 제약을 받으며 직장에 불만이 많아 하루가 멀다 하고 직장을 바꾸니 종내는 놀고먹는 신세가 될까 두렵다.

정관격에 충이나 형이 임하면 파격이라 한번파산에 직장을 자주 바꾸게 되어 대단히 꺼리는 것이 원칙이나 관이 국을 형성하고 있는 것은 다르므로 상황을 보아 판단할 것이다.

정관용인격은 좋은 직장은 있으나 학식이 부족하므로 배워야 하며 또 자연 관인상생이라 처음에는 막힘이 있으나 나중에는 자연스럽게 풀릴 것이니 지구력을 가지고 기다릴 줄 알아야만 성공할 수 있고 신왕관왕은 귀명이나 신쇠는 평민에 속한다.

정관용겁격은 친구나 형제의 도움으로 발전하여야 되니 항시 현실과 환경에 순응하여야 되겠다.

정관용상식격은 격과 용신이 상반되므로 삶에 애로가 많고 희생이 갱생으로 음덕을 쌓아야만 하며 관식이 균형을 이루고 있으면 귀격이나 관식이 투전 또는 식신제살격에서 식상이 허약하면 흉한 팔자가 된다.

정관용재격은 용신이 격을 도와주므로 기쁘나 본래의 격보다도 후퇴하고 있어 돈 벌고 난 다음 명예를 취하며 취직했다가 사업하고 처덕은 있으나 자손 덕이 부족한데 여명은 돈에 집착할까 염려된다.

정관용관격은 격이자 용신이 됨으로 일단 결정한 목표는 계속

매진하며 변화를 모르고 순수한 관료로서 직장을 생명으로 알고
삶 하나 일반상식이 부족함이 흠이 된다.

① 정관용인격(正官用印格)

정관격에 신약하고 인수가 있을 때

길운(吉運)

  인수 : 용신 운

  견겁 : 일주득근

  관살 : 생용신이나 신태약은 흉

기운(忌運)

  재성 : 극 용신·탐재괴인(貪財壞印)

  식상 : 용신 절·충·파

庚　辛　乙　丁　　여자

寅　丑　巳　亥

辛　庚　己　戊　丁　丙

亥　戌　酉　申　未　午

정관용인격, 오행구전격, 파격, 土金→약, 木火→병

이 사주는 辛金 일주가 乙巳월로 巳중 丙火본기로 정관격인데
주중 木火가 왕하여 신약이라 다행히 일지 丑土 인수를 얻어 土生
金하여 득지가 되니 정관용인격이면서 丑土가 핵이 된다. 巳亥충·
寅巳형·乙辛 충하여 파격이 되고 巳丑 金局으로 인수가 되어 신

왕이 될 것 같으나 巳월은 여름이라 절지가 되니 신약이 된다. 또 時干 庚金 한신이 있어 내 돈은 내 것이 아니고 乙辛충은 재를 충하니 돈 한번 소문나게 떼어보며 巳亥충으로 관과 상관이 충을 하니 직장에서 언어 실수로 인하여 직장 옮겨 다니고 남편과의 의견 충돌은 피할 수 없으며 寅巳형이 있어 자식 낳고부터는 가족화합하기 힘들겠다. 辛金일주 정관격이라 정직하고 보수적이며 명분과 체통을 중요시 하고 자기만의 원칙과 책임감이 있으며 시작과 끝이 분명하다하겠으며 용신 인수가 부부궁이라 남편에게 의지해서 살아가야 한다.

土金 운에 발하고 水木火 운은 흉한데 대운 丙午·丁未운은 모두 火官운으로 인수를 충거시키니 공부의 진전이 없고 戊申 己酉운은 인수운이라 뒤늦게 공부하고 발전하며 庚戌대운 10년은 일생에 있어서 최고의 빛을 발하는데 부동산으로 재물을 축적하여 남부러울 것이 없이 살아왔으나 辛亥 대운은 용신절운이라 현상 유지를 하다가 壬子대운 현재 63세에 사회활동을 하며 살고 있는데 癸丑운이 오면 용신운이라 인생에 건강과 가정이 더욱 좋아지리라고 본다.

② 정관용겁격(正官用劫格)
정관격에 신약하면서 인수가 없고 견겁이 있을 때
길운(吉運)
　인수 : 생 용신·관인상생
　견겁 : 용신방조
　식상 : 제거병에 한함(관살이 많을 때)

기운(忌運)

　관살 : 용신 절·충·파

　재성 : 용신 사궁·재생살

甲	己	甲	癸	여자
戌	丑	寅	亥	

庚　己　戊　丁　丙　乙

申　未　午　巳　辰　卯

정관용겁격,　산성과다격,　재살태왕격,　파격

火土→약,　　水木→병

　이 사주는 己土 일주가 甲寅 월로 정관격인데 亥丑이 水局하여
水生木으로 생관하고 寅亥합 木국이 관에게 힘을 실어주니 일주가
허약하여 시지 戌土에 의지하게 되어 정관용겁격이며 木이 병이고
金이 약이 되나 金이 없어 土로 대용하는데(火는 희신, 水는 원신)
전답에 산성이 많아 객토를 하여 토질을 바꾸어야 하겠기에 火土
운에 발전하고 水木 운에 흉하다.

　정관격으로 보수적이며 한없이 착하나 木이 많으니 인정이 많아
신용이 부실하고 일주가 허약하니 의지하려고 하는 기질은 있는데
책임감이 강하여 만인에 귀감이 되나 丑戌형살이 있어 가정적이지
는 못하다. 다행하게도 운이 남방으로 향하고 있으며 본명에 丑戌
刑殺이 있어 법관이나 의과가 분명한데 초년 운이 나쁘고 신약하
여 현재 의약계에서 공부를 하고 있는 모씨로 戊午대운에는 신약

이 신왕으로 변하니 꿈도 크고 계획했던 모든 일들이 자연스럽게 풀릴 것이라고 본다.

③ 정관용식상격(正官用食傷格)

정관격에 신약하고 인수나 견겁이 없으면서 식상이 있거나 인수 신태왕으로 관이 무력하고 식상이 있을 때

길운(吉運)

식상 : 용신

견겁 : 인수 신강에는 흉

재성 : 인수 신강에는 길

기운(忌運)

인수 : 극 용신

관살 : 용신 병·사

$$己 \quad 辛 \quad 丙 \quad 丁 \quad 남자$$
$$亥 \quad 亥 \quad 午 \quad 巳$$

$$庚 \quad 辛 \quad 壬 \quad 癸 \quad 甲 \quad 乙$$
$$子 \quad 丑 \quad 寅 \quad 卯 \quad 辰 \quad 巳$$

정관용식신격, 식신제살격, 살거선식거후격, 청격

金水→약, 木火→병,

이 사주는 辛金 일주가 丙午 월로 정관격인데 실령 실지 실세로서 근을 못하고 있는데 년월에다 관살을 놓으면 식신은 일주의 편

이 되므로 살거선식거후격, 식신제살격이 되는데 월에 정관이 있어 정관용상관격도 해당된다.

어떻게 보면 巳亥충이 있어서 파격이 될 것 같으나 巳火는 午火와 국을 이루고 있고 亥亥는 水局을 이루고 있어서 파격은 해당이 안 된다.

辛亥 일주 깨끗하고 준수한 용모에 년월에 정관·편관을 놓으니 일에 대해서는 도전의식이 잠재되어 있어 투지가 있고 용감하며 의지가 있어 겁이 없으나 때로는 반항의식도 있어 옳다는 생각이 들면 아랑곳하지 않고 저돌적이라 직언도 마다하지 않으며 부정을 모르고 매사에 항상 긍정적인 생각을 가지고 살아간다. 인정에는 약하나 의리는 강하고 신용 또한 무기중에 무기가 된다.

운 중에는 木火운은 흉하고 金水운에는 길한데 甲辰대운에 모 대학에서 학생회장까지 역임해 장래가 촉망되었으나 癸卯대운 丙戌년에 亥水를 따라 교육계에 투신하여 합격하였고 壬寅대운에 승진하였으며 辛丑 庚子운에 도달하면 선거를 통해 長에 도전하려는 것이 엿보인다. 식신제살격은 윗사람으로부터 칭찬을 받는 것은 아니고 동년배나 아랫사람으로부터 인기가 좋으므로 미래가 촉망되는 인물이다.

④ 정관용재격(正官用財格)
정관격에 인수 비겁으로 신왕하면서 정관이 부실하고 재가 있을 때
길운(吉運)
식상 : 생 용신

재성 : 용신방조(用神幇助)

관살 : 목적달성

기운(忌運)

견겁 : 용신 절·충·파

인수 : 용신 병·사

丁 戊 癸 壬　　여자

巳 午 卯 子

丁 戊 己 庚 辛 壬

酉 戌 亥 子 丑 寅

정관용재격, 인수용재격, 양인용재격, 탁격

金水→약,　火土→병

　이 사주는 庚金 일주가 卯월 중 본기 乙木으로 정관격이나 실령에 득지·득세하여 선약후강으로 신왕한데 巳午로 火局하여 2월에 火氣가 너무 왕하고 있어 水氣가 필요한 중 다행히 년주 월간에 壬癸水 투출하여 뿌리하고 있으니 火병을 다스릴 수 있으므로 용신하여 정관용재격이 된다.

　공부의 목적은 취재에 있으며 인수가 많아 점잖아 보여도 재용신이 되니 금전만은 절대로 양보가 없다.

　부군은 점잖고 보수적이며 똑똑한데 午卯 파·子卯형살이 되어 불리하고 형살이 재관이 되므로 취재에는 실패가 따른다. 다행히 운이 동북으로 향하고 있어 己亥대운까지는 하는 일마다 순조로워 순풍에 돛단듯이 막힘이 없고 호운이라 사업도 번창하여 부를 축적하며 호황을 누리겠으나 戊戌대운에는 흉운으로 접어드니 있는 재산이 도망갈까 두려우며 버는 것 보다는 관리가 우선이라 하겠다.

⑤ 정관용관격(正官用官格)
정관격에 인수나 비겁으로 신왕하면서 관이 살아있거나 식상이 태왕하여 제살태과가 되고 있을 때

길운(吉運)
  재성 : 생 용신
  관성 : 용신방조(用神幇助)

기운(忌運)
  식상 : 극 용신
  견겁 : 용신 절·충·파
  인수 : 용신 병·사·제거병시(除去病時)는 길

丙　戊　乙　癸　남자
申　申　卯　酉

己　庚　辛　壬　癸　甲
酉　戌　亥　子　丑　寅

정관용관격, 살거선식거후격, 제살태과격, 오행구전격, 파격
水木→약, 土金→병

이 사주는 戊土 일주가 乙卯 월로 정관격이면서 최약격이라 의

당 종을 하여야 옳으나 관살이 있을 때 식상은 일주의 편이요 또 식상이 많으면 관살은 내편이 된다. 木克土가 두려워 金克木하고 보니 土허약에 金왕이 되어 제살이 지나쳐 오히려 관을 살려야 할 입장이 되므로 정관용관격이요 살거선식거후격에 제살태과로 水木이 약에 土金이 병이며 火는 克金하여 용신지병을 제거함은 좋은데 절지에 있어 흠이 되겠다.

金 왕에 乙卯木이 절목되지 않음은 乙木이 투출함인데 안타까운 것은 관식이 투전하고 있음이라 어쨌든 정도에 준법정신이 생명이요 항시 수하를 조심하여야 되겠고 책임감 있게 남의 일을 잘 돌보아 주는 것까지는 좋으나 태과는 병이니 주의할 것이며 木자손까지는 복을 주었는데 金 손자가 병이 되므로 손자를 보면서부터는 되는 일이 없겠다.

甲寅 운은 제거용병 운으로 학교생활에 충실하고 활발하게 활동하여 좋고 癸丑 운은 酉丑 金局으로 극 용신하여 되는 것이 없는데 그래도 본명 일주 戊申이 문창성이라 두뇌는 좋으니 학업성적은 중간정도 되겠다. 壬子운은 용신을 도와 발전하겠고 辛亥 운은 용신운에 乙辛충이라 병 주고 약 주고 하는 운이며 庚戌운은 용신의 병이라 갈 길은 먼데 해는 서산에 기울고 있구나.

㊐ 편관격(偏官格)

1. 편관격의 응용

편관격의 구성은 월지 장간 본기가 편관일 때와 주중에 편관이 있을 때 그리고 편관이 용신일 때 성립되며 또 일주 허 약에 정관이 왕하여도 편관격과 동일하게 취급하고 있다.

따라서 편관격을 놓은 자 일주가 강왕함을 우선하고 있으며 신약자는 운에서라도 도움을 받아 신왕이 될 때에는 비로소 균형을 이루게 되니 편관이라 하여도 무서운 것이 아니라 오히려 귀성으로 변화하며 귀명이 되는 것이다.

아무리 무서운 살이라도 다스리는 방법이 있는데,

첫째는 인수를 이용하여 살이 인수를 생하게 하고 인수는 일주를 돕게 하니 살은 인수의 인수로서 일주의 원류요 은인이며 귀인이 되므로 이를 두고 탐생망극 또는 살인상생이라고 하는데 어디까지나 균형을 요한다.

둘째는 비겁즉 양인을 이용하여 살을 슴으로 묶어 내편에 서게 함인데 또 이러한 경우를 매씨합살·살인상정(殺印相停)·양인합살·권인상정(權印相停)·미인계 등으로 호칭하고 있는데 주의할 것은 중화가 우선이며 신왕으로 용신일 때는 살이 아니라 권이 되며 동시에 합살 또는 살인상정이라는 호칭이 될 수 없고 제거병이 되며 또 庚金이 필요할 때 乙庚合은 흉이 된다.

셋째는 인수가 없고 협상도 안 되고 비겁 양인도 없어 미인계도 통하지 않을 때는 일전을 각오할 수밖에 없으니 이때는 식상을 이용 제살하여야 되므로 이런 경우를 식신제살 또는 살거선식거후격

격퇴법이라고 하나 서로가 상전하는 것은 면할 길이 없으며 관식이 중화를 이루고 있을 때 한해서 복록을 누릴 수 있는 것이지 만약에 중화를 실도하여 관식이 투전하면 위화백단으로 석양의 무법자가 되고 만다. 다시 말하여 관살이 약한데 제(制)하는 식상이 과다하면 제살태과로 진법무민이라 법 없는 세상이 되어서도 안 되겠고 또 관살이 태왕 한중 제하는 식상이 부족하여 왕자를 건드려 종내는 일주가 손해를 보아서도 안 된다는 것이다.

편관격에 신태약자는 항시 활발하지 못하고 죽도록 일하여 주고도 좋은 소리 못 들으며 겁이 많고 열등감에 빠져 자책을 하며 건강도 부실에 잔질이 많다. 심하면 신들리기 쉽고 불구에 일복이 많아 천하고 인내와 지구력이 부족하여 용두사미요 사업하면 패망하고 누명쓰며 배신당하고 악처를 만나 가정에서마저 환대를 받지 못하며 자손으로 인하여 걱정이 많다. 여명도 편관이 되고 보니 해로가 어렵고 속도위반에 혼전동거가 많은데 군인이나 경찰 등에 인연이 있으며 재살태왕자는 내 것 주고 배신당하나 신왕관왕이면 개가를 할지언정 귀부인이 된다. 그리고 本 편관격도 충이나 형을 만나면 파격이 되므로 大忌한다.

편관용인격은 아는 것이 힘이 되며 일주가 허약하면 평민이 되나 조금만 약하다면 귀명이 된다.

편관용겁격은 출세하는데 형제나 친구의 희생이 요구되며 세력을 확보하는 것이 급선무인데 신태약은 천격이나 조금만 약하다면 귀명이다.

편관용식상격은 격과 용신이 상반되어 삶에 애로가 많으며 초년의 희망이 180도 수정에 전생의 죄과를 후생에서 속죄하며 또는 복수를 하기 위하여 출생되었기에 강왕자에는 무조건 반항하고 약자에게는 후하나 음덕이 생명선이니 각별히 명심할 것이며 관식이 균형을 이룰 때는 귀명이나 식상이 약으로 재 부족은 천격이 된다.

편관용재격은 관에서 재로 후퇴하여 일단 실패하였다가 성공하고 취재 연후에 장이되며 본래의 가문을 중흥시키고 신왕은 귀격이나 신태약은 재쇠가 되므로 평민이다.

편관용관격은 격이자 용신이 되므로 변화가 없으나 편고(한쪽으로 치우침)할까 염려요 또 성급함은 사실이나 신왕관왕은 귀격이며 신태왕은 관쇠가 되므로 평민이 된다.

① 편관용인격(偏官用印格)
편관격에 신약하고 인수가 있을 때
길운(吉運)
　인수 : 용신운
　견겁 : 일주 득근
　관살 : 생용신이나 신태약은 흉
기운(忌運)
　재성 : 극 용신·괴인(壞印)
　식상 : 용신 절·충

$$乙\quad 己\quad 辛\quad 丙 \qquad 여자$$
$$丑\quad 巳\quad 卯\quad 午$$

$$乙\quad 丙\quad 丁\quad 戊\quad 己\quad 庚$$
$$酉\quad 戌\quad 亥\quad 子\quad 丑\quad 寅$$

편관용인격, 살인상생격, 火土→약, 水木→병

이 사주는 己土 일주가 2월로 卯중 乙木 본기로 편관격인데 또 다시 時干에 乙木 편관이 당권하고 있어 일주가 약하여 실령·득지·득세는 하였으나 일지 巳火가 巳丑 金局이 되어 상관으로 변하니 중강격이 신약이 되어 의지해야 하므로 천간에 투출되어 있는 丙午火를 용신하니 편관용인격이 된다. 일지에 인수가 변하여 상관이 되니 부부금슬에 금이 가고 또 乙辛충으로 가장 싫어하는 편관과 식신이 상전하고 있으니 이 세상에 내 마음에 드는 남자가 어디에 있을까마는 편관 남편이 수시로 변하여 살이 매로 변하여 되돌아온다.

천간에 정인이 투출하므로 학교공부는 잘하였으나 사회생활은 午卯 파살이 있어 평탄하지 못했으며 가정생활은 자식을 낳기 전에는 부부금슬이 좋았으나 자식을 낳고 상관으로 변하니 상관견관 위화백단이 되어 丁亥 대운에 남편이 좋은 직장 그만두고 행패만 부리니 이별하게 되었고 인수와 재가 같이 들어오니 장사는 잘 되어 취재에는 길운이었으며 丙戌 대운은 직장근무에만 충실하고 있다.

② 편관용겁격(偏官用劫格)
偏官格에 身弱하고 印綬가 없으면서 肩劫이 있을 때
길운(吉運)
　　인수 : 생 용신·통관
　　견겁 : 용신방조(用神幇助)
기운(忌運)
　　관살 : 용신 수제·절·충
　　재성 : 조살(助殺)·용신 병·사

식상 : 제거병시(除去病時)는 길

乙　庚　丙　壬　　남자
酉　戌　午　午

壬　辛　庚　己　戊　丁
子　亥　戌　酉　申　未

편관용겁격, 관살혼잡격, 화왕금약격, 전류태왕격
土金→약,　　木火→병

　이 사주는 庚金 일주가 丙午 월로 편관격이 된 중 午午戌 火局
에 관살태왕하여 소용지상(銷鎔之象)이라 금방이라도 火旺에 종
(從)을 하여야 될 것 같으나 시지 酉金 양인을 득하여 힘이 되므
로 편관용겁격이요 또 火 강대국에 의하여 金 약소국이 침범을 당
하고 있으니 金의 세력을 보강함과 동시에 土 중립국을 통하여 살
인상생으로 협상을 함이 급선무요 또 火旺의 전자 무기의 공격을
회피하려면 우선 토굴에 잠복함이 묘책이 되겠고 여름 날씨가 비
몇 줄기로 더위를 식히고 있으니 만물이 고갈이라 너무나 갈증이
나 시원하게 소낙비라도 내려주었으면 하는데 壬水는 뜨거운 물이
되어 도움이 안 되고 대신 酉金으로 석양이 되어 열기가 식어가고
있음이 다행한 일이다.
　또 火 전류가 태왕하여 金 동선이 파열 직전으로 金이 필요하고
있으나 중화를 지나치게 실도하여 어떠한 운을 만나도 발전하기 어
렵다. 편관용겁격이 되어 형제까지 못살게 하였고 외로운 팔자에
의지처가 없으며 처덕 없으니 해로 하지 못하고 용두사미라 인내를

가지고 부모와 형제에 의지하여 노력한다면 자생할 수 있겠다. 초
년 丁未대운만 넘기면 서북방 운이 다가오니 그래도 60년이 길운이
라 기대하여 볼만하다. 조심할 것은 혈압과 뇌출혈인데 다행하게도
서북방 운이 다가오니 크게 걱정 안 해도 되며 태어난 것은 신약격
이라도 운에서 뒷받침을 하여주고 있어 웬만한 신왕 못지않으며 환
경이 나를 도와주니 그 인생이 과연 아름답다고 할 수 있겠다.

③ 편관용식신격(偏官用食神格)

편관격에 인수로 신왕하여 재가 없고 관이 몰하여 있거나 살거
선식거후격으로 식상이 부족하고 있을 때

길운(吉運)

식상 : 용신 운

견겁 : 식신제살에 한함

기운(忌運)

인수 : 용신피상

관살 : 용신 병·사

재성 : 신왕에는 길이나 제살에는 조살(助殺)로 흉

壬　壬　壬　癸　　남자

寅　辰　戌　卯

丙　丁　戊　己　庚　辛

辰　巳　午　未　申　酉

편관용식신격, 살거선식거후격, 식신제살격, 괴강격, 파격
천간일기격　水木→약,　土金→병

이 사주는 壬水 일주가 戌월에 출생된 중 일지와 더불어 辰戌土로 편관격인데 시지·년지에 식상 寅卯木이 있어 제살(制殺)할 수 있으므로 살거선식거후격이요 土보다는 木이 조금 부족하고 있으므로 木을 용신하니 완전한 식신제살격으로서 편관용식신격이다.

일주 壬水가 坐下 辰中 癸水에 근을 할 수 없는 것은 가을 戌土에 때문인데 辰戌 충하면서 辰중 癸水, 戌중 丁火가 서로 충을 하는데 月이라 丁火의 세력이 더 크기 때문에 근을 못한다.

또 戌중 辛金과 卯중 乙木이 충을 하고 있어 겉으로는 합을 하는데 속으로는 충을 하니 서로 간에 암투가 벌어지고 있는 형상이다. 천간일기격은 천간에 같은 오행 水가 자리하면서 기(氣)가 같아 겉으로는 친구나 형제 그리고 대인관계상 적응을 잘해 좋을 것 같으나 의심 또한 많아 내적으로는 생각이 다 변화한다. 월일에 관살이 있고 년시에 식상이 자리하고 있어 식신제살격이라 하는데 이는 격의 구성만 잘 갖추면 정치 언론·기자·신문·감독·감사·방송·교육계 등에서 출세가도를 달리기도 하는 것이 특징이다. 그러나 운이 나빠 관살과 식상이 상전하면 상관견관위화백단으로 화(禍)가 백가지로 일어나니 주의해야 되겠고 년월이나 운에서 편관 운이 오면 작은 일보다는 큰일을 하려고 하는 것이 특징이라 하겠다.

木火 운에 吉하고 土金 운에 흉한데 현재 丁巳 대운은 재성에 역마운이라 대리점 운영을 하고 있는 모씨의 사주다.

④ 편관용재격(偏官用財格)

편관격에 인수로 왕하고 재가 있을 때.

길운(吉運)

식상 : 생 용신

재성 : 용신방조(用神幇助)

관살 : 목적달성

기운(忌運)

견겁 : 용신 피상

인수 : 신태왕에 용신 절

壬 戊 丙 甲　　여자
子 戌 寅 午

庚 辛 壬 癸 甲 乙

申 酉 戌 亥 子 丑

편관용재격, 인수용재격, 시상편재격, 신왕재왕격

갑자음수격, 관인상생격, 金水→약, 火土→병

　이 사주는 戊土 일주가 1월에 출생하여 본 편관격이나 丙火투출에 寅午戌이 火局으로 편관이 변화하여 인수가 되면서 오히려 신왕하고 있다. 다행히 시주에 壬子水 재가 있어 재생관으로 격을 살리고 조토를 습토로 변질시키며 입춘절의 날씨가 초여름과 같아 수기(水氣)가 필요하고 火 낮이 많아 水밤이 요구되며 木火 陽의 태과로 金水 陰이 있어야 균형을 이루며 火多로 건조하고 목마른 자가 水를 시주에서 만나고 있어 편관용재격에 인수용재격이요 시상편재격이나 이 중 제일 좋은 시상편재격으로 호칭되기도 한다.

　편관이 인수로 변화하여 공부하다 혼기를 놓치고 재용신이라 금전에 집착하여 부를 누린다고 볼 수 있으나 일시지에 子중 癸水와 戌중 戊土가 戊癸합으로 합이 되므로 남편과 자식한테만 돈을 쓰고 본인을 위하여서는 써보지 못함이 서운하다. 신용과 의리로 만난 부부로 명랑함이 겸비되어 타협이 쉬운데 재용신이라 금전에만은 예외일 수밖에 없다. 乙丑, 甲子, 癸亥운이 계속해서 호운이라 부모유덕에 마음대로 하였으나 壬戌 운에 들자 寅午戌 火局에 用神水가 증발되고 쟁재되어 실패가 거듭되더니 辛酉 庚申에 다시 재기하여 행복한 삶을 살다가 己未 운에 전재산을 육영사업에 희사한 고귀한 사주다.

⑤ 편관용관격(偏官用官格)

편관격에 신왕하거나 제살태과로서 관으로 용신할 때

길운(吉運)

　재성 : 생 용신

　관성 : 용신방조(用神幇助)

기운(忌運)

　인수 : 신왕에는 불리하나 제거병시(除去病時)는 길

　견겁 : 용신 충·절

　식상 : 용신 피상

				여자
乙	丁	丙	甲	
巳	巳	子	午	

庚	辛	壬	癸	甲	乙
午	未	申	酉	戌	亥

편관용관격, 신왕관쇠격, 을병정삼기격, 파격
金水→약, 木火→병

이 사주는 丁火 일주가 子월로 본 편관격이나 실령·득지·득세
로서 신왕한데 巳巳午로 火局하여 火氣가 태왕하므로 그 열기를
식혀주는 것이 급선무라 水가 필요하여 월지 子水관으로 용신하고
또 신왕한데 월지의 水관이 너무나 약해서 신왕관쇠가 되어 편관
용관격이 된다.

재와 식상이 없고 인수와 견겁으로 태왕하여 관쇠가 되므로 나
는 힘도 세고 똑똑한데 일다운 일 한번 못해보고 못난 남자가 내
신랑이다.

11월 달 밤하늘에 별들이 반짝이고 있어 꿈은 좋으나 일은 뜻대
로 이루지 못하고 살아가겠다.

金水운에 길하고 木火운에 흉한데 甲戌운에 관식이 합을 하니
연애결혼 하게 되고 癸酉대운은 용신운이긴 하나 편재와 편관으로
자유파가 되는데 편관이 파살이라 신령을 맞이하여 한때는 신을
모시게 되었으나 취재에는 실패의 맛을 보았고 壬申대운에는 부부
궁과 자녀궁에 형살이 되어 부부간에 의견충돌이 있었으며 辛未운
에는 관이 원진살이 되면서 운의 도화가 관성이라 신랑의 외도로
마음고생을 하였으며 현재는 모든 마음을 비우고 자식을 바라보며
살아가고 있는 모여사의 사주다.

㊹ 종격(從格)

1. 종격의 응용

종이라 함은 일주 무근으로 의지할 곳 없어 주중의 왕자에 따라 간다는 것인데 이는 주중에 인수나 견겁이 없어야 하고 또는 있다 하여도 피상되어 일간에 도움이 되지 못할 때에는 부모나 형제가 없어 고아와 같아 남의 집에 입양이라도 하여야 비로소 제2의 삶에 보금자리를 얻어 평안하게 지낼 수 있는 것과 같으니 주중에 木이 왕하면 종목(從木)하여야 되고 火가 왕하면 종화(從火)·종토(從土)·종금(從金)·종수(從水)하여야 되는 것이다.

주의할 것은 일주 무근(無根)에 최약이므로 출생되자 말자 죽는 것으로 보기 쉬우나 적도 투항하면 살려주고 백색 하나에 흑색 일곱을 배합하면 백색은 찾아볼 길 없는 것과 같으며 또 종을 하는 데도 약자는 군중심리에 의하여 좌우된다.

음(陰) 일주는 종을 잘하나 양(陽)일주는 조그마한 의지처만 있어도 從을 하지 않는데 이는 사내자식은 겉보리 서말만 있어도(陽) 처가살이(從)를 하지 않는다는 옛말과 같고 또 성격을 논함에 있어도 종하는 곳을 위주로 추명함이 원칙이나 일주 자체를 무시할 수는 없으니 역시 선천적이라는 것이 얼마나 중요한가를 일깨워 주고 있는 것이다.

또 종을 하는데도 지지 득국과 아울러 천간에 투출이 있어야 귀명인데 만약 지지가 흩어져 있거나 천간에 양자(兩者)가 투출하게 되면 혼잡에 탁격이라 사주 배는 하나인데 대표자 즉 사공이 둘이 되어 배는 산으로 가는 것과 같이 사분오열(四分五裂) 되어 길명이 될 수 없다.

※ 종격(從格)에는 종아격(從兒格)·종재격(從財格)·종살격(從殺格)·종강격(從强格)·종왕격(從旺格)이 있는데

종아격(從兒格)은 식상용신으로 문예·교육·육영사업 등에 길하나 손궁은 부실하고 여명은 부군이 불미하며 상식·재운에는 발전하나 인수·견겁·관운에는 패망한다.

종재격(從財格)은 財가 용신이며 복록 증진에 귀명이나 지나치게 금전에 집착할까 염려요 식상 동반에 재고가 있으면 금상첨화로 처자 유덕이라 식상·재·관운에 발하며 인수·견겁 운은 종(從)에 방해가 되어 흉하다.

종살격(從殺格)은 官이 용신이라 명예가 우선에 공직생활이 정상이요 부부화합에 자손이 발전하며 재·관운을 길하고 인수·견겁·식상운을 싫어한다.

종강격(從强格)은 지지 전 인수로 구성되며 순수한 인수국으로 구성되어 있으면 전형적인 선비로서 대학교 총장에 입신하나 부실하면 기예·풍류·학교·철학에 심취하며 활동 자체가 어머니하고만 삶하였기에 다른 육친과는 동화되기 어렵고 인수·견겁운에 길하다.

종왕격(從旺格)은 지지 전 비견겁으로 성립되고 있으며 지지전 삼합으로 성립되면 학계·법조계·정계·군인·종교계 등에서 두각을 나타내고 있으나 부실하면 천상천하(天上天下) 유아독존(唯

我獨尊)으로 패가망신하며 모두 재·관운은 흉하고 인수·견겁운
은 길하다.

그리고 종왕격에서, 木 일주 지지 전 木局은 곡직격(曲直格)

　　　　　　　　　火 일주 지지 전 火局은 염상격(炎上格)

　　　　　　　　　土 일주 지지 전 土는 가색격(稼穡格)

　　　　　　　　　金 일주 지지전 金국은 종혁격(從革格).

　　　　　　　　　水 일주 지지전 水는 윤하격(潤下格)으로

구분되며 다시 양 일주는 양국, 음 일주는 음국을 얻어야 더욱 길
명이 된다.

① 종아격(從兒格)

지지 전 식상으로 국을 이루고 있을 때,

길운(吉運)

　식상 : 용신

　재성 : 용신방조(用神幇助)

기운(忌運)

　인수 : 극 용신

　관살 : 용신 병·사

　견겁 : 종(從)에 방해

　　　　　癸　己　辛　癸　　여자
　　　　　酉　巳　酉　丑

　　　丁　丙　乙　甲　癸　壬
　　　卯　寅　丑　子　亥　戌

종아격 · 청격   金水→약, 火土 →병

이 사주는 己土 일주가 酉월에 일지 巳로 실령 · 득지 · 득세하였다 하여 중강격으로 보기 쉬우나 년지 丑과 시지 酉金이 酉丑으로 金局되고 월간에 辛金이 투출하고 있어 丑은 土가 아니라 金이 되기 때문에 金水 운에 발전하고 木 운은 金용신이 절하고 火에는 수제되며 종에 방해되므로 흉이 된다. 종아격으로 교육계의 예능교사로 입신하였으며 土 전답에 金局이라 밭갈이하다 금맥을 발견하여 보석광산으로 개발하니 의외의 인물이요 신의가 대단하여 사귀기는 힘드나 사귀었다 하면 변함없이 영구한데 인정에는 약하고 청격이 되어 탐재하면 종내는 탁이 되므로 반드시 세인의 지탄을 면치 못할 것이다. 壬戌운은 戌丑으로 형살이고 득령이 되어 공부가 미진하나 癸亥運은 亥丑으로 水局되어 부모님으로부터 인정받고 공부도 잘하였으며 甲子 운이 들자 돈과 명예를 모두 성취하게 되었다.

② 종재격(從財格)
지지가 전 재국으로 이루고 있을 때
길운(吉運)
　식상 : 생 용신
　재성 : 용신방조(用神幇助) 용신운
　관살 : 목적달성
기운(忌運)
　인수: 용신 절 · 부종(不從)
　견겁 : 용신 피상 · 부종(不從)

己　丁　辛　癸　　여자
酉　丑　酉　丑

丁　丙　乙　甲　癸　壬
卯　寅　丑　子　亥　戌

종재격 · 개화결실격 · 청격　土金水→약,　木火→병

　　이 사주는 丁火 일주가 辛酉 월로 본 편재격이나 일주 무근으로
최약이요 금다화식(金多火熄)이라 다행히 지지에서 財가 金局으로
종을 하게 되니 순수한 종재격인데 더욱 아름다운 것은 金局이 완
전함과 동시 좌하 재고에 식상 土를 동반하여 火生土 土生金으로
극전 없이 내가 가고 싶어 따라가고 있는 중 재관이 투출하여 3박
자를 모두 갖추고 있어 부귀의 명주로 구성되어 있어서 더욱 좋다.
丁火 일주에 酉는 천을귀인이 되고 또 선천적으로 잘 태어난 운명
이 후천적으로 운에서 잘 뒷받침하여 乙丑 운까지는 이 세상에서
부러울 것이 없이 승승장구 하였으나 42세 丙寅 운부터 패운이 지
배하고 木火가 당권이라 그 좋은 재산 동업하다가 모두 실패하고
말았다. 이 사주는 본래 종재격으로 상격에 뜻을 두겠으나 丁己日
재관격에 壬戌 癸亥運에 천문성이 지배하여 공부를 잘하였고 甲子
運 10년간 관운이라 명성으로 두각을 나타내게 되고 丙寅 丁卯 運
은 관인생생운이며 득령을 하였기 때문에 대인이 소인으로 전락하
는 운이라 사업한다면 패망하는 운이다.

③ 종살격(從殺格)

지지를 전 관살을 놓은 자

길운(吉運)

　재성 : 생 용신

　관살 : 용신방조(用神幇助)

기운(忌運)

　식상 : 용신 피상

　인수 : 용신 병·충·부종(不從)

乙　乙　乙　乙　　　**남자**

酉　酉　酉　酉

己　庚　辛　壬　癸　甲

卯　辰　巳　午　未　申

종살격·청격·천간일기격·지지일기격

木火→병, 土金→약

　이 사주는 乙木 일주가 金왕 당절인 8월에 출생된 중 지지가 전 金局이므로 종살격인데 金이 투출하지 못하고 있어 완전한 종살격으로서의 격은 떨어진다. 土金 운에 길하고 木火 운에는 凶하게 되어 있는데 甲申운에는 부모유덕으로 부유하게 잘 자랐는데 그만 甲木 형제가 절지에 임하고 원명의 왕한 金에 피상되어 형제를 잃었으며 癸未 壬午運은 水生木으로 종에 방해가 되어 나쁜 것이 아니라 午火가 火克金하여 용신이 절지라 발전이 없다가 辛巳 운에

巳酉 金局으로 용신을 도와 하루아침에 승진이 되었는데 앞으로
庚辰運을 만나면 틀림없이 승진이 승승장구하리라 본다.

④ 종강격(從强格)
지지에 전 인수를 놓은 자
길운(吉運)
　인수 : 용신방조(用神幇助)
　비견 : 용신운
기운(忌運)
　식상 : 용신 절지·병·사
　재성 : 용신 절·극·충
　관살 : 용신 생궁이면 길

戊　戊　壬　庚　　남자
午　戌　午　寅

戊　丁　丙　乙　甲　癸
子　亥　戌　酉　申　未

종인격·청격　火土는 길, 金水는 흉

이 사주는 戊土 일주가 寅午戌 火局 순수한 인수국을 만나 오히
려 貴命이 되고 있다. 조금 안타까운 것은 여름 삼복더위에 壬水가
투출되어 있기는 하나 조토가 되어 처가 살아내기가 어렵다.
　관성과 비겁이 도와 인수가 되었으니 형제나 친구 그리고 관청에
서 도움을 준다. 火土 운에 길하고 金水 운에 흉이 되는 팔자이다.

감정시 주의사항

1. 사주 감정시에 개인적인 감정이나, 맞을까 안 맞을까라는 의구심을 가지지 말아야 한다.
2. 상담자의 요구사항이 무엇인가를 알아서 긍정적인 마음으로 상담해야 한다.
3. 상담자가 남이 아니라 나의 형제 부모라고 생각하면서 어떻게 해야 어려운 일을 풀어갈까 라고 마음을 가질 것.
4. 상담자의 대부분이 어려움이 있기에 올 때는 지푸라기라도 잡으려고 오므로 개인의 사리사욕을 위해서 상담자의 아픔을 더욱더 크게 하지 말 것.
5. 사주란 전생의 성적표라고 생각하고 지금의 어려움이 내가 지어온 것인 만큼 겸허히 현실을 수용하고 힘들지만 남을 위해 노력하는 마음을 가지게 해야 한다.
6. 의사가 잘못 치료하면 한 사람만 죽이지만 상담을 잘못하면 온 가족을 힘들게 하고 죽음보다 큰 상처를 줄 수 있다고 생각하면서 상담할 것.
7. 상담 자체가 구류술업인데 이것을 직업으로 하려는 사람은 몸이 불구자나 고독하게 살거나 청렴하게 살아야 하는데 항상 겸허한 마음으로 살 것.
8. 입으로 지은 죄가 큰데 큰 죄를 짓지 않으려면 깊게 생각하고 무겁게 상담하며 개인의 이익을 위해 거짓 상담을 하지 말 것.
9. 만약 상담으로 수입이 생기면 조금이라도 남을 위하여 보시하는 삶을 살 것.

10. 현실이 힘이 들어서 상담을 하는 사람이 많은데 다음생과 후대를 위하여 항상 복을 지으면서 참회하고 용서하고 감사하는 마음으로 하루를 살 것.
11. 사주를 감정하는 것이나 의사나 심리상담사가 진료나 상담을 하는 것과 동일한데 피상담자들은 상담자가 점쟁이처럼 보고 상담을 하는 경향이 많은데 마음을 터놓고 길을 찾는 의식으로 상담에 임할 수 있게 계몽하는 것도 잊지 말아야 한다.

※ 이것을 상담하면서 느끼고 깨달은 내용이니만큼 상담시에 참고가 되었으면 합니다.

특히 세상의 모든 것은 변하는 것인 만큼 자신이 최고라고 생각하고 자만하지 말고 인생의 상담자가 되어서 욕먹지 않는 상담자가 되길 기도하면서 무섭고 참회하는 마음으로 졸필을 내립니다.

울산 초가집에서
학인 영산스님이 합장합니다.

잘 먹고 잘 사는 사주학

초판인쇄 2013년 12월 23일
초판발행 2013년 12월 31일

지은이 일월정사 靈山 스님(이경락)
        010-3549-5755
공 저 천황사 甲力 박현
        010-3872-1259
공 저 화원역학연구원 선우인
        010-5116-0766

펴낸이 서영애
펴낸곳 대양미디어

등록 2004년 11월 8일 제2-4058호
주소 서울시 중구 충무로5가 8-5 삼인빌딩 303호
전화 02-2276-0078
팩스 02-2267-7888
전자우편 sdanbi@kornet.net

ISBN 978-89-92290-70-8 03180

값 50,000원

* 파본은 교환하여 드립니다.

이 도서의 국립중앙도서관 출판시도서목록(CIP)은 서지정보유통지원시스템 홈페이지
(http://seoji.nl.go.kr)와 국가자료공동목록시스템(http://www.nl.go.kr/kolisnet)에서 이
용하실 수 있습니다.(CIP제어번호: CIP2013028603)